世界一やさしい FXの教科書1年生

堀 祐士

ご利用前に必ずお読みください

本書はFXによる外貨などの売買、投資の参考となる情報提供、技術解説を目的としています。FXによる外貨などの売買、投資の意思決定、最終判断はご自身の責任において行ってください。

本書に掲載した情報に基づいた投資結果に関しましては、著者および株式会社ソーテック社はいかなる場合においても責任は負わないものとします。

また、本書は2021年12月現在の情報をもとに作成しています。掲載されている情報につきましては、ご利用時には変更されている場合もありますので、あらかじめご了承ください。

以上の注意事項をご承諾いただいたうえで、本書をご利用願います。

Cover Design & Illustration…Yutaka Uetake

はじめに

あなたは投資というとどんな印象を持っていますか?

「冒険、博打、ギャンブル、一攫千金」さまざまな印象を持っていると思います。無知の状態でやればまさにそのとおりです。しかし、FXは**「正しい知識を身につけていれば着実に資産を増やすための無敵のツール」**となります。

本書はFXに対しての投資を初心者でもわかりやすく、かつ利益をあげられるようになるための教科書1年生として、FXをするすべての人に読んでもらいたいという思いから執筆しました。

日本では、学校で投資の勉強をしません。成人した人に「株って知っていますか?」と聞いてみても、ほとんどの人から、「株という単語は聞いたことがあるけれど、何のことかはわからない」という答えが返ってきます。

アメリカでは、小学生の誕生日プレゼントに、父親から株券をもらうそうです。先進国の日本でも、世界的に見ると小学生のころから投資の知識に大きな差があるのです。

ＦＸの本を読んでみても、「私はこんな手法を使っています」という紹介はあるものの、どこまでいったら利益確定で、どこまでいったら損切りするのか？　ということは書いてありません。

ＦＸの情報商材を手あたり次第に購入して検証してみましたが、利益を出せるものはありませんでした。書店に売っている書籍を読んでも、著者の講演へ誘導して儲けようとしている人が書いたものや、一時的に資金が増えた人（一発屋）が書いただけのものばかりでした。

私はそんな日本の業界に嫌気がさし、番組に出演したり本書を執筆することにしました。

役に立たない入門書があふれる中で、本書を手に取ったあなたは「幸運」

私は、「**投資をはじめる人が少しでも失敗しないようになればいいな**」と思っています。

ＦＸは８割が失敗し、全財産を失って退場していく世界です。その大半が「**コツコツドカン**」というものです。

つまり、コツコツと資産を増やしても、１回の大失敗ですべてを失ってしまうのです。「きちんとした資金管理（損切り）をする」ことと「適切なポジションサイズ」が重要なのです。

役に立たない入門書があふれる中で本書を手に取ったあなたはとても運がいいです。

私の今まで体験してきた苦楽がわかりやすく書いてあります。

初心者のあなたが投資をしていく上で、これから体験することです。

また、すでに投資をしている人からすると、過去に経験したことが書かれているかもしれません。

まずは「**本書を何度も繰り返し読んで、その書かれている通りに実行**」してみてください。そのままやるだけで利益が出ます。私を信じてついてきてください。

FXトレーダー　堀　祐士

目次

1時限目 すべての投資の考え方

2時限目 タイミングを見極めるためのテクニカル分析入門

3時限目 注文方法やMT4の設定を知る

4時限目 ダウ理論でエントリーと決済を極める

5時限目 勝てるエントリーのための練習チャート10選

6時限目 必ず勝てるメンタルの鍛え方

7時限目 ニュースはどこで仕入れてどう活かすか

0時限目

そもそもFXって何?

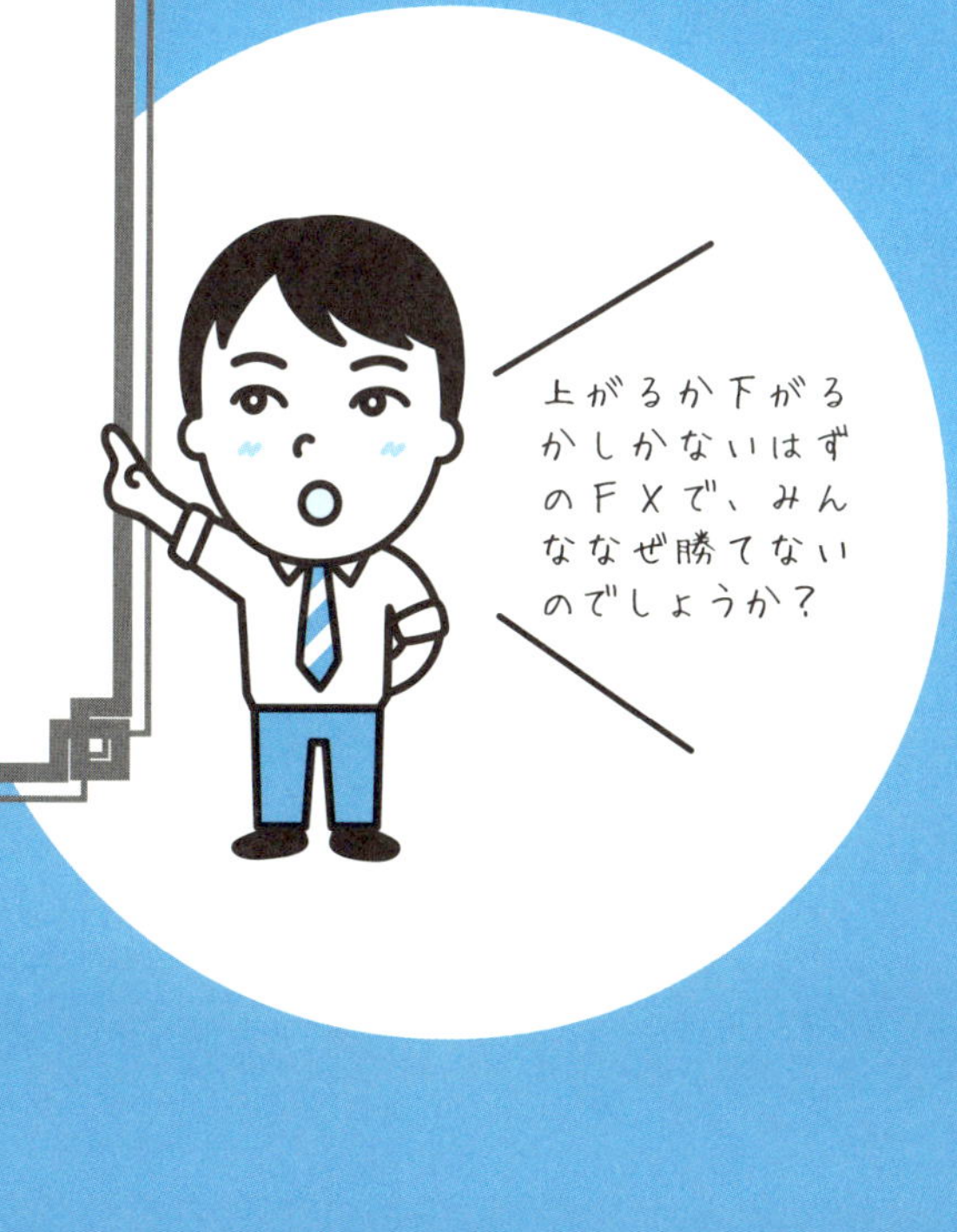
上がるか下がるかしかないはずのFXで、みんななぜ勝てないのでしょうか?

01 「FX」のことをちゃんと知りましょう

1 FXは何が怖い？

この本では、FXに興味がある未経験者やFXをはじめたものの、なかなか勝てない初心者の人を対象に、FXで勝つためのやり方をお話ししていきます。

あなたはFXになぜ興味を持ったのでしょうか。その理由は、やはり「儲かりそうだから」ですよね。昨今では、書店の投資関連コーナーに行けば「FXで○円稼ぐ！」といった本が山のように並んでいますし、新聞や雑誌、インターネットなどでも「○億円稼いだFX手法」といった広告を頻繁に見かけます。

景気のいいキャッチコピーに興味を引かれ、FXのことを調べようとインターネットで検索してみると、今度は逆に「FXで○千万円溶かした」「全財産を失った」などという失敗談が溢れています。そういった失敗談を目にして、「FX＝怖い」というネガティブなイメージを抱いてしまう人もいます。なぜＦＸが怖いのか？　それは、「**お金が稼げることもあるけれど、お金を一瞬にして失ってしまうこともあるから**」。つまり、ＦＸをギャンブルと考えてしまっているわけです。

それはある意味であっているのですが、間違ってもいます。

正しい理論と手法があれば、ギャンブルにはならない

ＦＸは、何も考えずに取引すればギャンブルでしかありませんが、「**きちんとした理論に基づいて正しい手法を使えば、着実に稼げる投資手段となる**」からです。たとえば、本書で紹介する堀祐士流の手法を使えば、７割程度の確率で利益をあげることができます。また、資金管理のルールにのっとってトレードすれば、一度に総資金の２％以上の損失が出ることはありません。

自動車の運転でも、スポーツでも、知識がないまま始めれば、恐怖を感じてしまうものです。しかし、きちんと知識を身につけてから始めれば、ＦＸは「**怖くはない**」のです。

2　ＦＸって具体的にはどんなもの？

そもそもＦＸとは何かということから明確にしてみましょう。ＦＸは「**外国為替証拠金取引《がいこくかわせしょうこきんとりひき》**」のことで、「Foreign eXchange」の英略です。外国為替とは、日本円や米ドル、ユーロ、英ポンドなど、外国の通貨同士を交換することを指します。アメリカ旅行に行くとき、空港や銀行などで日本円と米ドルを両替しますよね。また、銀行でドル預金などにお金を預けることもありま

す。そういったものも、外国為替取引の一種です。

通貨を買ったり、売ったりすること、全般を外国為替取引といいます。その中でも特に、少額の資金を使って大きな取引を行う投資のことを「**FX＝外国為替証拠金取引**」と呼んでいます。

FXと株式投資の違い

投資と聞くと、まず株式投資を思い浮かべる人が多いと思います。株式投資とFXとの違いはどこにあるのでしょうか。

最も大きな違いは投資する対象です。「**株式投資では、株式市場に上場している企業が投資対象**」としています。日本の株式市場に上場している企業は3600社以上あるので、株式投資ではそれらの株式全部が投資対象です。したがって株式投資では、たくさんある銘柄の中からどの銘柄に投資すべきか、銘柄選定の部分がとても重要になってきます。株式を買うということは、その企業の将来性を信じて応援する、ということでもあります。

これに対して「**FXでは、通貨ペアが投資対象**」となります。通貨ペアというのは、「米ドル／円」「ユーロ／ドル」などを指します。米ドル／円を対象とするなら、「米ドルを買って、日本円を

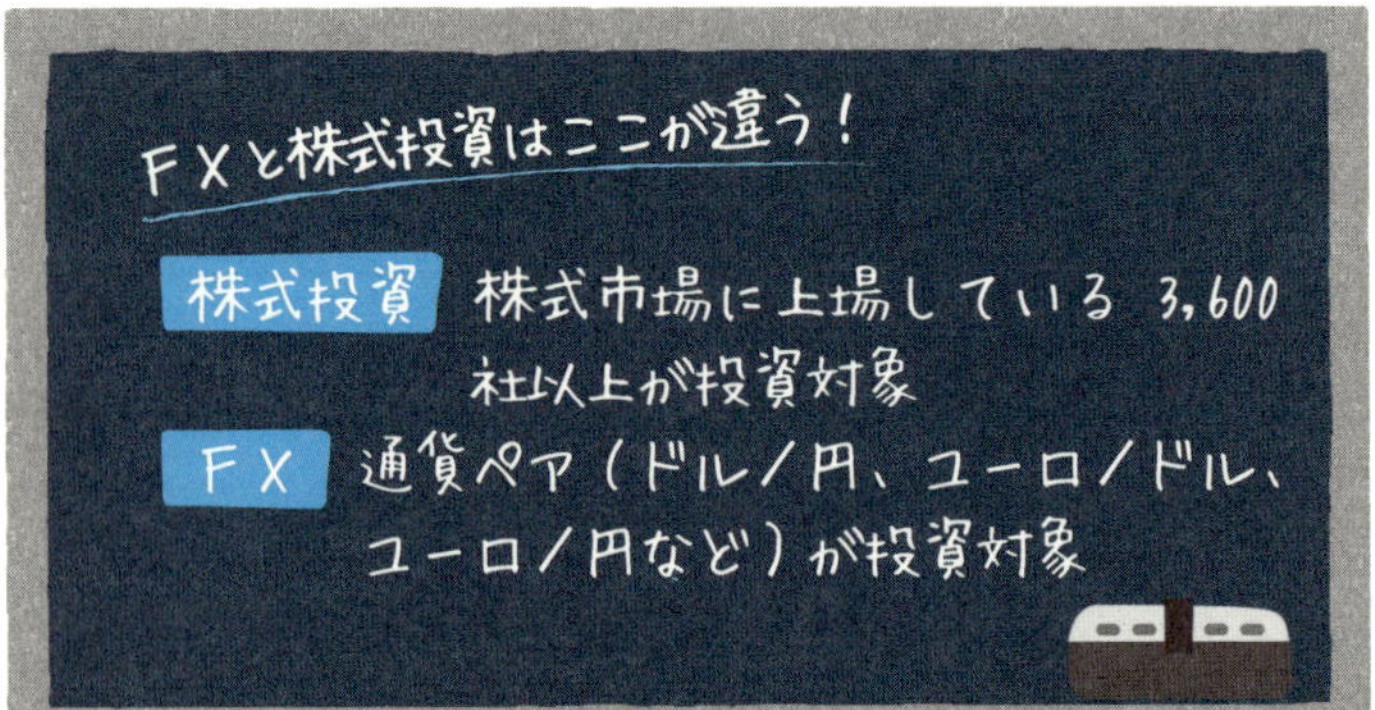

FXと株式投資はここが違う！
株式投資
株式市場に上場している 3,600社以上が投資対象
FX
通貨ペア（ドル／円、ユーロ／ドル、ユーロ／円など）が投資対象

売る」あるいは「米ドルを売って、日本円を買う」という買い・売り両方の取引ができます。

日本のFX会社で取り扱われている通貨ペアは通常20～50ペアです。その中でも、一般的に取引されているペアはかぎられているので、FXでは株式投資のように銘柄選定に悩むということはありません。企業を応援するというような意味あいもないので、**「純粋に稼ぐために最も適している通貨ペアを選べばいい」**わけです。

本書では特に、米ドル、日本円、ユーロを組みあわせた通貨ペアである「ドル／円」「ユーロ／ドル」「ユーロ／円」に絞って取引することをお勧めします。**「これらの3通貨は世界の基軸通貨といわれており、流通量が多く、それだけに急激な価格変動が起きにくい」**という特徴があります。価格が急激に上下して損失を被るリスクを避けるためにも、初心者のうちはまずこの3通貨ペアで取引するようにしましょう。

3 通貨を取引して世界の経済に参加する

株式に投資するようになると、その企業に対して一層の興味を持って注目するようになります。企業が新しく出す商品・サービスや、四半期ごとに発表する決算情報が、株価を上下させる要因となるからです。

一方でFXの場合は、投資の対象が通貨であり、その国のニュースが為替の動向を左右します。「アメリカの雇用統計でポジティブな結果が出た」「欧州で要人がこんな発言をした」といったニュースで為替が大きく動くことになります。ＦＸをはじめると、自然に**「世界のニュースに興味を持つ」**ようになります。

また為替相場は、日本企業の業績にも大きな影響を与えます。たとえば**「円安・ドル高に為替が動くと、日本でモノをつくって海外で売っている輸出企業には利益を向上させる要因になり、一方で海外から多くのモノを買っている輸入企業にとっては利益を圧迫する要因となります」**。お金は「経済の血液」ともいわれ、経済活動の中心的な役割を果たしています。**「ＦＸでトレードをするということは、ダイナミックに動く世界の経済に参加している」**ことになるのです。

4 経済がわからないからこそやるべき

「お金は儲けたいけど、経済なんてあまり興味がない」という人もいるかもしれません。そんな人ほどＦＸをやるべきです。

私はＦＸをやっていたために助かった経験があります。あれはリーマンショック前の出来事でした。当時、父から受け継いだ工場を経営していた私は、収入の道をもうひとつ確保するためにＦＸをはじめました。そのころ、世間は好景気に沸いているように見えましたが、ＦＸのためにさまざまな情報収集をしていた私は、「どうやらアメリカではサブプライムローンというのが危ないらしい」「リーマンブラザーズ（米国の大手投資銀行）がそろそろ破たんするかもしれない」という情報に触れることができ、注目していました。

世界的な経済ショックの到来を予感した私は、「今のうちに」と考えて、経営している会社に銀行から1億円の融資を受けました。そしてその後、実際にリーマンブラザーズは破たんし、世界金融危機が起こりました。金融危機が起こったあとは、どこの銀行も融資に厳しくなりましたから、やはり先に手を打っておいてよかったのです。

このように、「**FXをやっていれば自ずと経済ニュースに敏感に目を向けるようになり、世界がどのような方向に向かっているのかを、肌で感じられるようになります**」。そして私のように、いざというときに適切に対処できるようになります。

日本のサラリーマンは、経済や金融の知識があまりないといわれています。そんなサラリーマンこそＦＸに挑戦するべきです。世界の経済情報を仕入れるクセが自然と身につくからです。そしてそれは仕事でも活かせるはずです。

どのようにして経済ニュースを仕入れるかは7時限目にお話しするので、楽しみにしておいてください。

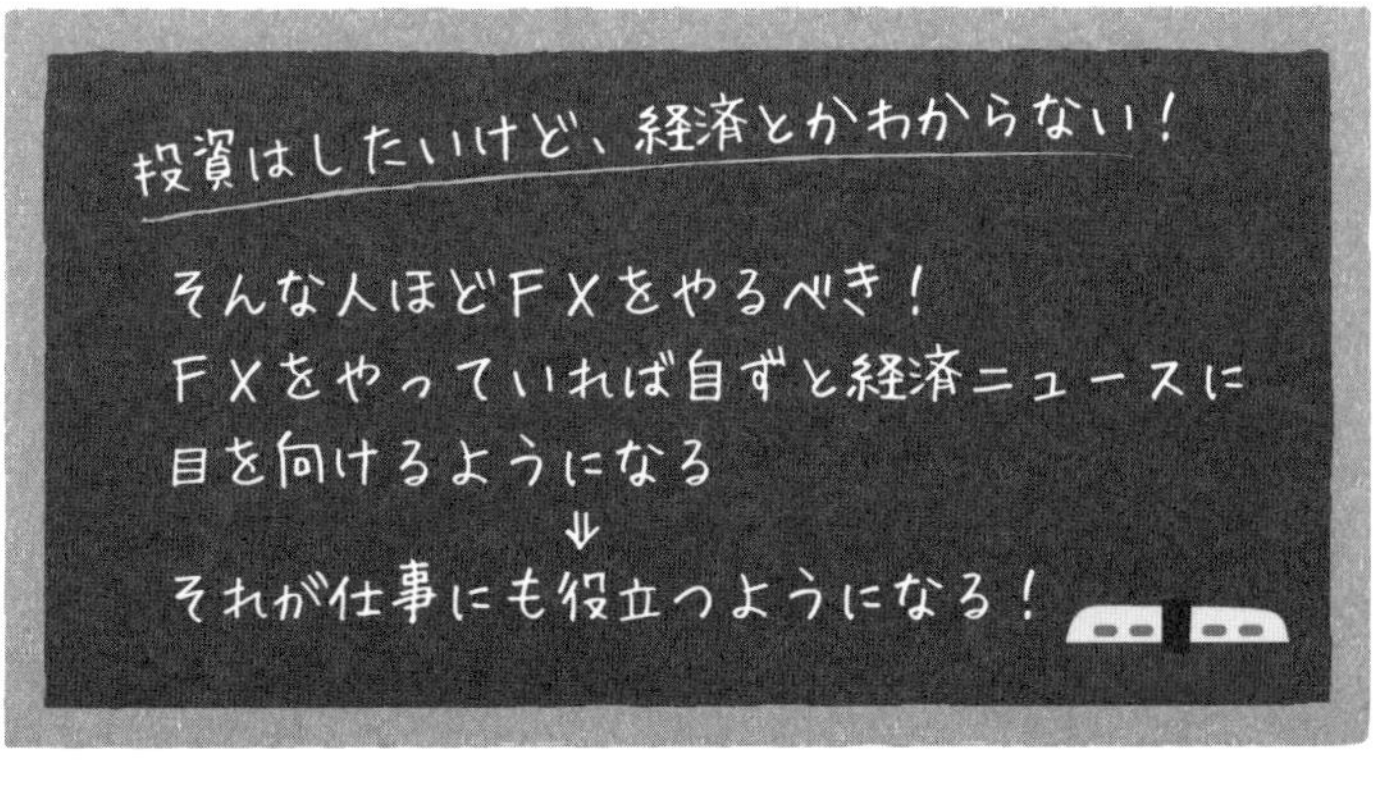
投資はしたいけど、経済とかわからない！
そんな人ほどＦＸをやるべき！
ＦＸをやっていれば自ずと経済ニュースに
目を向けるようになる
⇓
それが仕事にも役立つようになる！

02 「FXで稼ぐ」しくみをちゃんと知りましょう

1 FXで利益をあげるには2つの方法がある

FXで得られる利益には、「**為替差益**」と「**スワップポイント**」の2種類があります。

❶ 為替レートの動きを利用して「為替差益」を得る

FXは2つの通貨を交換する取引です。「**交換するときの比率を〝為替レート〟**」といいます。毎日のニュースでも「今日の為替は1ドル＝108円12銭」などとよく耳にすると思いますが、為替レートは刻一刻と変動しています。

たとえば為替レートが1ドル＝100円ならば、1ドルを買うのに100円支払う必要があるということです。為替が変動し、1ドル＝110円になったとすると、1ドルを買うのに今度は110円支払う必要があります。このようにドルの価値が上がる、もしくは円の価値が下がることを、**「円安（ドル高）」**と呼びます。

反対に1ドル＝100円だったのが、1ドル＝90円になったとすると、ドルの価値が下がり、円の価値が上がったということで、**「円高（ドル安）」**と呼びます。FXではこうした為替レートの動きを利用して利益をあげます。

たとえば1ドル＝100円のときに米ドルを買い、1ドル＝110円になったときに売れば、10円の為替差益を出すことができます。またFXでは売りからエントリー（取引を開始）することもできます。1ドル＝110円のときに米ドルを売り、1ドル＝100円になったときに買い戻せば、10円の為替差益を得ることができます。

買いや売りを繰り返して為替差益を得るのがFXの特徴です。しかし当然ながら、為替がいつも自分の思いどおりに動くわけではありません。想定とは反対側に為替が動いてしまった場合、**「為替差損」**が発生することになります。

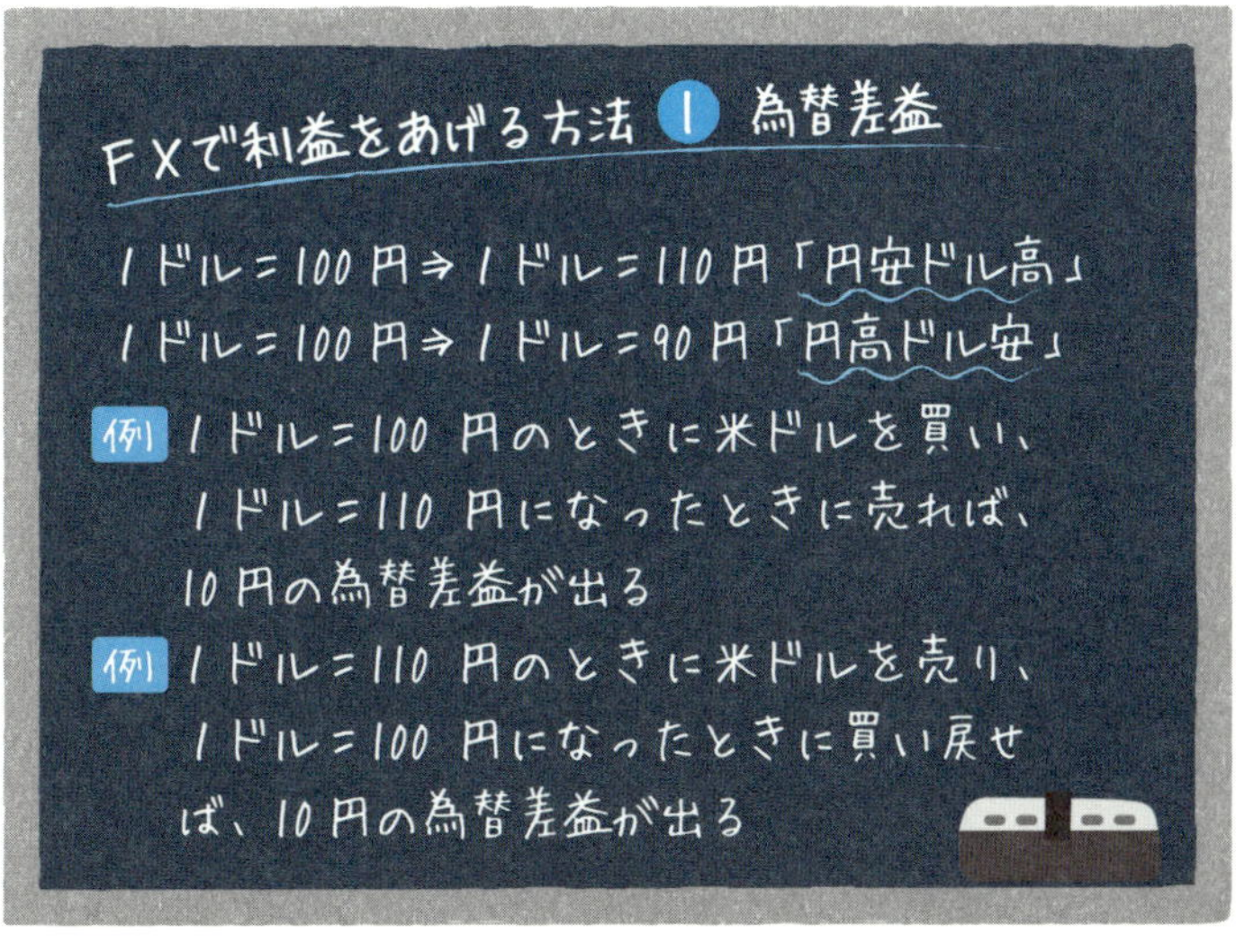
FXで利益をあげる方法 1 為替差益
1ドル＝100円⇒1ドル＝110円「円安ドル高」
1ドル＝100円⇒1ドル＝90円「円高ドル安」
例 1ドル＝100円のときに米ドルを買い、1ドル＝110円になったときに売れば、10円の為替差益が出る
例 1ドル＝110円のときに米ドルを売り、1ドル＝100円になったときに買い戻せば、10円の為替差益が出る

② 2通貨の金利差を利用して「スワップ金利」を得る

スワップ金利（スワップポイント）を得ることができるのも、ＦＸの特徴のひとつです。

「**スワップとは、２通貨の金利差のこと**」を指します。ＦＸでは金利の低い通貨を売って、金利の高い通貨を買うことで、２つの通貨間の金利差を受け取ることができます。

たとえば日本円の金利が年０・０１％、南アフリカランドの金利が年７％だったとします。この条件下でＦＸ取引を行い、日本円を売って南アフリカランドを買うと、通貨間の金利差である年６・９９％の金利を「日割り」で受け取ることができます。

持っているだけでコツコツと金利が貯まっていくのは、ＦＸの楽しみのひとつといえるかもしれません。

しかし、「**ＦＸで本当に稼ぎたいならスワップポイントは無視して考えるべき**」です。

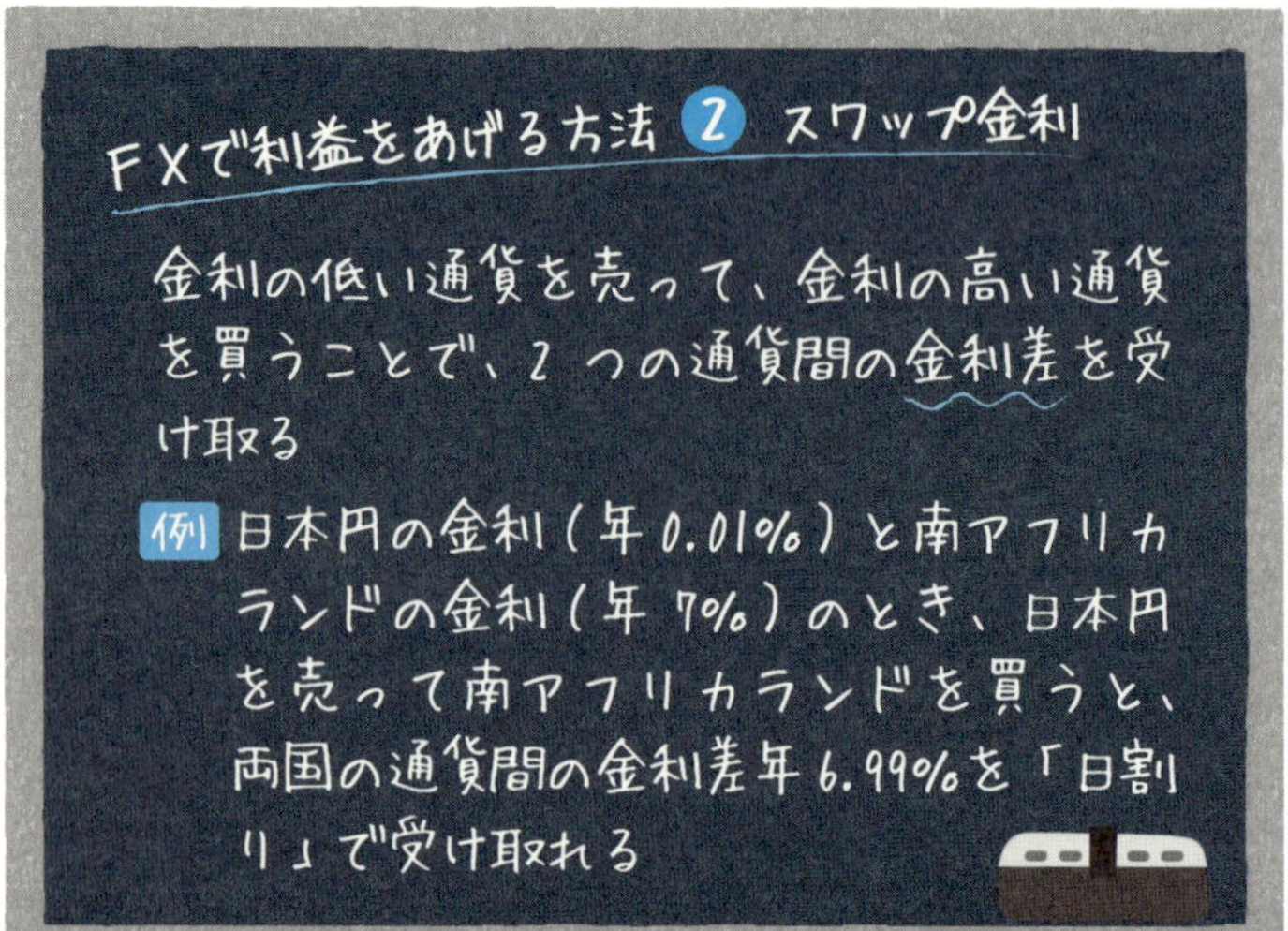

2 為替の価格は誰が決めるの？

さて、そもそも為替レートはどのように決まっているのでしょうか。答えは簡単で、モノやサービスの価格の決まり方と同じように、**「需要と供給」**によって決まっています。

その通貨を「買いたい」という人と、「売りたい」という人がいて、**「買いたい人が多ければ価格は上がり、売りたい人が多ければ価格は下がる」**ことになります。そして、各国の政治・経済情勢、政策金利、指標の発表や要人の発言といったニュースなどにより、需要と供給のバランスは大きく崩れることがあります。それが為替レートの上昇や下降につながります。

インターバンク市場が為替取引の中心

では、どこでその為替レートを決めているのでしょうか。それは、**「インターバンク市場（銀行間市場）」**というところです。インターバンク市場とは、**「世界中の銀行や証券会社などが参加し、外国為替の取引をする市場」**のことです。といっても実在する取

政治や経済の大きなニュースで為替が激しく動くのは、買いたい人と売りたい人の思惑が交差するからです。

引所がどこかにあるわけではなく、あくまでもネットワークで結ばれたバーチャル上にある市場全体のことを指しています。

私たちがＦＸ会社で為替取引をする場合は、インターバンク市場の為替レートをそのまま参考にするわけではありません。「**ＦＸ会社はインターバンク市場のレートをもとに、各社が自社の利益を乗せたうえで、独自のレートを提示**」しています。同じ瞬間にレートをチェックしても、ＦＸ会社によって価格が少しずつ違うのはこのためです。

3 2つの為替レートの差＝スプレッド

取引をする際にＦＸ会社の為替レートを見ると、必ず「**買値（ＡＳＫまたはＢＵＹ）**」と「**売値（ＢＩＤまたはＳＥＬＬ）**」の2つの価格が表示されています。この「**買値と売値の差をスプレッドと呼びます**」。

仮に、日本円で米ドルを購入し、まったく同じ為替レートのときに売却すると、スプレッドの分だけ損失が発生することになります。つまり、スプレッドは私たち投資家が支払うコスト

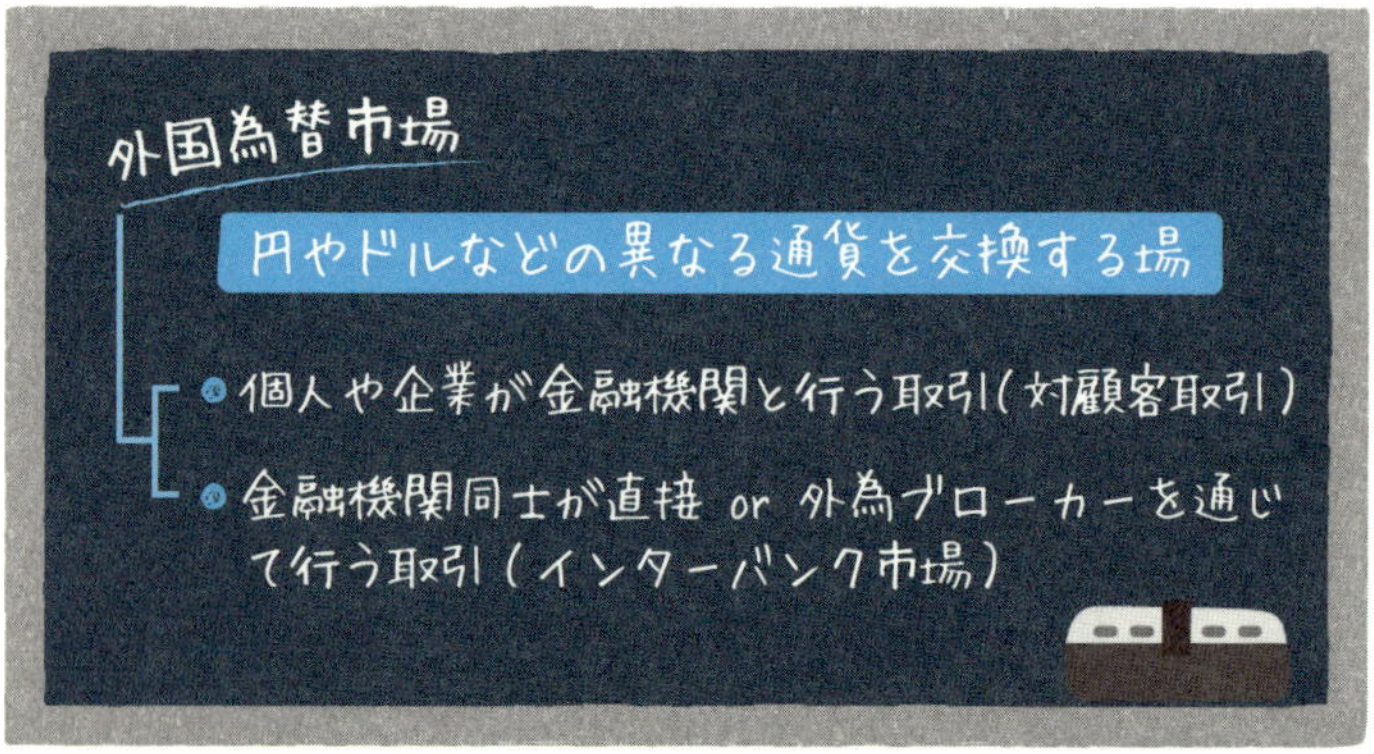

であり、FX会社にとっての収入源です。投資家から見れば、当然、スプレッドが小さいほうが利益を出しやすくなります。「**多くの回数を売買すればするほど、スプレットの分支払う手数料が少なくてすむ**」からです。

スプレッドはFX会社によって変わりますし、さらに通貨ペアによっても変わります。たとえば米ドルのスプレッドはA社では0・3pips、B社では0・5pips、C社では1・0pipsと各社さまざまです。

また、そのときどきで、スプレッドが開いたり縮んだりすることがあります。

「**ほんの1・0pips以下のスプレッドの違いでも、頻繁に売買して積み重なれば大きなコストになる**」ことを忘れないでください。スプレッドの小さいFX会社が人気なのはこのためです。

● 買値と売値とスプレッド（MT4で見たOANDA証券の取引画面）

FX会社の取引画面を見ると、必ず「買値（ASKまたはBUY）」と「売値（BIDまたはSELL）」の2つの価格が表示されている
100.953
Sell by Market
100.961
Buy by Market
100.975
Buy（100.961）とSell（100.953）の差、0.008がスプレッド
「スプレッド＝手数料」なので、小さければ小さいほうが支払うコストが少なくてすむ
100.965
100.961

4 レバレッジをかけることで投資効率を高める

次に、FXの最大の特徴である「**レバレッジ**」についてお話しします。

レバレッジ（**Leverage**）とは、テコの原理のことを指します。FXでは担保となる手元の資金にレバレッジをかけることで、何倍もの額の取引を行うことができます。

たとえばあなたが100万円を持っていて、これを銀行の外貨預金に預け入れようとしていたとします。1ドル＝100円のときに全額を外貨預金にすると、口座には1万ドルが入金されることになります（手数料は除いて考えています）。

一方、FX会社に預ける場合はどうなるでしょうか。FX会社ではあなたのお金を「**証拠金**」という担保のようなかたちで預かります。そして、その「**証拠金の25倍までの運用ができます**」。つまり、先ほどと同じようにレートが1ドル＝100円のときなら、たった4万円の現金を預けるだけで、1万ドルを買う（または売る）ことができるわけです。これがレバレッジの力です。

同じ値動きでもレバレッジを使えば大きな差が出る

レバレッジは大変便利です。なぜなら、資金効率が一気に高まるからです。たとえば、100万円の資金を持っている人が、1ドル＝100円のときに1万ドルを買う（＝レバレッジ1倍の取引）とします。そのあと、1ドル＝101円になったときに売れば、1万円の差益が得られることになります。一方、同じ1ドル＝100円の状況で、25万ドルを買う（＝レバレッジ25倍の取引）とします。1ドル＝101円になったときにこれを売れば、25万円の差益が得られることになります。

つまり、同じ1円の値動きであっても、レバレッジをかけたことで、得られる利益には当然25倍の差がつくということです。

また、レバレッジ25倍（2018年6月現在）というのは日本のFX会社の上限であり、海外のFX会社ではレバレッジ1000倍まで取引できるところもあります。

高すぎるレバレッジは危険

レバレッジは便利な反面、非常に危険なものでもあります。レバレッジを高めれば高めるほど、少しの値動きで大きな差損が発生するからです。

● レバレッジが25倍だと利益に差が出る！

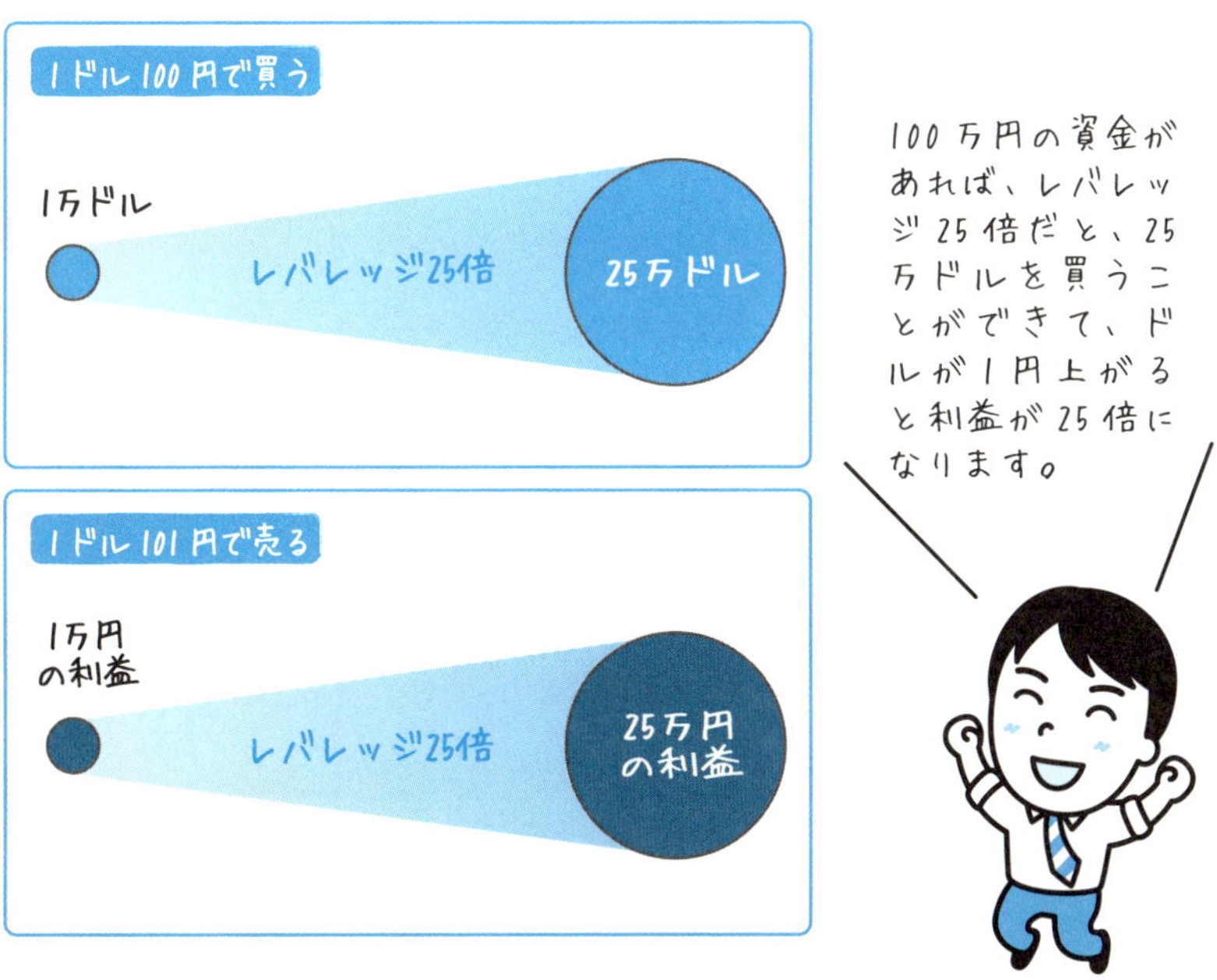
1ドル100円で買う
1万ドル
レバレッジ25倍
25万ドル
1ドル101円で売る
1万円の利益
レバレッジ25倍
25万円の利益
100万円の資金があれば、レバレッジ25倍だと、25万ドルを買うことができて、ドルが1円上がると利益が25倍になります。

先ほどの例でいうなら、１ドル＝１００円のとき、レバレッジを目いっぱいかけて25万ドルを買ったとします。その後、為替が自分の予想とは反対に動き、１ドル＝98円になってしまいました。それだけで最初に入れた資金の半分にあたる50万円の差損が出てしまうことになります。

ドル／円が１日のうちに２、３円動くことは大きな値動きですが、珍しいことではありません。過去には最大で１日７円以上動いたこともありました。レバレッジを目いっぱいかけているときにそんな大きな値動きに見舞われれば、あっという間に資金はなくなってしまいます。「**レバレッジをかければかけるほど、為替変動による損失が出やすくなる**」ともいえます。

ただし、そうはいってもレバレッジはＦＸの最大のメリットです。同じ取引をするなら、ある程度のレバレッジをかけたほうが、利益を得やすくなります。本書で紹介する資金管理の方法を実践すれば、たとえレバレッジをかけていたとしても損失は最小限に抑えられます。

「**安全かつ効率的な取引をする**」ように心がけましょう。

● **レバレッッジが 25 倍だと損するときも大きい！**

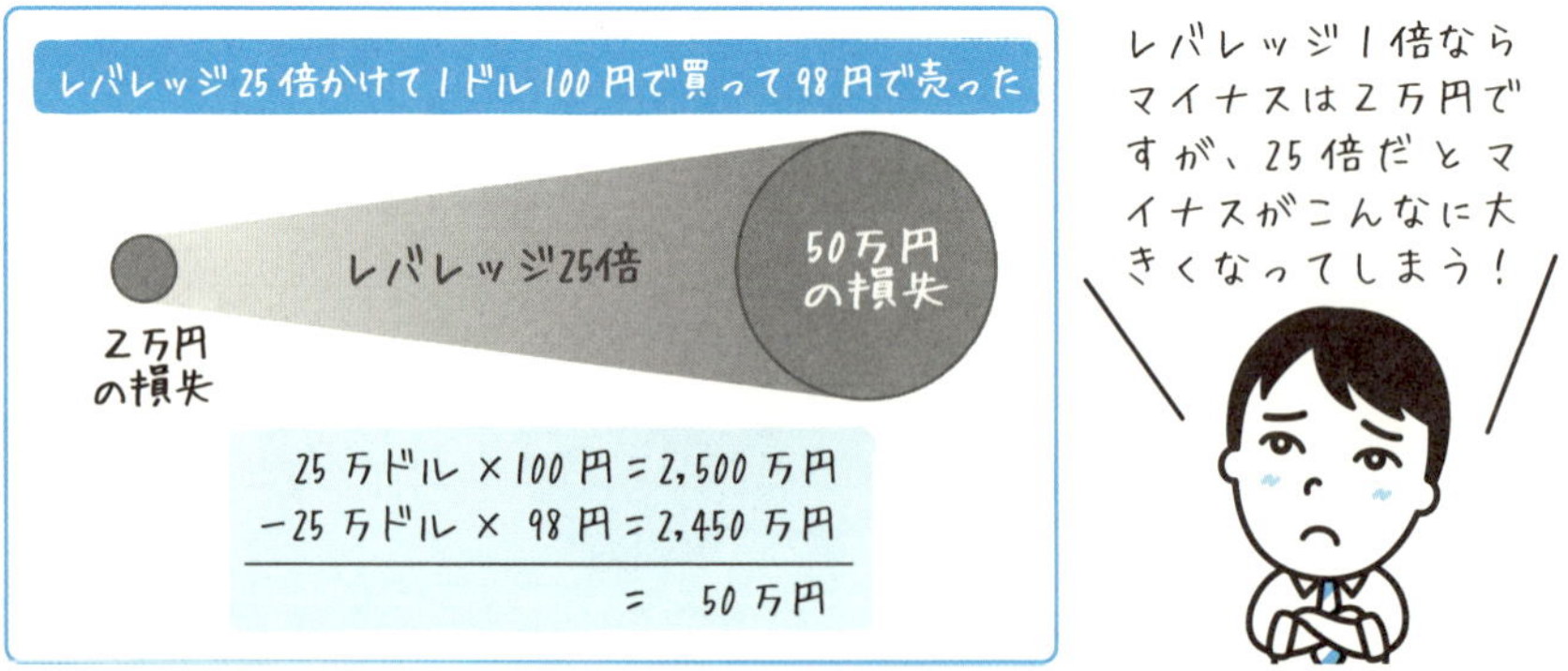
レバレッジ25倍かけて1ドル100円で買って98円で売った
レバレッジ25倍
2万円の損失
50万円の損失
25万ドル × 100円 = 2,500万円
−25万ドル × 98円 = 2,450万円
= 50万円
レバレッジ1倍ならマイナスは2万円ですが、25倍だとマイナスがこんなに大きくなってしまう！

5 FXに対する2つの間違った考え方を捨てよう

FXに対してはいろいろな「間違った考え方」が蔓延しています。それを耳にしたとき、往々にしてあなたは戸惑ってしまいます。その間違った考え方とは、次の2つです。

❶ FXはスワップで稼ぐ？

2008年ごろのことですが、「キモノ・トレーダー」とか「ミセス・ワタナベ」といった言葉がメディアを賑わせたことがありました。FXで多額の取引を行う、主婦やサラリーマンなどの日本人個人投資家のことを指した言葉です。キモノ・トレーダーのトレードスタイルは基本的に、「円キャリー取引」と呼ばれるものでした。これは高金利の通貨を買い、低金利の日本円を売って、スワップポイントを稼ぐ方法です。

たとえば2008年、豪ドルの金利は7％程度、南アフリカランドの金利は12％程度で推移していました。こういった高金利通貨をレバレッジを利かせて大量に買って、寝かせておきます。それだけで毎日数千円とか数万円のスワップポイントが得られていたわけです。こういった話が広がり、FXは「ほったらかしでも稼げる」というイメージが定着してしまいました。

買った通貨のレートが変動しないなら、ほったらかしで稼ぐことができます。しかし、そんな都合のいい相場が続くことはありません。リーマンショックの際は、高金利通貨のレートが一気に下落し、多くのキモノ・トレーダーは多額の為替差損を発生させてしまい、コツコツ貯めたスワップ利益を失ってしまいました。

基本的に、スワップねらいの取引はするべきではありません。金利が高い国は成長国である反面、政情や経済が不安定な国でもあります。つまり、信用力が低いからこそ高金利であるということです。そのような国では、予期せぬ事態で経済状況が急変することがあり、それによって為替レートが急激な変動に見舞われることがあります。また高金利通貨は、米ドルやユーロと比べればマイナーな通貨で、世界の為替市場の中では取引量も取引額も少ないのです。取引量の小さなマーケットのため、いつもより少し多めの注文が流れ込んできただけで、為替レートには多大な影響が出る危険性があるのです。

「高金利とリスクとは常に隣りあわせの関係」にあります。**「金利の高さに注目してスワップねらいの取引をすることは、デメリットのほうが大きい」**ということを覚えておきましょう。

❷ 無限にナンピンしていれば勝てる？

「ナンピンとは、自分が取引したポジション（現在持っている建玉《たてぎょく》）が想定とは反対方向に動いて損失が発生しているときに、建玉と同じ方向のポジションを追加すること」です。

たとえば、あなたは1ドル＝１００円で1万ドル買ったとします。買ったあと、円安になってドルが上がれば利益が出るわけですが、実際の為替レートは予想とは反対方向にどんどん動き、98円になってしまいました。これで2万円の含み損を抱えていることになります。ここで売ってしまえば損失は確定します。しかし、「急激に円高になったんだから、そろそろ反転して円安方向に動くはず」。そう思ったあなたは、もう1万ドルを追加で買いました。これが「**ナンピン**」です。

　これにより、（100円＋98円）÷2＝99円となり、平均の買値は100円から99円に下がりました。この状況なら、為替レートが1円だけ戻ればプラスマイナスゼロになり、うまくいけばプラスに転じることになります。つまり、「**含み損が出ているときに損失を確定させずに、ナンピンすることで平均買付単価が下がり、わずかなレートの戻りでプラス転換させることができる**」のです。しかしこのナンピン、とても危険です。トレーダーは「ここまで下がったのだから、そろそろ反転するだろう」という憶測に基づいてナンピンしているわけですが、実際にはどうなるかはわかりません。ナンピンを繰り返すうちにポジションがどんどん膨れあがり、それでも自分の予想とは反対方向にレートが動いてしまったら……最終的に資金を一気に吹き飛ばすことになります。際限なくナンピンを繰り返すことは、地獄への直行便と思ったほうがいいでしょう。

　「世の中にある〝100％勝てる〟と謳っている手法の多くは、このナンピンを何らかのかたちで取り入れていることが多い」です。少し前に話題となった「トラップ・リピート」という注文方法もナンピンの一種です。ナンピンに失敗すると、取り返しのつかないほどの大損をすることになります。**「初心者はナンピンはせず、傷が浅いうちに損切りする」**ことをお勧めします。

初心者はナンピンなんてしないで、潔く損切りしましょう！

03 ＦＸのはじめ方

1 ＦＸはＦＸ会社を通じて取引する

実際にＦＸをはじめるには、まず「**ＦＸ会社で口座を開く**」必要があります。ＦＸ会社にもいろいろあり、ＦＸだけでやっているＦＸ専門会社もあれば、銀行や証券会社がサービスのひとつとしてＦＸ口座を提供しているケースもあります。また、日本にいながらにして海外のＦＸ会社で口座を持つことも可能です。

口座開設はとても簡単

口座の開設や維持管理には手数料がかからない会社がほとんどです。まずＦＸ会社のサイトにある口座開設申し込みページで必要事項を入力します。次に、免許証などの本人確認書類のコピーをアップロードしたり、郵送でＦＸ会社に送ります。申し込み後、審査を通過すれば口座開設は完了です。

IDやパスワードなどがメールか郵送で送られてきます。多くのFX会社では、申し込みから2、3営業日後には口座開設が完了します。口座開設が完了したら、FX会社が指定する自分専用の銀行口座に入金します。入金額がトレード用の口座に反映されると取引がスタートできます。

気になるFX会社の選び方は後ほどお話しします。

2 預けた資金はどうなっているの？

さて、「FX会社にお金を預けて大丈夫なのか？」と心配する人もいるかもしれません。FX会社は、金融商品取引法及び関連法令に基づき、顧客から預かった証拠金を自社のお金とは厳密に区分したうえで、信託銀行などの第三者に保管することが義務づけられています。これを「**信託保全**」といいます。そのため、もしFX会社が倒産したとしても、預けているお金は信託銀行などから返還されることになります。

実は10年ほど前までは、この信託保全は義務づけられていませ

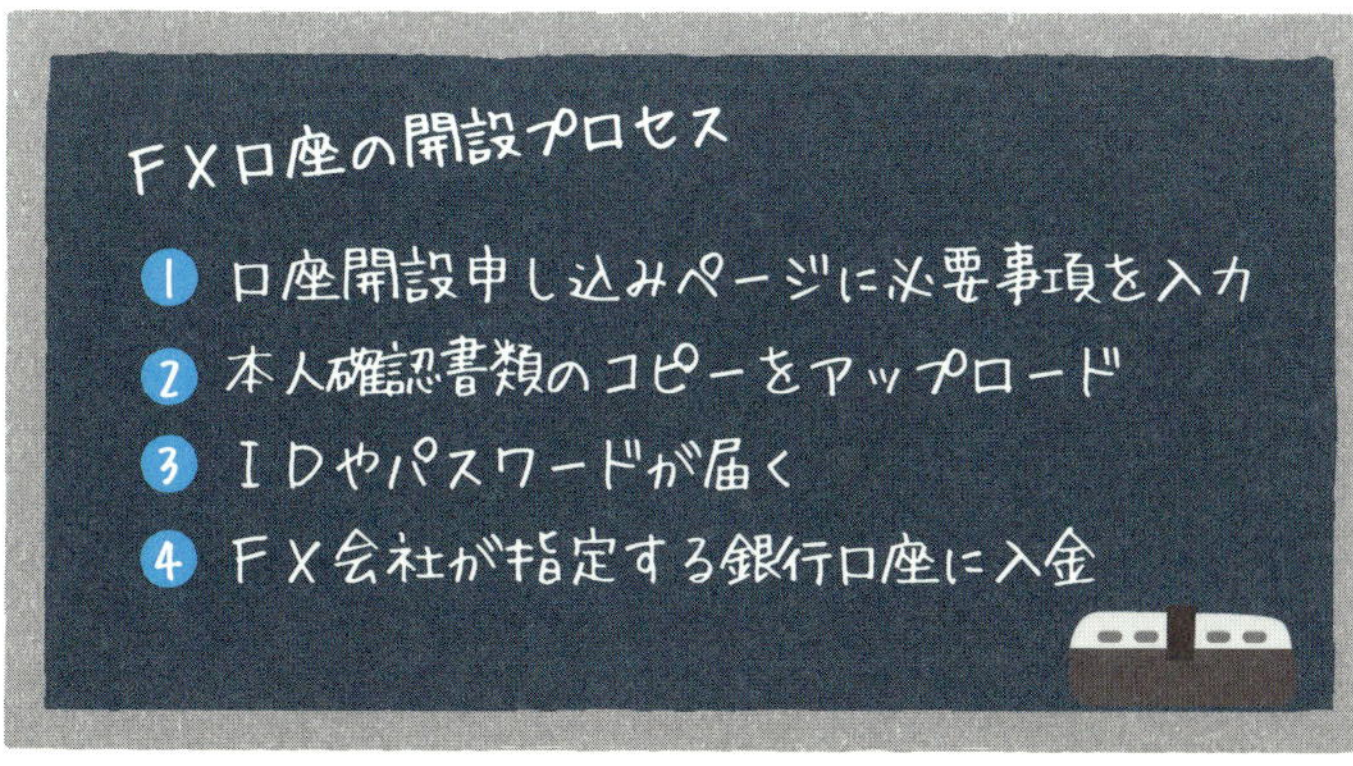
FX口座の開設プロセス
1 口座開設申し込みページに必要事項を入力
2 本人確認書類のコピーをアップロード
3 IDやパスワードが届く
4 FX会社が指定する銀行口座に入金

んでした。そのため2007年、エフエックス札幌というFX会社が、顧客の資産を流用した後に破たんしてしまうという事件が起きました。そこで法改正が行われ、2010年からは日本国内のFX会社には、顧客の資産を信託保全することが義務づけられるようになったのです。現在では、FXにおける資産の安全性は格段に高まっているといえます。

最近では2015年に、アルパリジャパンというFX会社がスイスフランショックのあおりを受けて破たんしました。同社はルールどおりに信託保全をしていたため、資産はきちんと顧客の元に戻ったようです。

信託保全という仕組みがあるとはいえ、自分が口座を持っているFX会社が破たんすれば、ポジションが強制決済されたり、出金処理に時間がかかったりと、面倒な状況になります。そうならないためにも、「**できるだけ強固な財務基盤を持ったFX会社を選んで口座開設する**」ことをお勧めします。

3 覚えておきたいキーワード

FX取引をする上で、覚えておきたいキーワードがいくつかあります。それが「**必要証拠金**」「**有効証拠金**」「**証拠金維持率**」の3つです。

❶ 必要証拠金

ＦＸ会社に入金したお金は「証拠金」として扱われ、この証拠金の額によって取引できる金額が変動します。証拠金の中でも、ポジションを取るために最低限必要となる額のことを「**必要証拠金**」と呼びます。

ＦＸ会社では、取引をする「**最小取引単位**」というものが決められています。国内の多くのＦＸ会社は１０００通貨単位、もしくは1万通貨単位を最小取引単位として設定しています。各社基準とする単位を定めていて、この単位を「**1ロット（Lot）**」と呼びます。海外のＦＸ会社では10万通貨単位を1ロットとするのが主流です。取引の際にはきちんと確認する必要があります。

また同じ1ロットでも通貨ペアごとに、あるいはレートの変動によって、必要証拠金は異なります。レバレッジが25倍の場合、ドル／円またはクロス円（ユーロ／円や豪ドル／円など、外貨と円の通貨ペア）の必要証拠金は、次の計算式で表せます。

為替レート × 1万通貨 ÷ 25 ＝ 必要証拠金

たとえば1ドル＝１１０円のとき、1ロット（1万ドル）を取引するための必要証拠金は、１１０円×1万÷25＝４万４千円。つまり、４万４千円で1万ドルの取引が可能になる（０・1ロットであれば４４００円）ということです。なお、各通貨ペアの必要証拠金がいく

「最小取引単位」と
「必要証拠金」は、
大切なので注意し
ておきましょう。

らかは、ＦＸ会社のサイトで一覧になっていることが多いので、参照してみてください。

❷ 有効証拠金

トレードを開始してポジションを持つと、為替レートの変動によって含み損または含み益が発生します。この損益を反映した証拠金のことを「**有効証拠金**」と呼びます。

たとえば１００万円入金してトレードを行い、持っているポジションで２万円の含み損が出ている場合、有効証拠金は98万円となります。つまり有効証拠金は、「**実際に取引に使える金額**」を指します。このお金の範囲内で他の注文を出すことができます。

❸ 証拠金維持率

必要証拠金に対する有効証拠金の割合のことを「**証拠金維持率**」といいます。たとえば、口座に４万円入金してトレードをはじめたとします。１ドル＝１００円のときに、１万通貨を買いました。その後、１ドル＝１００円が１ドル＝98円に下がると、１万×（１００円－98円）＝２万円の含み損が発生します。

この時点で、取引に使える「有効証拠金」は、最初に入金した

レバレッジを大きくかけた場合、「証拠金維持率」を意識しておかないと、強制ロスカットになって資金を大きく失うことがあります。

4万円から、含み損の2万円を引いた2万円に減っています。この場合の証拠金維持率は、2万円÷4万円＝50％です。50％というのはかなりマズイ状況です。

というのも、**「証拠金維持率が一定の数値を下回ってしまうと〝強制ロスカット（強制決済）〟が発動されてしまう」**からです。強制ロスカットの基準はＦＸ会社によって異なりますが、もし50％に設定されていたら、この例では強制ロスカットが行われてしまいます。複数のポジションを持っていて、今後利益をねらえる可能性があったとしても、基準を下回れば持っているポジションはすべて自動的に決済されてしまうわけです。

レバレッジをかけすぎた取引では、少しの値動きで損失が大きく膨らむため、強制ロスカットが執行されやすくなります。強制ロスカットが発動されると、資金が大きく失われます。そうならないためにも、1時限目以降でお話しする**「〝資金管理〟が非常に重要」**になります。

4 正しいＦＸ会社の選び方

いざＦＸ取引をはじめようと思っても、ＦＸ会社は実にたくさんあります。一時期よりはだいぶ少なくなりましたが、それでも国内だけで50社以上あります。では、それだけの数の中から、どのような基準で選べばいいのでしょうか。

「初心者で、昼間は仕事をしている個人投資家がＦＸをするなら」という想定で、ＦＸ会社を選ぶポイントをいくつか挙げてみました。

❶ 財務の健全性

信託保全によって資産は守られているとはいえ、実際に倒産すれば、面倒な手続きが必要だったり資金がスムーズに戻って来なかったり、といったおそれがあります。**「そもそも倒産するリスクの低いＦＸ会社を選ぶ」**ことが大切です。そこでＦＸ会社の財務状況を確認するようにしましょう。財務面で特にチェックしたいのは**「資本金」**です。資本金とは、会社が出資を受けたお金で基本的には返す必要がないお金です。資本金の額がある程度大きいほうが財務基盤は強いと判断できます。

また**「自己資本規制比率」**にも注目しましょう。**「自己資本規制比率は１２０％以上」**に保つことが法律で義務づけられています。１２０％ギリギリの会社ではかなり不安といえます。

❷ 顧客数の多さ

顧客数（口座数）の多さはＦＸ会社を選ぶ際のわかりやすい基準です。顧客数が多く人気があるということは、入出金の仕組みやツールなども含めて使い勝手が良いということです。また、顧客数の多さがＦＸ会社の売上・利益につながり、財務の健全性にもつながります。

❸ スプレッドが小さいこと

ＦＸでは**「売買手数料無料が業界標準」**なので、トレーダーが唯一支払う取引コストはスプレッドです。当然ながら、スプレッドは小さければ小さいほうが利益をあげるには有利になります。スプレッドはFX会社ごと、通貨ペアごとでも異なります。**「自分が取引したい通貨ペアのスプレッドが小さい会社を探す」**ようにしましょう。

❹ スマートフォンで取引ができる

日中仕事をしている人は周囲の目もあり、パソコンの画面を開いてトレードするのはなかなか難しいと思います。昼休みや移動の合間などにチャートをチェックしたり発注したりするために、スマートフォンに対応している証券会社を選びましょう。

❺ MT4が使える会社

最後の条件は、少々ハードルが高いかもしれません。**「MT（MetaTrader）4」**が使えるかどうかです。

「MT4」は、ロシアの会社が開発したFXを行うための無料ソフトです。高機能なチャート分析ができ、また**「Expert Advisors（EA）」**という自動売買プログラムを利用したシステムトレード（自動売買取引）機能が備わっています。海外ではFXトレードの主流となっているツールですが、日本のFX会社では採用しているところはまだまだ少ないようです。

本書では自動売買については解説しませんが、MT4のスマホアプリでのトレードを想定してお話ししていきます。MT4は取引ツールとして非常に使い勝手が良いです。過去の相場をかなりの期間さかのぼって閲覧できること、対応しているFX会社であればIDとパスワードを入力するだけでMT4上から取引できること、スマートフォンのアプリも用意されていることなど、すぐれた点がたくさんあるからです。

お勧めは「楽天証券」

以上のポイントで比較検討すると、お勧めのFX会社は「楽天証券」になります。楽天証券には、通常のFX口座とMT4専用のMT4口座があります。MT4口座は、楽天証券がFXCMジャパンという会社を買収し、2016年9月からサービスを開始したものです。

楽天証券でMT4を使ったトレードをするには、まず楽天証券の口座を開設し、その後、楽天FX口座と楽天MT4口座を開設する必要があります。なお楽天MT4口座ではデモ口座もあるので、とりあえず口座を開設して、まずはデモ口座でトレードの練習をすることからはじめましょう。MT4口座を見て判断し、別の証券会社から注文することもできますので、あくまで参考程度で大丈夫です。

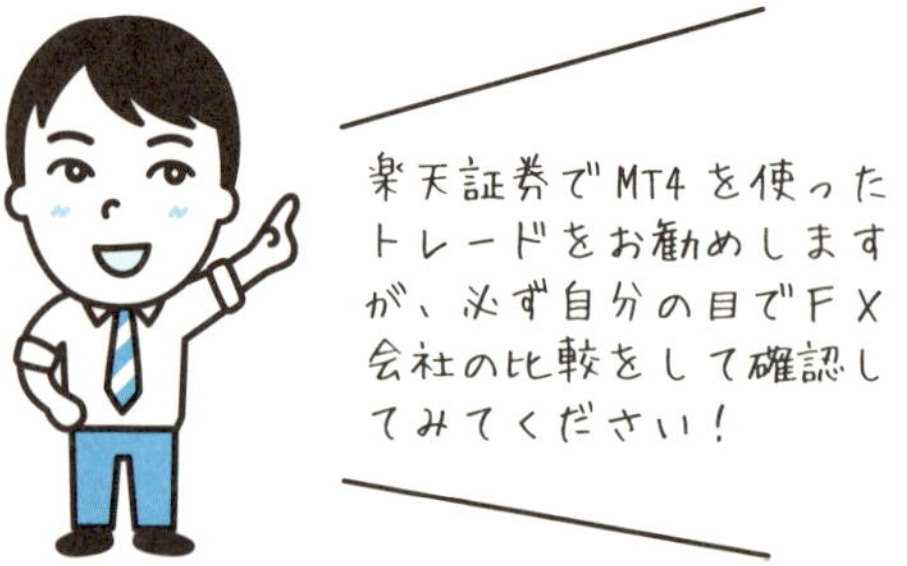
楽天証券でMT4を使ったトレードをお勧めしますが、必ず自分の目でFX会社の比較をして確認してみてください!

1時限目
すべての投資の考え方

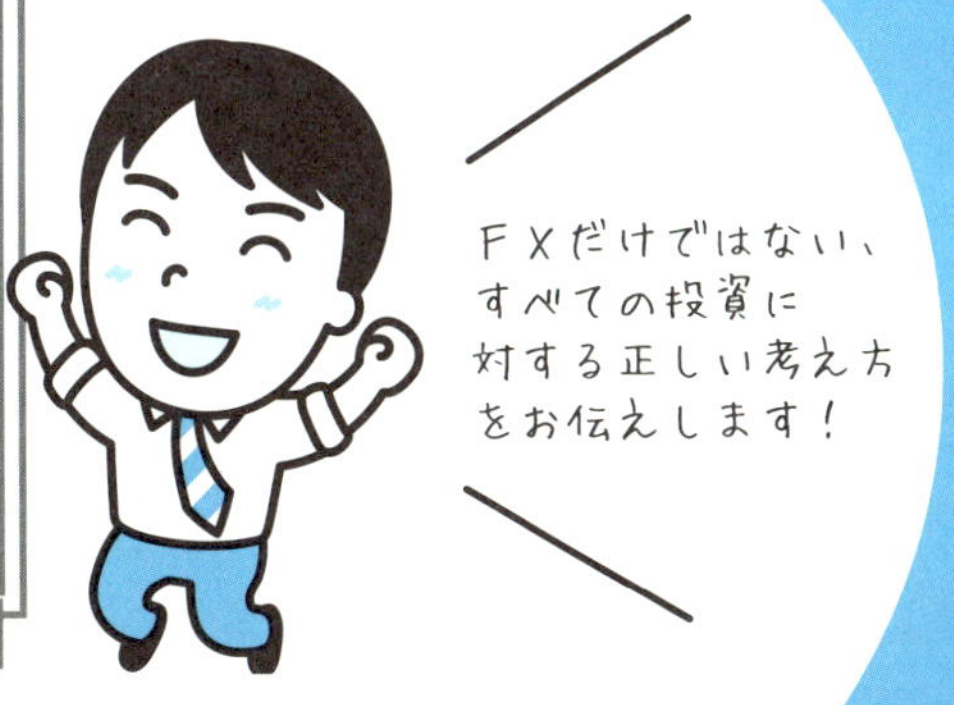
FXだけではない、
すべての投資に
対する正しい考え方
をお伝えします！

01 なぜ8割の投資家は損をするのか？

1 まず、投資に関する正しい考え方を全部身につけよう

投資の世界では「8割の投資家は損をしている」といわれています。お金を稼ごうと思って市場に参加しているのに、実際に稼げているのは2割しかいないということです。これは何らかのデータに基づいたものではありませんが、実態に則していると思います。

考えてみれば不思議なことです。FXは上がるか下がるかを予想する投資なので、勝率は本来5割のはず（スプレッドは考慮していません）ですよね。だから5割の人が勝っていてもおかしくないのです。しかし、実際に勝っている人は2割にすぎないのはなぜでしょうか。

上がるか下がるかを当てて勝率5割というのは、1回1回のトレードでの話です。毎回5割の確率で、勝った、負けた、勝った、負けた……と続けばトータルでの勝率も5割になります。しかし、実際に勝っている人が少ないのは、トータルで負けてしまうからです。

たとえば「**9回連続して勝ってコツコツと利益をあげていたのに、次の1回のトレードで大きな損失を出して、資金の半分を失ってしまう**」。こういうパターンが一般的に多いのです。

そもそも勉強をしていない人は勝てない

ではなぜ、8割の投資家がそのような負けパターンを歩んでしまうのでしょうか。ひと言で言ってしまえば「**勉強不足**」、これに尽きます。まず、たいした勉強もせずにトレードをはじめてしまう人が実に多いのです。これは論外です。勉強を惜しんでいたら正しい知識、考え方を身につけられません。「**正しい知識を身につけずに勝てる投資なんてありません**」。

そもそも勉強することを放棄して、アナリストなど専門家のいうことを鵜呑みにしてトレードしてしまっている人もいます。

たとえば専門家の「ドル／円は今後120円まで上昇するだろう」という予想を信じ込んで買ってしまう。そのため、もし予想とは反対方向にレートが動いても、損切りすることができず、ズルズルと含み損が拡大していく……。こういうパターンはよくあります。

「**人の言うことを信じてそのとおりにやるのではなく、自分の中できちんとルールをつくり、それに沿ったトレードをする**」ことを心がけてください。

8割の投資家がFXで損をするのは、明らかに勉強不足です！

間違った勉強をしている人、ルールを守らない人も勝てない

勉強していたとしても、それが間違っているというケースもあります。世の中にはFXに関する書籍や情報商材がたくさんあり、そのどれもが「絶対に勝てる」「確実に○万円稼ぐ」などと謳っていますが、その99％は偽物です。「**実際にそこに書かれているとおりにやって、利益を出し続ける教材はほとんどありません**」。これは私自身が多額のお金を使って検証してきたからこそわかることです。

仮に勉強して正しい知識を身につけることができたとします。せっかくルールを身につけても、多くの人がルールを守った取引ができないのです。そのときどきの状況を自分の都合のいいように解釈して、手法を変えたりルールを変えたりしてトレードしているから勝てず、負けても問題がどこにあるのかわからなくなってしまうのです。「**ひとつのルールを決めたら徹底してそれを守ることが大切**」なのです。

2 あたりまえだけどなかなかできない本質的なこと

トレードで利益をあげるうえで、守らなければならないことがあります。それは「**資金管理**」です。「**損失を確定させること、いわゆる〝損切り〟も資金管理のひとつ**」です。「**資金管理ができない人は絶対に勝てるトレーダーにはなれない**」ということを肝に銘じてください。

多くの人がなぜ損切りができないかというと、答えは簡単で、損するのが嫌だからです。誰だって損するのは嫌いです。私も損切りは嫌いです。しかし、損切りは勝つために必要なコストです。やらなければトータルで勝つこともできないのですから、割り切って損切りしてください。未来が100%わかる人はいませんから、相場が読みどおりにいかなかったら、目の前の負けを最小限に抑えて、次のトレードにさっさと移ればいいのです。それを「損したくない」「もう少し待てば、戻るかもしれない」とズルズルと決断しないでいるから損失が拡大してしまうのです。

損切りが大切ということは、ごく「あたりまえ」のことですが、ほとんどの人が実行できていません。上級者でも、正しく損切りができずに大損することはあります。

では、損切りを正しくするにはどうすればいいのでしょうか。**「ルールをきちんと決めて、そのルールにしたがって注文するだけ」**です。そこに感情を挟んではいけません。ルールにしたがうことだけに集中すれば、自分の意志とは関係なく、確実に損切りできるようになります。本書では損切りを含めた資金管理についても丁寧にお話ししていくので、ご安心ください。結局のところ、**「勉強することだけが自分の身を守り、きちんと利益をあげるための唯一の方法」**です。本書をひと通り読めば、正しい知識や正しい手法を身につけることができ、2割の勝てる投資家になることができます。

1時限目では、投資に対する正しい考え方をすべて理解していただきます。

「いつかは戻る」という考え方は捨てて、決めたルールにしたがって損切りをすればトータルで勝てるようになります！

02 個人投資家が持っている「常識」という誤り

1 恐れずに、4つの常識を捨てることからはじめよう

FXに関する入門書やネットの情報を見ると、さも「常識」のように書かれていることがたくさんあります。よく見かけるのが、

「高金利通貨のスワップねらいでコツコツ稼ごう」

「安くなったら買って、高くなったら売れば利益があがる」

などです。残念なことに、こういう常識にとらわれているかぎり、あなたは勝つトレーダーにはなれません。この常識を知っていても、8割の人が勝てないという事実からもそれは明らかです。

まずはこのような常識を捨て去ることが大切です。常識だと思われている4つのワナについて、どこが間違っているのかを明らかにします。

2 間違った常識① 高金利通貨なら稼げそう

通貨にはメジャー通貨とマイナー通貨があります。

一般的には、基軸通貨である「**米ドル**」「**ユーロ**」「**日本円**」「**英ポンド**」「**豪ドル**」「**ニュージーランドドル**」「**カナダドル**」「**スイスフラン**」をメジャー通貨と呼びます。それ以外の「**南アフリカランド**」「**トルコリラ**」「**アルゼンチンペソ**」「**中国元**」「**メキシコペソ**」などはマイナー通貨と呼ばれます。

FXでは、マイナー通貨と日本円の通貨ペアは人気の高い組みあわせです。なぜなら、それらのマイナー通貨は総じて金利が高く、マイナー通貨を買って日本円を売ることで高いスワップ金利を得られるからです。しかし、すでにお話ししたとおり、スワップ金利ねらいのFXはたいてい失敗します。スワップでコツコツ稼いだ利益を、一瞬の大きな値動きで失うというパターンはよくあります。またマイナー通貨は取引量が少ないため、値動きが不安定になりがちです。決済したいときに決済できないという可能性もあります。

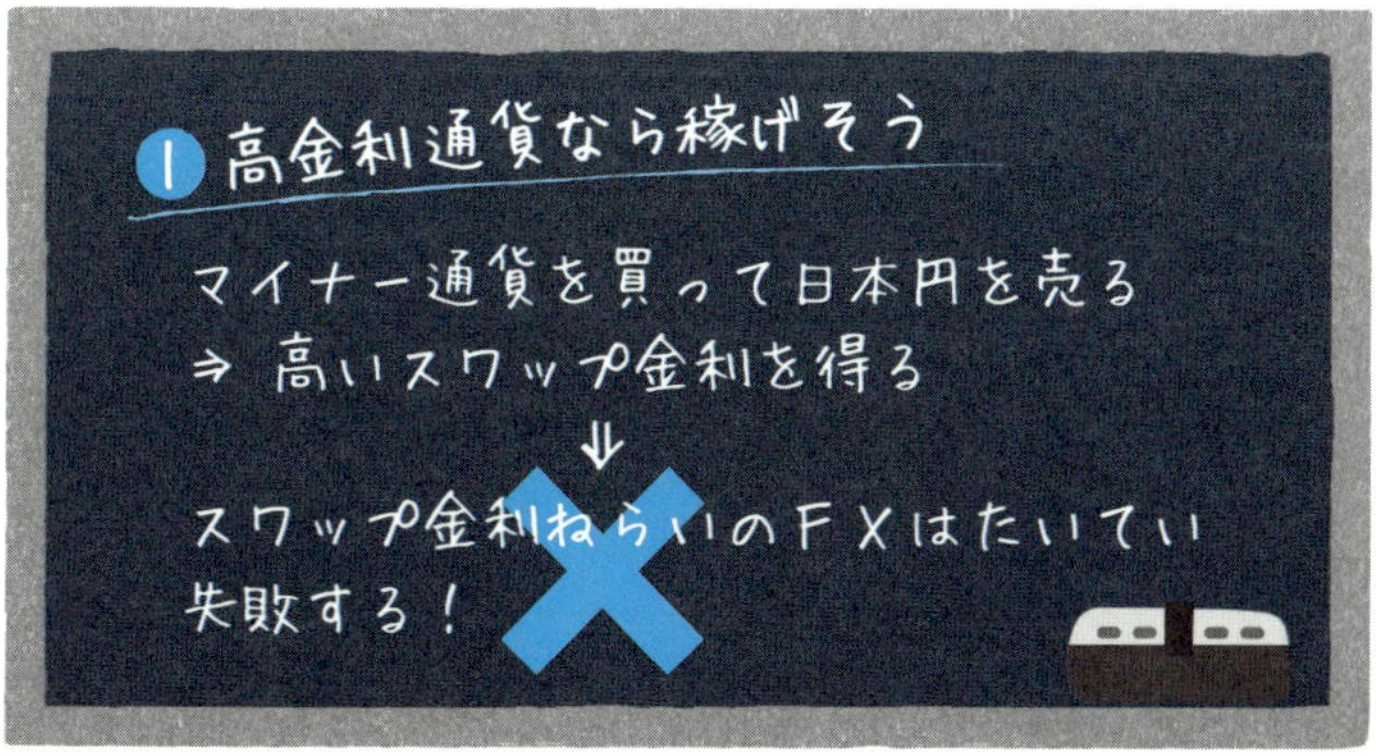

「**マイナー通貨は、初心者は扱わない**」と覚えておきましょう。

メジャー通貨にも危ないものはある

また、高金利通貨英ポンドや、安全通貨のスイスフランといった通貨であっても、ここ数年の動きを見ていると、FXでトレードするには適していないと思えるようなことがありました。

たとえば2015年1月に起こった「**スイスフラン・ショック**」。スイスの中央銀行であるスイス国立銀行が、2011年から続けてきた「スイスフラン高を阻止するために無制限介入をする」という為替方針を突然撤回しました。これにより、スイスフラン／円が115円台から162円台まで47円も暴騰するなど、スイスフランは大きく変動しました。

英ポンドも2016年10月7日に突然急落しました。英ポンドは2016年6月にも急落しましたが、そのときは、「イギリスのEU離脱が決まった」というきちんとした原因があっての急落でした。しかし10月の急落は原因がよくわかっていません。原因もわからないのに、激しい値動きをする通貨を、初心者がトレードすることはお勧めできません。

そう考えると、流通量が多く、政治情勢も比較的安定している「**米ドル、ユーロ、日本円の3通貨での取引がベスト**」といえます。

メジャー通貨でも怖いことがあります。
初心者は米ドル、ユーロ、日本円の3つの通貨でトレードしましょう！

3 間違った常識② 専門家の意見なら正しい

新聞や雑誌、ネットなどで「経済評論家」「エコノミスト」「○○証券アナリスト」などの専門家が、

「ドル／円は今後140円を目指します」

「長期的に見ればユーロ安になります」

などと外国為替についての予想を語っていることがよくあります。

立派な肩書きの人が言っていることであり、説得力があるので、彼らの言うとおりに取引してしまう人も多いでしょう。

しかし、そういった人の予想はたいてい当たりません。そして、**「〝なんだ、この人の言っていることは全然当たらないな〞と考えて、別の当たりそうな専門家を探す」**……。これも勝てないトレーダーによくあるケースです。

なぜ、専門家の意見は当たらないのでしょうか。

ちょっと考えればわかることですが、「**彼らのほとんどは現状を分析して、それに対して意見を述べる専門家であり、トレードの専門家ではない**」からです。もちろん、自分でトレードをしている評論家やエコノミストもいるでしょうが、勝ち負けとは別の話です。

専門家Aさんが当たらなければ評論家Bさんへ。Bさんも当たらなければアナリストのCさんへ。
これは典型的に勝てない投資家の「負けるルーチン」です。
投資は自己判断しましょう！

トレードの専門家でも勉強中？

では、トレードを生業としているトレーダーやディーラーの場合はどうでしょうか？　残念ながら、彼らも本職だからといって、必ずしもトレードで利益をあげているともかぎらないのです。

以前、某銀行で為替ディーラーをやっている人と話をしたことがあります。彼は数カ月前に人事異動によりディーラーになってしまい、突如数億円の運用を任されるようになってしまったそうです。しかし、「トレードのしかたがわからないので、書店で本を買って一生懸命勉強しているのですが、なかなか勝てるようにならないので困っている」と言っていました。

笑い話のようですが本当のことです。何を根拠にプロのディーラー、トレーダーなのかということもしかりですが、プロのディーラー、トレーダーであっても、必ずしも利益を出しているとはかぎらないということです。

もちろん「**勝っている人もいますが、そのような人が表に出て、為替の予想を発表するようなことはしない**」と思っておいてください。

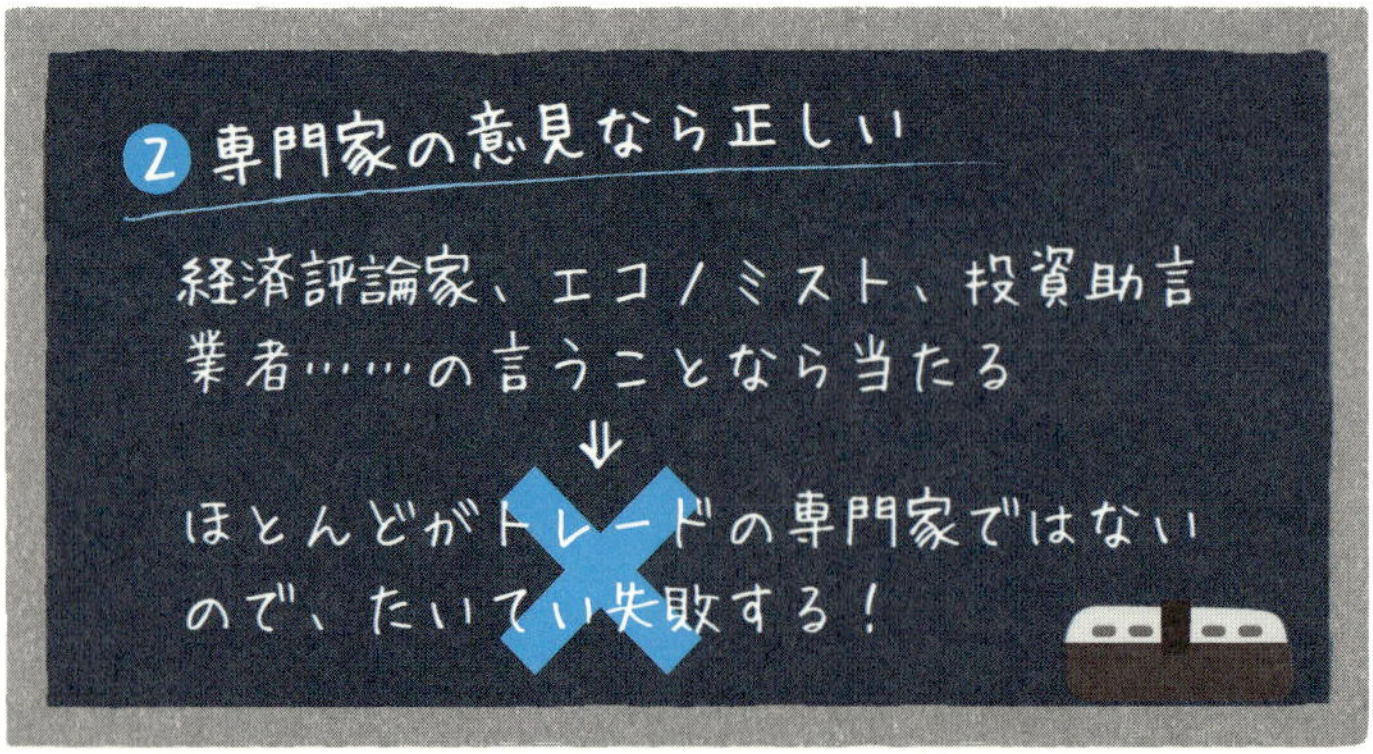

投資助言業者なら信じられる？

新聞やネットで掲載されている為替予想のほとんどは無料ですが、なかには有料で情報を提供しているケースもあります。「シグナル配信」などと呼ばれ、トレードするタイミングを教えてくれたりします。そのようなサービスを提供するには、「投資助言」と呼ばれる金融庁の許可を取る必要があります。また、そういった会社の代表は証券会社や銀行でトレーダーを経験したことのある人が務めていたりします。

「金融庁の許可まで取って専門家がアドバイスしているのなら、当たるはず」と思いますよね。ところが、実際にそれらのサービスを利用して、トレードをしてみるとわかりますが、当たりません。「毎回は当たらなくても、トータルでの勝率は高いのでは……」と思ってしまいますが、実際にはトータルの勝率も低いです。彼ら自身が自分たちのシグナルどおりにトレードをしているのか、はなはだ疑問です。

「**このように勝率が低くても、かなり長い間、何十年とサービスが続いているケースもあります。言い方は悪いですが、専門家の言うことを鵜呑みにしてしまう〝カモ〟がそれだけ多い**」ということなのでしょう。ＦＸで勝ちたいのなら、人の言うことを鵜呑みにせず、自分で勉強して、自分の力でトレードをすることが大切です。

当たらない投資助言業
者がずっとはびこって
いるということは、カ
モになっている人が多
いということです。

4

間違った常識③ 安くなったら買って、高くなったら売る

「安くなったら買って、高くなったら売る」

これもよく聞く投資の定石みたいなものです。したがって、多くの人はこの定石を意識して、価格が下がってきたら「買いだ！」と考え、逆に価格が上がってきたら「売りだ！」と考えてしまいます。これを「**逆張り**」といいます。

しかし、逆張りではなかなか勝てません。なぜなら「**FXではトレンドを見て、その流れに沿って取引をすることが利益をあげる最善の策**」であり、逆張りはトレンドに逆らうことになるからです。トレンドというのは、為替レートが変動しつつも、長期的に見れば一定の方向に向かっている動きのことを指します。上を向いているときを「**上昇トレンド**」、下を向いているときを「**下降トレンド**」といいます。

トレンドに乗るということは、戦争でいえば「勝っている側につく」ということです。我々は、大きな戦場で戦う一人の傭兵と

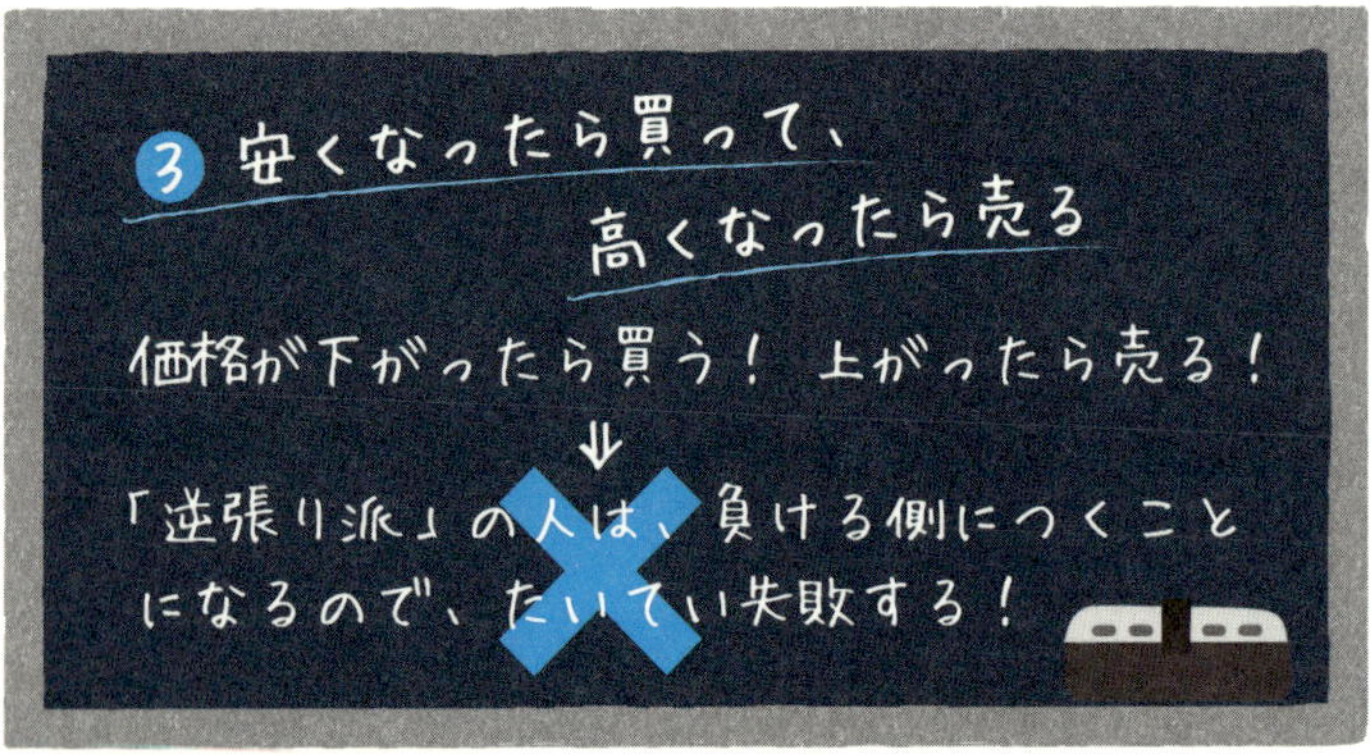

③ 安くなったら買って、
高くなったら売る
価格が下がったら買う！ 上がったら売る！
⇓
「逆張り派」の人は、負ける側につくことになるので、たいてい失敗する！

考えてください。「**形勢を見て、勝つ側に参加して攻勢に加わり、〝そろそろ状況が変化しそう〟となったらすぐに戦場から撤退する**」。これを繰り返すことが、安全・確実に稼ぐ方法です。

しかし「逆張り派」の人は、負ける側につこうとします。確かに、負ける側について、そこから自分の思惑どおりに大逆転すれば、大きな利益をあげられます。でも実際にそんなことができるかどうかはわかりません。「この3日間下げてきたから、そろそろ反転するだろう」と根拠のない希望を抱いて買った途端、さらに勢いよく大暴落する、ということはよくあります。

勝つ側につくか、負ける側につくか。どちらがより無理なく確実に利益をあげられるかといえば、勝つ側につくことです。利益をあげているプロも、トレンドに乗って順張りでトレードする人がほとんどです。

5 間違った常識④ ファンダメンタルズ分析とテクニカル分析の両方がトレードには必要

FXで取引をする際は、何らかの判断基準が必要です。その手段となるのが、「**ファンダメンタルズ分析**」と「**テクニカル分析**」です。

ファンダメンタルズ分析とは、海外の経済指標や要人の発言、選挙の結果、戦争やテロ、大規模災害など、「**為替にまつわるニュースを分析の対象とします**」。たとえば、アメリカの要人が「今後、金利を段階的に上げていく」と発言したなら、「金利が上がっていくなら、米ドルの価値が高まるということだから、今のうちに買っておこう」などと判断する方法です。

一方のテクニカル分析は「**チャートをもとに将来の値動きを予想しようとする方法**」です。チャート分析にはたくさんの種類があります。一定期間の値動きを1本のローソクで表した「**ローソク足**」や、一定期間の値動きの平均を線にした「**移動平均線**」が代表的なものです。

株式投資の場合、ファンダメンタルズ分析とテクニカル分析は両方必要です。なぜなら、株価は企業の実態を表しているからです。企業の業績が良ければ株価が上がり、悪ければ下がります。「**業績を分析するのがファンダメンタルズ分析**」で、「**チャートから割安か割高かを分析するのがテクニカル分析**」です。

危ない橋を渡らないために ファンダメンタルズ分析を参考にする

では、FXではどうでしょうか。FX取引で私は、ファンダメンタルズ分析をもとにトレードすることはしません。参考にするのはテクニカル分析のみです。正確にいえば、超短期「**ファンダ**

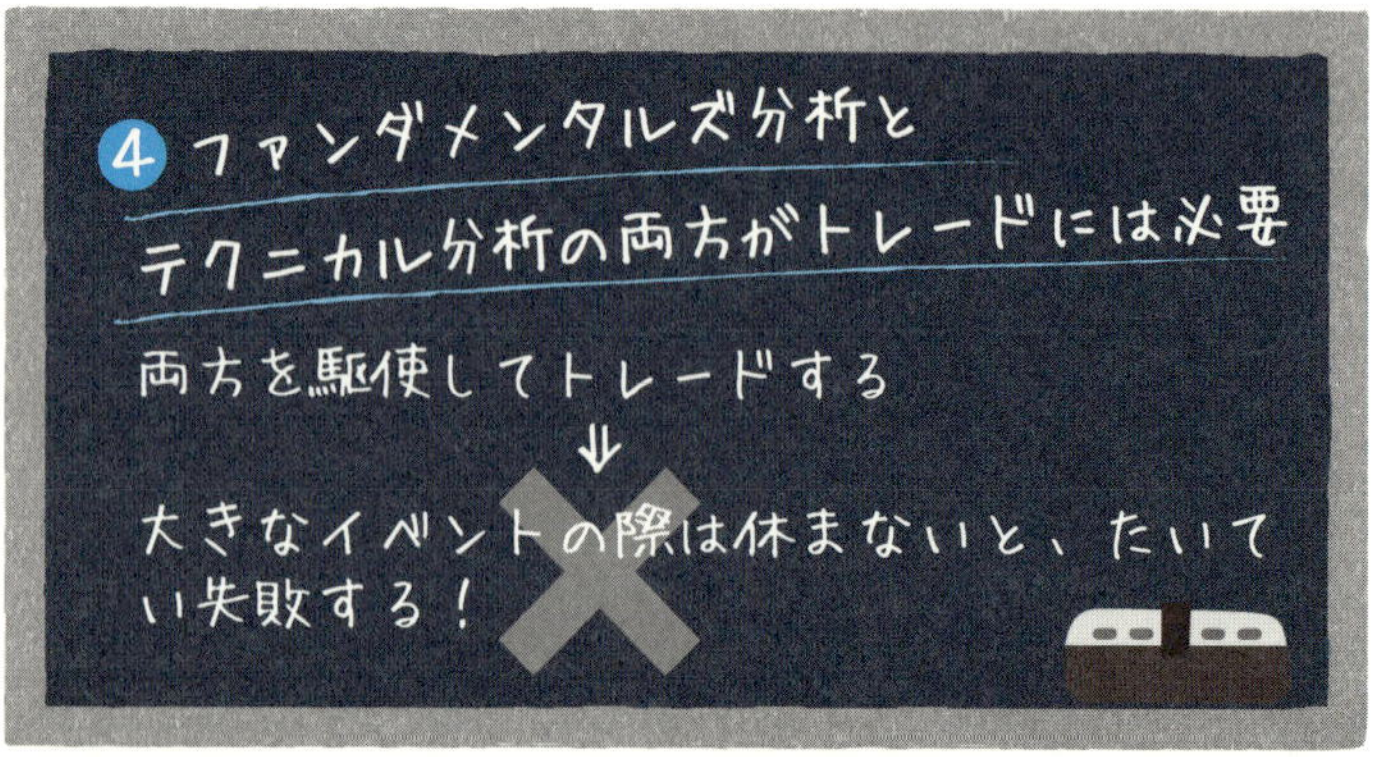

メンタルズ分析を行い、エントリーする際はテクニカル分析だけを参考にする」という方法をとっています。その理由は、大きな事故を避け、勝率を上げるためです。世の中にはテクニカル分析だけで取引をする投資家もいます。そういう人は要人発言や経済指標の発表といったファンダメンタルズ要因も、すべてチャートに含まれるという考え方を持っています。その意見もある意味で正しいとは思います。

しかし、要人発言や経済指標の発表などのトピックスが出たときには、極端に値動きが荒くなり、テクニカル分析がまったく通用しなくなることがよくあります。そのような「**混乱する相場にあえて入っていく必要はないので、私は積極的に休む**」ことにしています。つまり、重要な要人の発言や経済指標の発表時間やそのイベントが為替にどう影響するかという点だけの意味あいで超短期ファンダメンタルズ分析を使うということです。難しい分析は一切しません。

では、どのようなファンダメンタルズ要因を注意して避けるべきか。これについては7時限目でお話しします。

以上、間違った常識について、その問題点と対処法をお話ししてきました。具体的なトレードの方法についてはこれから順を追ってお話ししていくので、ここでは考え方だけしっかりと理解していれば大丈夫です。

ファンダメンタルズ分析なんて聞くと、難しくて嫌になってしまいますよね。大丈夫です。要人の発言などの重要なイベントがあることを知るのに使えば十分です。何よりも、休むのも相場です。

03 投資する際の基本的なスタンスを知る

1 プロのトレーダーと同じことをすれば儲かりますか？

ネット上では、ブログなどでＦＸのトレード情報を発信している人たちがいます。ブログに載せている成績を見ると、プロ（専業）もしくはそれに近い優秀な成績だったりして、なんとなく信頼できそうに見えます。「〇円まで下がってきたら買い」とか「上昇の兆しアリ」などと書かれていると、初心者は参考にしたくなります。

しかし、**「彼らと同じことをして儲かるかといえば、答えは〝まず勝てない〟」**です。なぜなら、彼らの投資スタンスが必ずしも自分とマッチしているとはかぎらないからです。投資スタンスにもいろいろあります。順張りが好きな人、逆張りが好きな人。トレンドを細かくとる人、トレンドを大きくとる人。大きく張って大きく稼ぎたい人、何度もエントリーしてコツコツ稼ぎたい人。利用するテクニカル指標も、取引する通貨も、エントリーするロット数もさまざまです。

そのスタンスが自分にあっていればいいのですが、あわない場合があります。また、彼らがその手の内をすべてオープンにしているかはわかりません。オープンにはしていない大事なルールを持っているかもしれません。そう考えると、プロのマネをしてそのとおりにトレードしても、うまくいかないのは当然です。

2 自分の気質を知ることが大事

そこで、まずは本書の解説どおりにトレードを実践してみてください。本書で紹介しているのは、かなり高い確率で勝つことのできるトレードの基本的なルールです。

「**デモ口座やバックテストを行い、この基本を身につけることをまず優先しましょう**」。この基本を覚えるだけで、かなり高い確率で勝てるようになります。

そのうえで自分の気質を理解するようにしましょう。自分の気質を知るには、「トレードをしている途中に感じたこと、頭に浮かんだことをすべてノートに書き留める」ことです。これは実際のトレードでも、デモトレードでもかまいません。

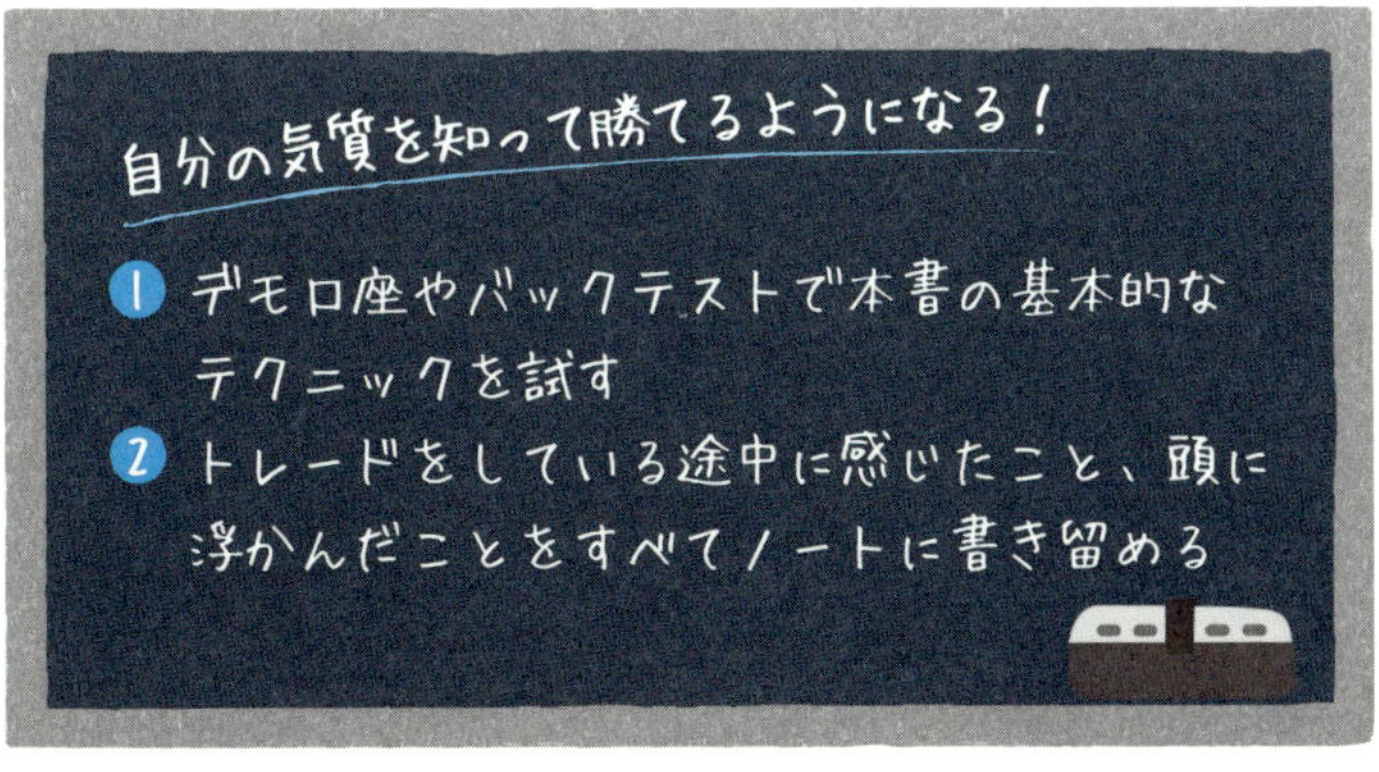
自分の気質を知って勝てるようになる！
1 デモ口座やバックテストで本書の基本的なテクニックを試す
2 トレードをしている途中に感じたこと、頭に浮かんだことをすべてノートに書き留める

「本に書いてあるとおりにエントリーして、含み益になったらすぐに利益確定したくなった」

「エントリーポイントかどうかわからないけど、とりあえずエントリーしてみたくなった」

「暴落したドル／円を見て、〝もうそろそろ反転するんじゃないか〟と考えた」

などと書き留めておきましょう。**「このノートを読み返すことで、今までわからなかった自分の気質を知ることができます」**。


自分の気質を分析すると、トレードで勝つためにはマイナス要因となる傾向が見えるかもしれません。本書では6時限目に、「勝てるメンタルの鍛え方」として、初心者が陥りやすいトレード病についてお話ししているので、自分にあてはまる気質はないか、あてはまるとしたらどうやって直すべきか理解してください。

そして、まずは自分の気質はさておき、本書で紹介している基本に沿って、トレードをしてください。本書のトレードの基本を身につけて勝てるようになったなら、自分の気質にあわせて応用したトレードをしてもかまいません。

3 自分の目指すものが何かを知る

そもそも、ＦＸで何を目指すかを明らかにしてください。何を目指すかと問われれば、「もちろんお金を稼ぐことだ」と答える人がほとんどでしょう。でも実際には、お金を稼ぐという目的は頭にありつつも、トレード自体を楽しんでしまっている人が多くいます。

たとえば、自分がポジションを持っていないと「もっとエントリーしたい」と思い、エントリーして利益が出たらうれしくなり、損切りしたら落ち込んでしまう。つまり感情に左右されているわけです。「**こういった感情はＦＸにとっては百害あって一利なし**」です。

利益が出ればうれしいですし、損失が出れば嫌な気分になるのは当然です。しかし、感情に流されていてはルールどおりのトレードができません。大事なところで感情を挟んでしまい、取れる利益も取れなかったり、損切りする局面で損切りできなかったりすれば、勝てるものも勝てません。「**〝あたりまえのことを、何の感情も持たずにやる〟それがトレードで勝つ秘訣**」です。

最高峰のトレーダーほど無感情で、淡々と機械的にトレードを行います。何百万円利益が出ていても自分で決めたルールを外して利益確定することはしませんし、何百万円の損失でも損切りすべきところでは即座に損切りします。そこに楽しみはありませんし、うれしいとか悲しいとか感じることもありません。「**感情はＦＸの敵**」と心得てください。平常心を保ち、ルールにのっとって淡々と作業を繰り返すことで、最終的な目的である「稼ぐこと」が達成できるのです。

「感情はＦＸの敵」です。
どれだけ利益が出そうでも、
ルールどおりに利益確定。
戻ってきそうでも、ルールどおり
損切りしなくてはいけません。
ギャンブル感覚を捨てて淡々とト
レードできるようになりましょう。

04 利益と損失はセットで覚える

1 アクセルを踏む前にブレーキの使い方を覚える

ＦＸにおいて、利益と損失はセットになっています。毎回のトレードで利益だけをあげられるのならそれが一番ですが、実際にはそんなことは不可能です。利益をあげられるときもあれば、損失を被るときもあります。その繰り返しの中で、「**トータルでプラスになることをねらえばよい**」のです。

トータルでプラスになるためには、損失をいかに抑えるかが重要です。そのために絶対に忘れてはならないのが「**損切り**」です。適切なポイントで損切りできなければ、損失額は大きく膨らみ、トータルでプラスになりません。利益をアクセルとすれば、損切りはブレーキです。自動車の運転と一緒で、アクセルだけ覚えたからといって公道に走り出したら危険すぎます。必ずブレーキの踏み方を覚える必要があるのです。ＦＸでもそれは同じです。

堀祐士流トレードでは、エントリー注文を出す際に、利益が出たときに利益確定させる注文、損失が出たときに損切りする注文を同時に出します。両方の決済注文を出しておくことで、為替レートがどちらに動いたとしても、自分の思いどおりのトレードができます。

「この方法であれば、トレードのはじめから終わりまで、すべてを自分の意思でコントロールしていることになる」のです。

2 人は儲かる話ばかりに目を奪われる

リーマンショックのあと、世界経済が低迷しているときに「いずれ1ドル＝50円になる」と予測していた日本人のエコノミストがいました。それがどうなったか。２０１１年には75円台にまで円高が進みましたが、そのあとはトレンドを転換し、円安に戻っていきました。どういう予想をしようが自由ですが、ほとんどの専門家の予想に当てはまるのは、「これからはこうなって儲かる」という話はしていても、**「どこまで行ったら損切りしたほうがいい」**という話はしないことです。

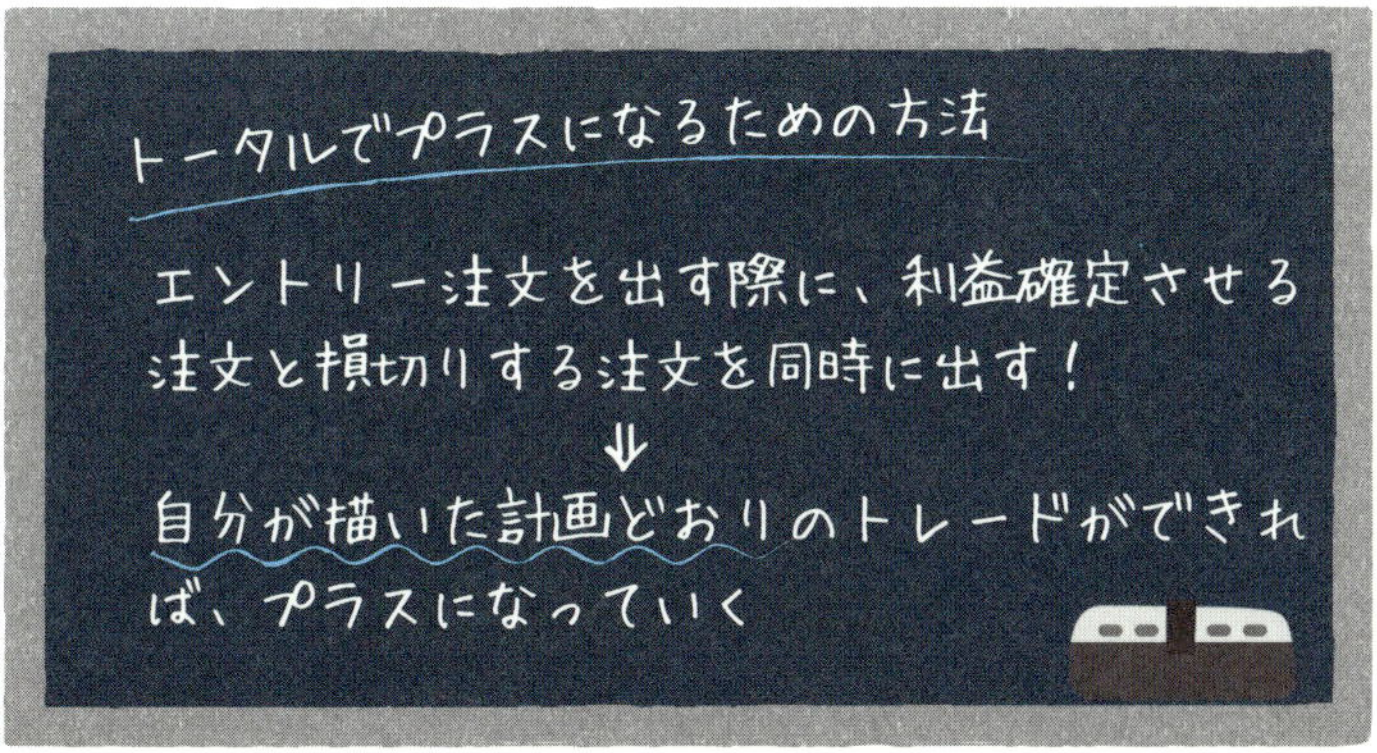
トータルでプラスになるための方法
エントリー注文を出す際に、利益確定させる注文と損切りする注文を同時に出す！
⇓
自分が描いた計画どおりのトレードができれば、プラスになっていくもう一度いいます。アクセルとブレーキはセットです。将来のことは誰にもわからない以上、為替レートが自分の思った方向と反対に動いたら、いさぎよく間違いを認めて損切りのブレーキを踏むべきです。ブレーキを踏まなければ、どこまでも損失が拡大していくばかりです。

ブレーキのないアクセルだけの解説は無責任であり、信じるべきではありません。反対に、損切りの目安について触れたうえで為替動向を解説しているのなら、注目する価値はあると考えます。

気になるトレーダーが、ブログや書籍、セミナーなどで情報発信をしていたら、損切りの話をきちんと取りあげているかどうかチェックしてみてください。

よくブログで、「〇万円利益を取った」などと、儲かった話しか書いていない人がいます。そんな人はトレード自体がウソの可能性もあるので注意しましょう。本当にトレードをしている人なら、損切りは「必要経費」と割り切って、息を吸うのと同じように自然に実行しているはずです。

人の「儲かる話」にばかり目を向けるのではなく、**「きちんとトレードしている話」**に目を向けましょう。

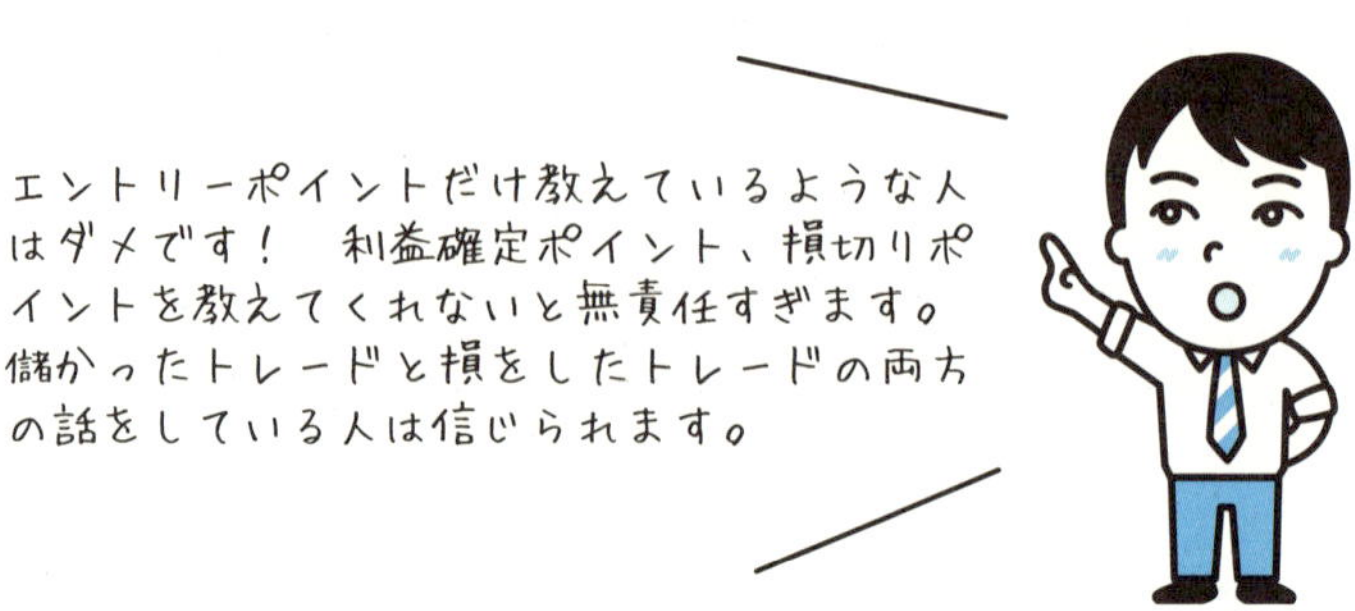
エントリーポイントだけ教えているような人はダメです！　利益確定ポイント、損切りポイントを教えてくれないと無責任すぎます。儲かったトレードと損をしたトレードの両方の話をしている人は信じられます。

3 レバレッジの意味をちゃんと知っていますか?

ＦＸのことを「危ない」という人は、レバレッジの大きさをその理由に挙げる人が多いようです。「レバレッジ＝危険」と認識している人もいます。

かつてＦＸ業界にはレバレッジの規制がなく、各社が１００倍や４００倍といった独自のレバレッジを定めていました。そのあと投資家保護のために法律が改正され、２０１０年に50倍、２０１１年には25倍へと段階的に変わり、今に至ります（２０１８年6月現在）。

ではレバレッジ規制がかかったことで、ＦＸのリスクは小さくなったのでしょうか？ 実は、そんなことはまったくありません。レバレッジ４００倍で取引していても、レバレッジ25倍で取引していても、負けるときは負けます。レバレッジ25倍だから安心とのんびりかまえていたら、いつの間にか資金がゼロになっていたということだってあるのです。

本書では、**「1回のトレードで失ってもいい資金を、総資金の2％に抑える」**ことをルールとして設定します。１００万円の資金を口座に入れていたら、損切り額は1回で2万円までに抑えるということです。損失の範囲を決めて、そこから逆算してロット数を決めていくため、レバレッジが何倍になったとしてもリスクは限定されています。そのため、気持ちにゆとりが生まれます。損失額が決まっているので、レバレッジをかけても怖くないのです。

このルールに基づいて、トレードすることを忘れないでください。

4 リスクコントロールができる自分になる

そもそもみなさんは、「リスク」の意味を知っていますか？

一般的にリスクといえば、危険性や損失といった意味あいで使われることが多いですね。しかし金融の世界においてリスクとは、**「リターン（収益）の振れ幅」**のことを指します。

リターンとリスクは表裏一体

たとえば、国債や定期預金などは、得られる収益は小さいものの、損失が出るおそれも少ないため、「リスクが低い」商品です。一方、株式やＦＸなどは、値上がりによって大きな収益が期待できるものの、その反面、損失が出る可能性も高いので「リスクが高い」商品といえます。金融商品には必ずリスクが伴います。一般的に、リスクが小さい金融商品はリターンも小さく、リスクが大きい金融商品はリターンも大きい傾向にあります。

ただしそれは、金融商品を買ったあとに何もせず、継続保有していた場合の話です。激しく値動きするうちに、損失が拡大して

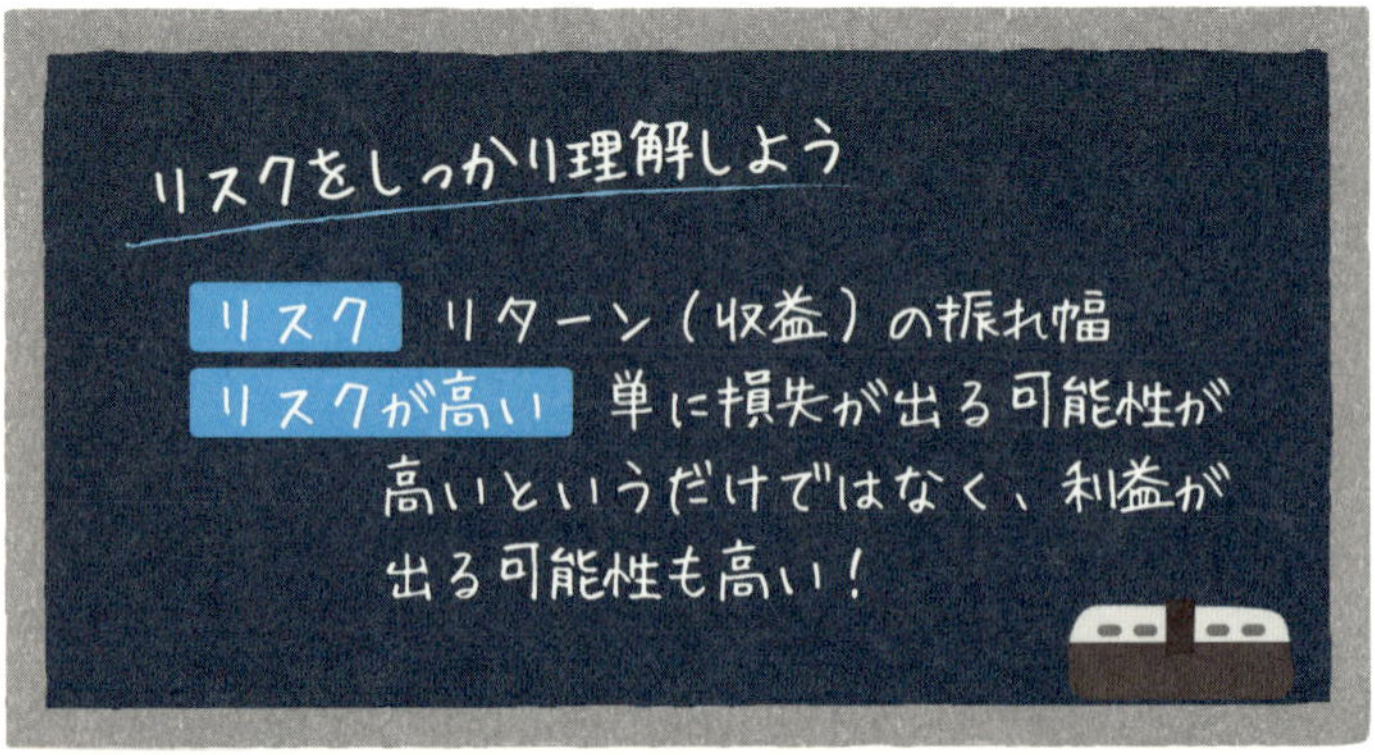
リスクをしっかり理解しよう
リスク
リターン（収益）の振れ幅
リスクが高い
単に損失が出る可能性が高いというだけではなく、利益が出る可能性も高い！

しまうこともあるでしょう。しかし、リスクをコントロールする手立てを講じたとすればどうでしょうか。利益を伸ばしながら、損失を最小限に抑えることが可能となります。**リスクをコントロールするための最大の武器が「資金管理（損切り）」です。**ＦＸで勝つためには資金管理が何よりも重要になるのです。

トータルでプラスになればいい

「ＦＸは、ハイリスク・ハイリターンな投資」です。少ない資金で高いリターンを求めているわけですから、それだけ高いリスクがあることをまず知っておく必要があります。ただし、リスクをコントロールする手段はあります。本書でお話しする**「資金管理（損切り）」**の方法を徹底すれば、リスクを最小限に抑えられます。

勘違いしてはいけないのが、毎回の取引で必ずプラスになるということではありません。1回1回のトレードでは、損失が出ることもあります。私の解説する手法を実践したとしても、10回トレードするうち、3回は負けるでしょう。でも、それでいいのです。たとえ損切りになったとしても、必要経費と思ってください。損することをまず受け入れることで、資金管理が上手になっていきます。

「長期的に見てトータルでプラスになればいいと考えることが大事」

「資金管理＝損切り」をしっかりすれば、トータルでプラスになっていくはず！

です。私はかつて、元手資金を3カ月で4倍にしたことがありました。でもそこで調子に乗ってレバレッジの高い取引をして、失敗。それまで稼いだ分すべてを2日間で失いました。

理由は簡単。資金管理ができていなかったからです。資金管理が徹底できれば、そんな失敗をすることなく、トータルで利益が残っていくはずです。

5 チャートを見ないで「決済」する

とはいえ、損切りというのは嫌なものです。ポジションを持っているときに含み損になり、チャートを見ながらやきもきしている状況ではなおさら、損切りしようかどうしようかと悩みます。思い切って損切りするには勇気が必要になります。「もしかしたらレートが戻るかもしれない」とか、「もう少し含み損が減ってから損切りしても遅くはない」などと考えてしまうからです。

気持ちはわかりますが、「**そんなことを続けているうちは勝てるトレーダーにはなれません**」。それは自分でリスクをコントロールしているのではなく、「**完全に神頼み**」になってしまっている状態だからです。

「逆指値」という強い味方

ではどうすれば、恐怖心に負けずに損切りできるのでしょうか。それは、「**チャートを見ない**」

ことです。チャートから自分を分離し、見えないところで自動的に損切りが実行されるようにしておけばいいのです。具体的な方法としては、「**逆指値**」という注文を使います。逆指値は、いわば「自分の思いとは反対方向にレートが動いた場合の値決め」です。

たとえば、1ドル＝105円00銭の買いポジションを持っていたとします。円安方向に動いてほしいのですが、反対に円高が進み、104円50銭になってしまったら、あきらめて損切りしたいと考えています。その場合、104円50銭で「**逆指値注文**」を出しておきます。そうすることで、自動的に損切りが行われます。

ポジションを持っているときに逆指値注文をセットしておけば、あなたはチャートを見て一喜一憂する必要はなくなります。注文されたところまでレートが動けば、確実に損切りが成立します。勝っているトレーダーは必ず損切りのための逆指値注文を設定しています。

逆指値注文を含む具体的な注文方法については3時限目でお話しします。ここでは、確実に損切りをするために「**逆指値注文**」という素晴らしいしくみがあるということを、まず覚えておいてください。

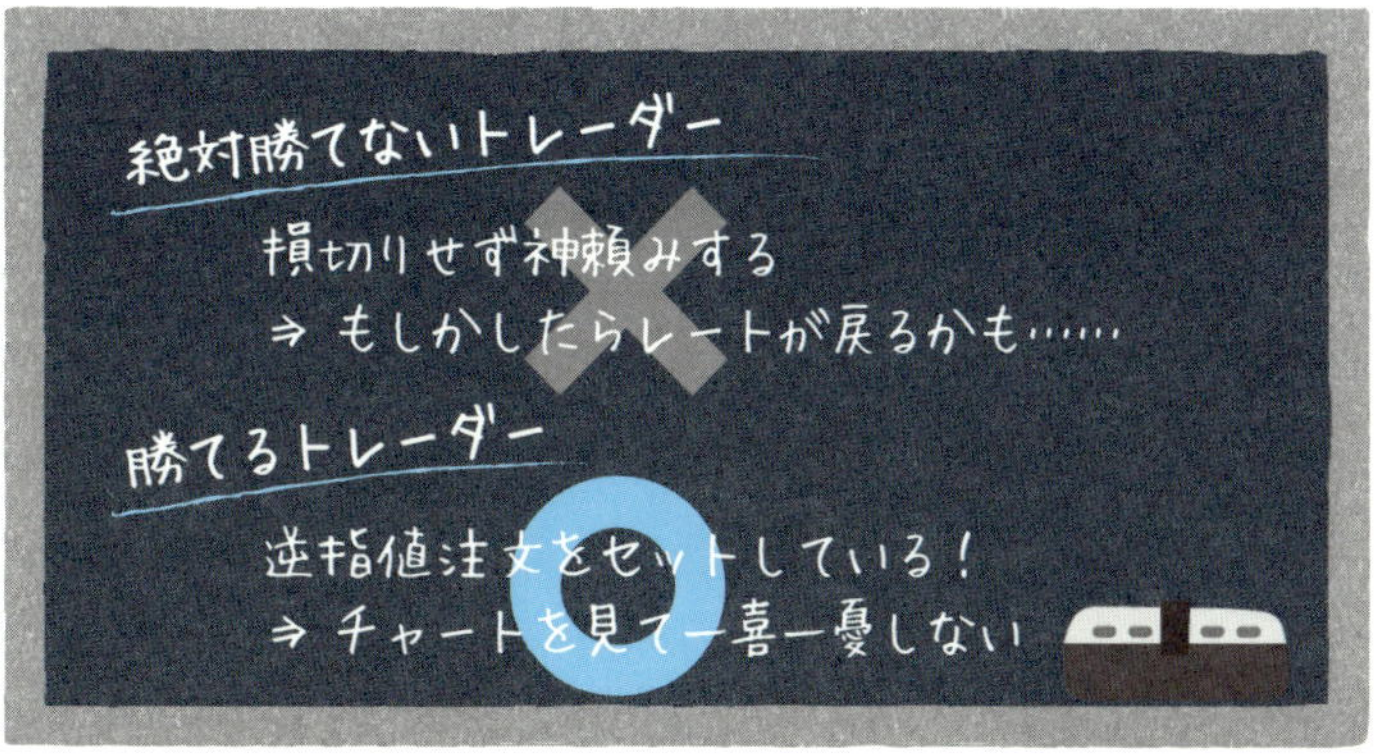

05 リスクコントロールの実践編

1 損切り額は総資金の2%

　ここでは、リスクコントロールとしての資金管理の具体的な方法についてお話ししていきます。資金管理の基本のひとつは、「**損失の限度額を決め、その額を超えないように資金を投入する**」ことです。損失の限度額は、その人の実力や資金の額、そのときのトレードにおける勝ちやすさや損益率によって変わりますが、本書では「**1回のトレードで失ってもいい額＝総資金の2％**」と設定することとします。つまり1回のトレードで出してもいい損失は、口座に入れた資金の2％までということです。

勝率7割の人でも5連敗することがある

　具体的な注文のしかたを説明する前に、なぜ2％なのかをお話しします。次に挙げる数字は、将棋棋士の羽生善治さんのプロ通算成績（2018年6月4日時点）です。

対局数　1975
1402勝　571敗（勝率0.7105）
参考 日本将棋連盟・対局予定・結果、記録：https://www.shogi.or.jp/game/record/all.html

将棋界で初の7タイトルを独占するなど、天才棋士として数々の実績を残してきた羽生さん。プロデビューから30年以上活躍を続け、通算勝率7割以上ですから、本当に強いですね。

さてこの羽生さん。連敗の経験はどれくらいあるのでしょうか？　勝ったり負けたりを繰り返しながらの勝率7割ですから、連敗することなんてほとんどないように思えますよね。あったとしても3連敗くらいかな……と。しかし成績をよく調べてみると、4連敗・5連敗したことが数回ずつあり、なんと6連敗も1度あるのです。

これをFXに置き換えてみましょう。勝率7割のトレードであっても、5回くらい連続で損失を出してしまうことはあたりまえにあるということです。仮に総資金が30万円あり、10%の損失を出す取引が5回続いたとしたら……。

損失10%のケース
30万円の資金が、

1敗すると………27万円
2連敗すると……24万3000円
3連敗すると……21万8700円
4連敗すると……19万6830円
5連敗すると……17万7147円

5連敗したことで資金が最初の6割にまで減ってしまいました。

確率的にいえば、このあと何連勝もして手元の資金が30万円に戻ることもあるかもしれません。しかしあなたは、30万円の資金が4割も減って、ＦＸを続けることができるでしょうか。資金的なダメージはもちろん、精神的なダメージも相当なものになっているはずです。「**もうＦＸなんて2度とやらない**」という結論に至る人もいるはずです。

では毎回の損失を2％に抑えたとして、同じように5連敗したらどうなるか計算してみましょう。

損失2％のケース
30万円の資金が、

投資で失敗しないための資金管理

1. 損失限度額を決め、その額をもとに資金の投入量を決める
2. 損失の限度額は総資金の2％

※ 損失の限度額：1回のトレードで失ってもいい額⇒この金額を超えないように損切りする金額

1敗すると………29万4000円
2連敗すると……28万8120円
3連敗すると……28万2358円
4連敗すると……27万6711円
5連敗すると……27万1177円

5連敗しても27万円以上残っているので、「**まだ立て直せる**」と思えませんか？ これが、損切り額を総資金の2％以内に抑えながらエントリーする理由です。繰り返しお話ししている資金管理の重要性がここにあります。

2 損切り額2％をベースにした注文ロット数の決め方

「**1回のトレードで失ってもいい額は、総資金の2％まで**」と決めたところで、具体的にどう計算して注文するかを見ていきましょう。

❶ 最大損失額を計算する

たとえば総資金30万円でスタートすることを想定してみましょう。

30万円×2％＝6000円なので、1回のトレードでの最大損失額は6000円となります。

総資金を30万円以上入れられる人は、その金額に2%を掛けて計算してください。

❷ エントリーする際に利益確定ポイント、損切りポイントを決める

実際の注文のしかたは後ほどお話ししますが、本書の手法では、エントリーする際に利益確定および損切りの価格を決め、決済注文もセットで出しています。「**エントリーの時点で、予想される利幅はいくらになるか、損失幅はいくらになるかを決めてしまう**」わけです。

たとえば、新規買いの注文を108円50銭に指値で入れるとき、108円80銭まで上がったら利益確定、108円30銭まで下落したら損切り決済するとします。利益確定までの幅は30pips、損切りまでの幅は20pips「**銭（pips）＝損切りまでの幅**」です。

ここで、「損益率がいい取引だ」と判断できたら、次の段階に進みます。pipsと損益率については3時限目でお話しします。

❸ ロット数を決める

次に損切りまでの幅から、注文していい最大ロット数を割り出します。計算式は、「**最大損失額÷損失幅**」です。先ほどの例のように損失幅が20pipsだったら、6000円÷20pips×100＝3万で、3万通貨。（1ロット＝1万通貨の場合）3ロットが注文していいロット数となります。逆にいえば、3ロットでエントリーして損切りが実行されても、3ロットの取引の場合、損失額は6000円に抑えられるということです。利益確定・損切りの価格、そしてロット

数が決まったら、発注を行います。

早見表で簡単チェック

毎回毎回、損失幅からエントリーしていいロット数を割り出すのも大変なので、「**ロット数早見表**」（次頁参照）をつくりました。**1万通貨単位**と**10万通貨単位**があるのは、FX会社によって「1ロット」として設定されている単位が異なるためです。あなたの使っているFX会社にあわせて使ってみてください。

早見表の中の「**金額＝最大損失額**」を表しています。総資金が30万円の人は最大損失額が30万円×2％＝6000円なので、「6000」の列を参照してください。

エントリーする際にこの表の中から、損切りまでの幅と、損失金額の交わるところを探します。そこに書かれている数字が、注文していい最大のロット数になります。

たとえば、次頁の早見表（1万通貨単位）の場合では、6000円の列と、20pipsの交わるところには「3・0」と書いてあるので、3ロット注文すればいいということがわかります。

早見表でロット数が「5・0」と書かれていても、絶対に5ロット注文しなければならないということではありません。「**5ロット以下なら問題ない**」ということです。

このようにして「**想定される損失額からロット数を決めることで、〝なんとなく〟でエントリーしてしまって、思いがけない損失が出てしまった**」なんてことを防ぐことができるのです。

ロット数早見表 1万通貨単位

		金額（最大損失額）									
		1,000	2,000	3,000	4,000	5,000	6,000	7,000	8,000	9,000	10,000
銭（pips）	5.0	2.0	4.0	6.0	8.0	10.0	12.0	14.0	16.0	18.0	20.0
	10.0	1.0	2.0	3.0	4.0	5.0	6.0	7.0	8.0	9.0	10.0
	15.0	0.6	1.3	2.0	2.6	3.3	4.0	4.6	5.3	6.0	6.6
	20.0	0.5	1.0	1.5	2.0	2.5	3.0	3.5	4.0	4.5	5.0
	25.0	0.4	0.8	1.2	1.6	2.0	2.4	2.8	3.2	3.6	4.0
	30.0	0.3	0.6	1.0	1.3	1.6	2.0	2.3	2.6	3.0	3.3
	35.0	0.2	0.5	0.8	1.1	1.4	1.7	2.0	2.2	2.5	2.8
	40.0	0.2	0.5	0.7	1.0	1.2	1.5	1.7	2.0	2.2	2.5
	45.0	0.2	0.4	0.6	0.8	1.1	1.3	1.5	1.7	2.0	2.2
	50.0	0.2	0.4	0.6	0.8	1.0	1.2	1.4	1.6	1.8	2.0
	55.0	0.1	0.3	0.5	0.7	0.9	1.0	1.2	1.4	1.6	1.8
	60.0	0.1	0.3	0.5	0.6	0.8	1.0	1.1	1.3	1.5	1.6
	65.0	0.1	0.3	0.4	0.6	0.7	0.9	1.0	1.2	1.3	1.5
	70.0	0.1	0.2	0.4	0.5	0.7	0.8	1.0	1.1	1.2	1.4
	75.0	0.1	0.2	0.4	0.5	0.6	0.8	0.9	1.0	1.2	1.3
	80.0	0.1	0.2	0.3	0.5	0.6	0.7	0.8	1.0	1.1	1.2
	85.0	0.1	0.2	0.3	0.4	0.5	0.7	0.8	0.9	1.0	1.1
	90.0	0.1	0.2	0.3	0.4	0.5	0.6	0.7	0.8	1.0	1.1
	95.0	0.1	0.2	0.3	0.4	0.5	0.6	0.7	0.8	0.9	1.0
	100.0	0.1	0.2	0.3	0.4	0.5	0.6	0.7	0.8	0.9	1.0

ロット数早見表 10万通貨単位

	金額（最大損失額）									
銭（pips）	1,000	2,000	3,000	4,000	5,000	6,000	7,000	8,000	9,000	10,000
5.0	0.20	0.40	0.60	0.80	1.00	1.20	1.40	1.60	1.80	2.00
10.0	0.10	0.20	0.30	0.40	0.50	0.60	0.70	0.80	0.90	1.00
15.0	0.06	0.13	0.20	0.26	0.33	0.40	0.46	0.53	0.60	0.66
20.0	0.05	0.10	0.15	0.20	0.25	0.30	0.35	0.40	0.45	0.50
25.0	0.04	0.08	0.12	0.16	0.20	0.24	0.28	0.32	0.36	0.40
30.0	0.03	0.06	0.10	0.13	0.16	0.20	0.23	0.26	0.30	0.33
35.0	0.02	0.05	0.08	0.11	0.14	0.17	0.20	0.22	0.25	0.28
40.0	0.02	0.05	0.07	0.10	0.12	0.15	0.17	0.20	0.22	0.25
45.0	0.02	0.04	0.06	0.08	0.11	0.13	0.15	0.17	0.20	0.22
50.0	0.02	0.04	0.06	0.08	0.10	0.12	0.14	0.16	0.18	0.20
55.0	0.01	0.03	0.05	0.07	0.09	0.10	0.12	0.14	0.16	0.18
60.0	0.01	0.03	0.05	0.06	0.08	0.10	0.11	0.13	0.15	0.16
65.0	0.01	0.03	0.04	0.06	0.07	0.09	0.10	0.12	0.13	0.15
70.0	0.01	0.02	0.04	0.05	0.07	0.08	0.10	0.11	0.12	0.14
75.0	0.01	0.02	0.04	0.05	0.06	0.08	0.09	0.10	0.12	0.13
80.0	0.01	0.02	0.03	0.05	0.06	0.07	0.08	0.10	0.11	0.12
85.0	0.01	0.02	0.03	0.04	0.05	0.07	0.08	0.09	0.10	0.11
90.0	0.01	0.02	0.03	0.04	0.05	0.06	0.07	0.08	0.10	0.11
95.0	0.01	0.02	0.03	0.04	0.05	0.06	0.07	0.08	0.09	0.10
100.0	0.01	0.02	0.03	0.04	0.05	0.06	0.07	0.08	0.09	0.10

3 資金管理とポートフォリオ

損失を抑える資金管理という意味では、ポートフォリオを意識することも大切です。

一般的にポートフォリオといえば、現金、株、投資信託などの金融商品の組みあわせのことです。もし、すべての財産をひとつの会社の株式だけで持っていたら、その会社の株価の変動によって、大きな損失が発生することがありますよね。

金融商品をひとつに絞るのではなく、債券や投資信託、不動産、外貨といった異なる性質のものを組みあわせることで、資産全体として価格変動による影響がマイルドになります。リスク分散においてポートフォリオは大切です。

複数ポジションを持つときは、損失を全体で2％に抑える

このことはＦＸにおいても同じことがいえます。２０１１年３月11日の東日本大震災発生時、為替相場は大きな混乱に見舞われ

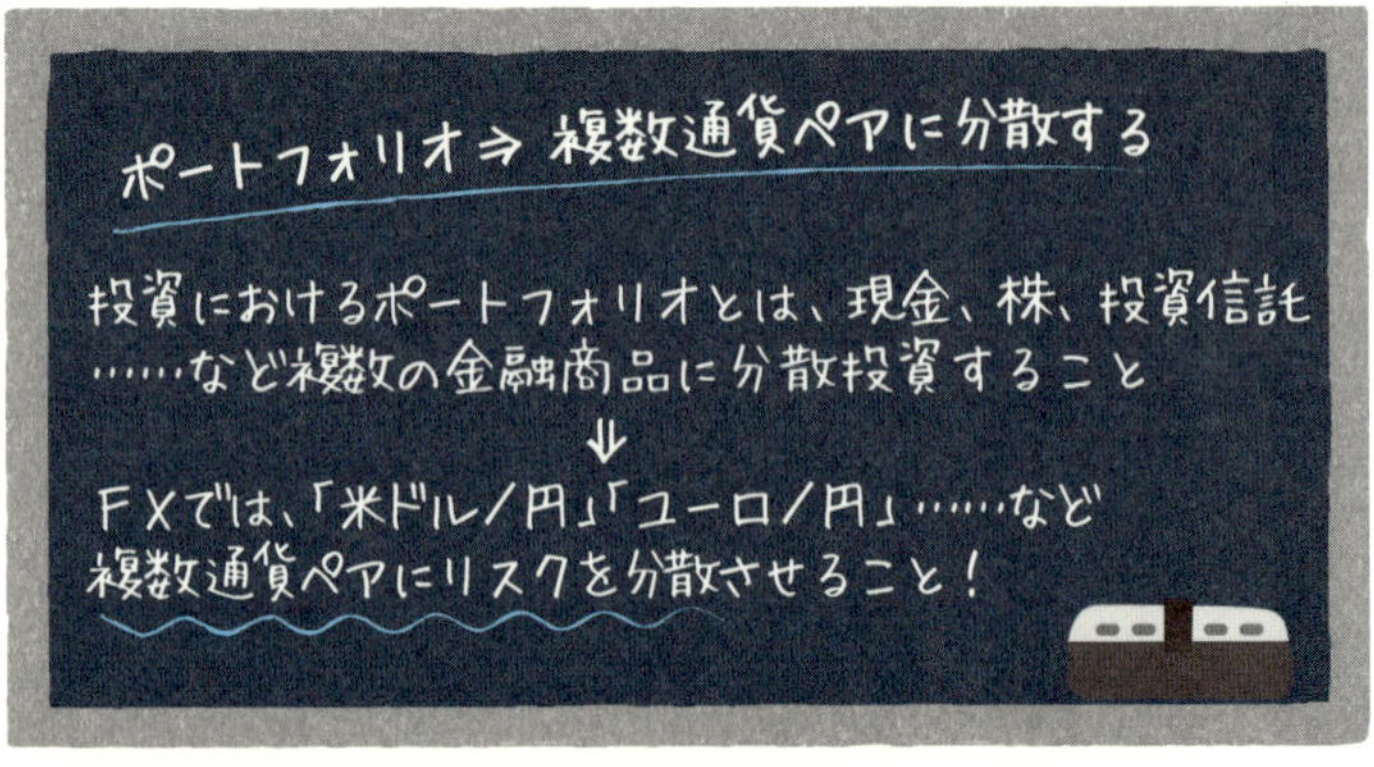

ました（下図参照）。米ドル／円は震災発生当日に大きく円安方向に振れたものの、その後数日間で今度は急激な円高方向に振れ、３月17日には76円25銭という当時の戦後最高値を更新しました（下図○）。

もしこのとき、ドル／円だけでポジションを持っていたらどうなったでしょうか。きちんと損切りの逆指値注文を出していた人は、損失を最小限で防ぐことができましたが、そうでない人は大きな含み損を抱えることになりました。強制ロスカットされた人も多かったのではないでしょうか。

では複数の通貨に分散して

● 2011年３月11日の東日本大震災発生時の為替相場

おけばよかったのかといえば、そうともいい切れません。ユーロ／円、ポンド／円、豪ドル／円など、円絡みの通貨（クロス円）は軒並み、ドル／円と同じような動きをしたからです。仮にドル／円やクロス円など5通貨を持っていたとして、それぞれで総資金の2％を損切り額として逆指値を設定していたとします。このとき、円高に大きく動いて損切りが実行されると、5通貨合計で10％もの損失が発生してしまいます。

複数通貨に分散してポジションを持つ際は、**「損失額をポジションすべての合計で2％に設定する」**必要があります。**「5通貨なら、1通貨の損失額が0・4％ずつになるように、逆指値を設定する」**ということです。

儲からないリスクを回避するためにも複数ペアで取引

また、**「ドル／円やクロス円などの円絡みの通貨ペアだけでなく、ユーロ／ドルなどの他国通貨同士のペアも持つことで、急激な為替変動によるリスクを軽減」**できます。

一方、為替には「動かなすぎる」というリスクもあります。たとえば2014年前半のドル／円相場は101円から103円の間を行ったり来たりするだけの非常に動きの悪い相場でした。もしドル／円しかトレードしていなかった場合、半年間、稼ぐチャンスがなかなか訪れないという状況でした。

利益をきちんとあげるという意味でも、ひとつの通貨ペアに絞るのではなく、複数の通貨ペアで取引する機会をうかがうことが大切です。

2時限目 タイミングを見極めるためのテクニカル分析入門

すぐ買って、
すぐ売るための
テクニカル分析が
わかれば、明日から
トレード上級者の
仲間入りです。

01 テクニカル分析入門①
チャートを読もう

1 チャートの基礎知識

ここからはテクニカル分析を用いて、トレードするタイミングを判断する方法についてお話ししていきます。

「**テクニカル分析とは、為替の値動きをグラフ化した「チャート」を読み、今後の値動きを予測する手法**」のことを指します。横軸では時間の経過を、縦軸では価格の推移を示すことで、時間の流れによって価格がどう変化したかがわかるようになっています。

チャートの構成要素① ローソク足

チャートにもいろいろな種類がありますが、日本人が発案し、日本で最もよく使われているチャートが「**ローソク足（またはキャンドルスティック）**」と呼ばれているものです。

ローソクの形をしたチャートで、たった1本で「**始値《はじめね》・終値《おわりね》・高値《たかね》・安値《やすね》**」の4つの価格を表現することができます。

詳細は88頁でお話ししますが、テクニカル分析上、ローソク足は重要な位置を占めています。

チャートの構成要素❷ テクニカル指標

もうひとつの重要な要素が「**テクニカル指標**」です。テクニカル指標にも、やはりいろいろな種類がありますが、最もよく知られているのが「**移動平均線**」です。ローソク足に絡みながら上下している1本の線で、一定期間の平均値を示しています。

もうひとつ、本書で解説するテクニカル指標が「**ボリンジャーバンド**」です。価格の勢いの変化や反転の目安、方向をバンド（帯）から読み取る手法です。こちらもメ

● FXのチャートと構成要素

ジャーなテクニカル指標として、多くのトレーダーに使われています。

ほかにもたくさんのテクニカル指標がありますが、とりあえず**「移動平均線とボリンジャーバンドを覚えておきましょう」**。

2 チャートには投資家心理が現れる

チャートには、相場に参加するトレーダーの心理状態が反映されているといわれます。それはなぜでしょうか。

チャートにはたくさんの種類がありますが、基本的なチャートや多くの人がよく好んで使うチャートは、数種類にかぎられています。たとえばローソク足チャートなどは、ほとんどの投資家が必ずチェックしています。

基本的にみんなが同じチャートを見ながら取引を行っているため、「このあたりでそろそろ反転しそうだ」「このラインを割ったら一気に下げるだろうから売っておこう」という群集心理が働きやすくなるのです。

「本当に強いトレーダーは、チャートから投資家心理を読み取る

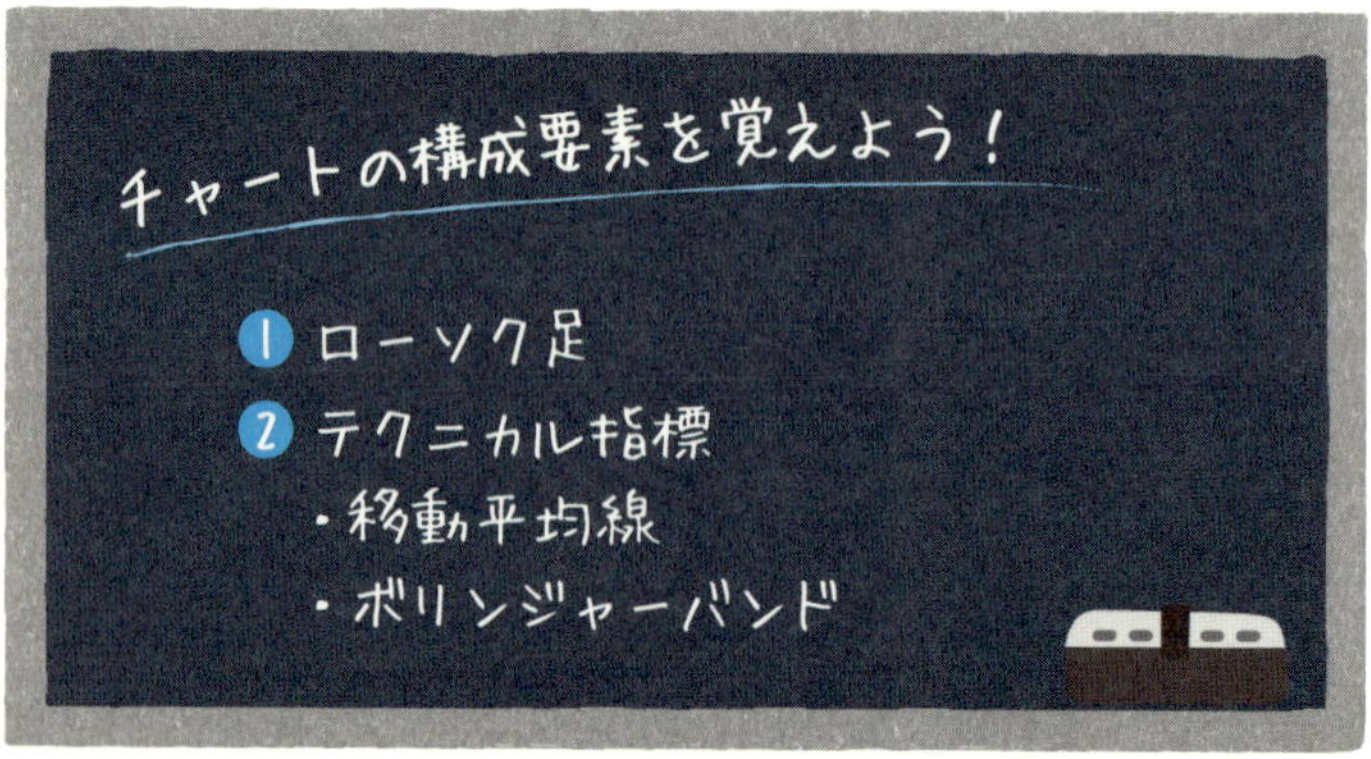

チャートの構成要素を覚えよう！
1 ローソク足
2 テクニカル指標
・移動平均線
・ボリンジャーバンド

ことが上手」です。投資家がどのように考えて取引をしてきたか、そして現在どのような心理状況にあり、これからどう動くのか……。
テクニカル分析を極めていくと、そういったことがだんだん読み取れるようになってきます。

● ドル／円上昇トレンド

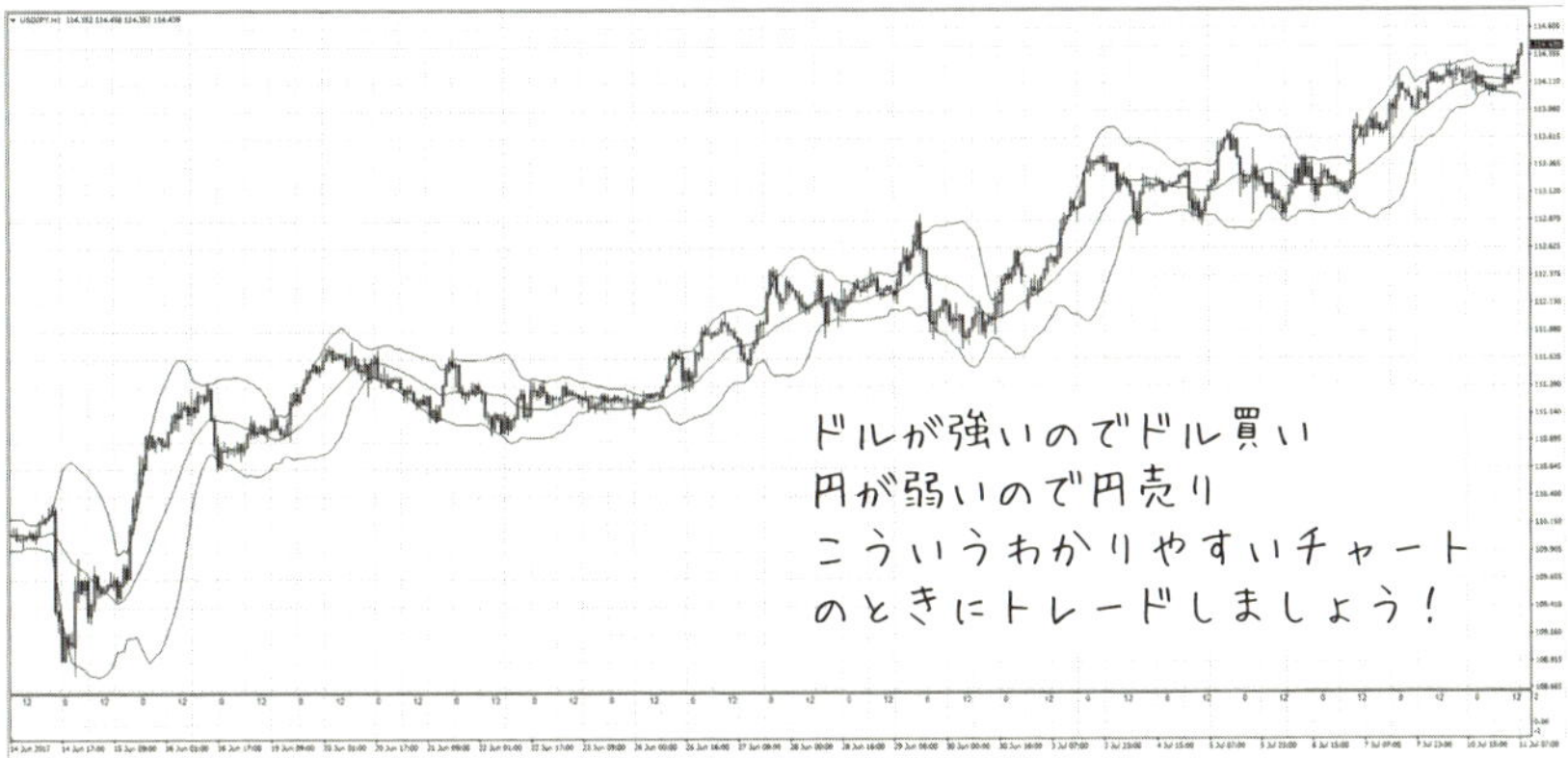
ドルが強いのでドル買い
円が弱いので円売り
こういうわかりやすいチャート
のときにトレードしましょう！

チャートは群集心理でできているものです。

そのチャートを見てさらに群集心理が起きやすくなります。

だから、チャートがしっかり読めるようになれば、本当に強いトレーダーになれるんです！

02 テクニカル分析入門②
基本中の基本、ローソク足

1　4つの値段（ローソク足）で市場の動きがわかる

日本で最もポピュラーなチャートが01で少し触れた「**ローソク足チャート**」です。一見、白と黒（または赤と青）の棒が不規則に並んでいるだけのように見えますが、その棒からはさまざまな情報を読み取ることができます。

1本のローソク足は、「1日」や「1時間」というように一定期間中の値動きを示しています。1日の値動きを示すものは「**日足チャート**」、1時間の値動きを示すものは「**1時間足チャート**」と呼ばれます。

陽線、陰線で大まかな方向を示している

ローソク足を見れば、瞬時に5つの情報がわかるようになっています。そのひとつ目が、

チャートが上に向かっているのか、下に向かっているのかがわかる「**値動き**」です。

ローソク足チャートには、「**陽線**」という明るい色の線と、「**陰線**」という暗い色の線の２種類があります。簡単にいえば、一定期間の中で、チャートが上のほうへ向かっているときは「陽線」、下のほうへ向かっているときは「陰線」が表示されます。陰線が連続していれば、チャートがどんどん下降していることがわかります。

始値、終値、高値、安値を示している

さらに、1本のローソク足の中には、「**始値**《はじめね》」「**終値**《おわりね》」「**高値**《たかね》」「**安値**《やすね》」の4つの情報が表現されています（次頁下図参照）。

「始値」は一定期間内においてはじめてついた価格で、「終値」は一定期間内において最後についた価格を表しています。また、「高値」は一定期間内における最も高い価格を、「安値」は一定期間内において最も安い価格を表しています。

ローソクの胴体の部分を「**実体**」、実体から上下に伸びている線

● ローソク足の陽線と陰線

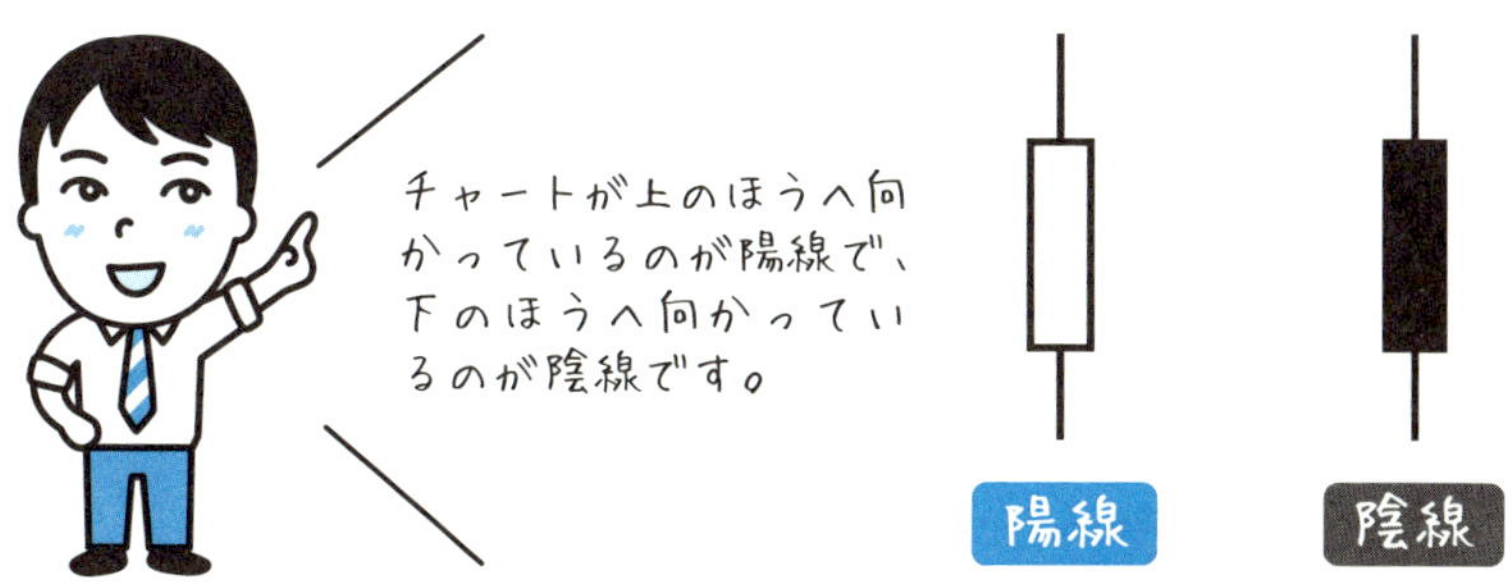
チャートが上のほうへ向かっているのが陽線で、下のほうへ向かっているのが陰線です。
陽線
陰線

のことを「**ヒゲ**」と呼びます。さらに、高値に向かって伸びている線を「**上ヒゲ**」、安値に向かって伸びている線を「**下ヒゲ**」と呼びます。高値と始値（または終値）が同じ価格の場合は、ヒゲが出現しません。

2 ローソク足の形で相場の強さと投資家の心理がわかる

ローソク足チャートの読み方を理解すれば、相場の強さや投資家の心理もわかるようになります。まずローソク足全体の長さに注目します。「**全体の長さが長いということは、その期間の変動幅が大きかった**」ということを意味します。

● ローソク足の構成

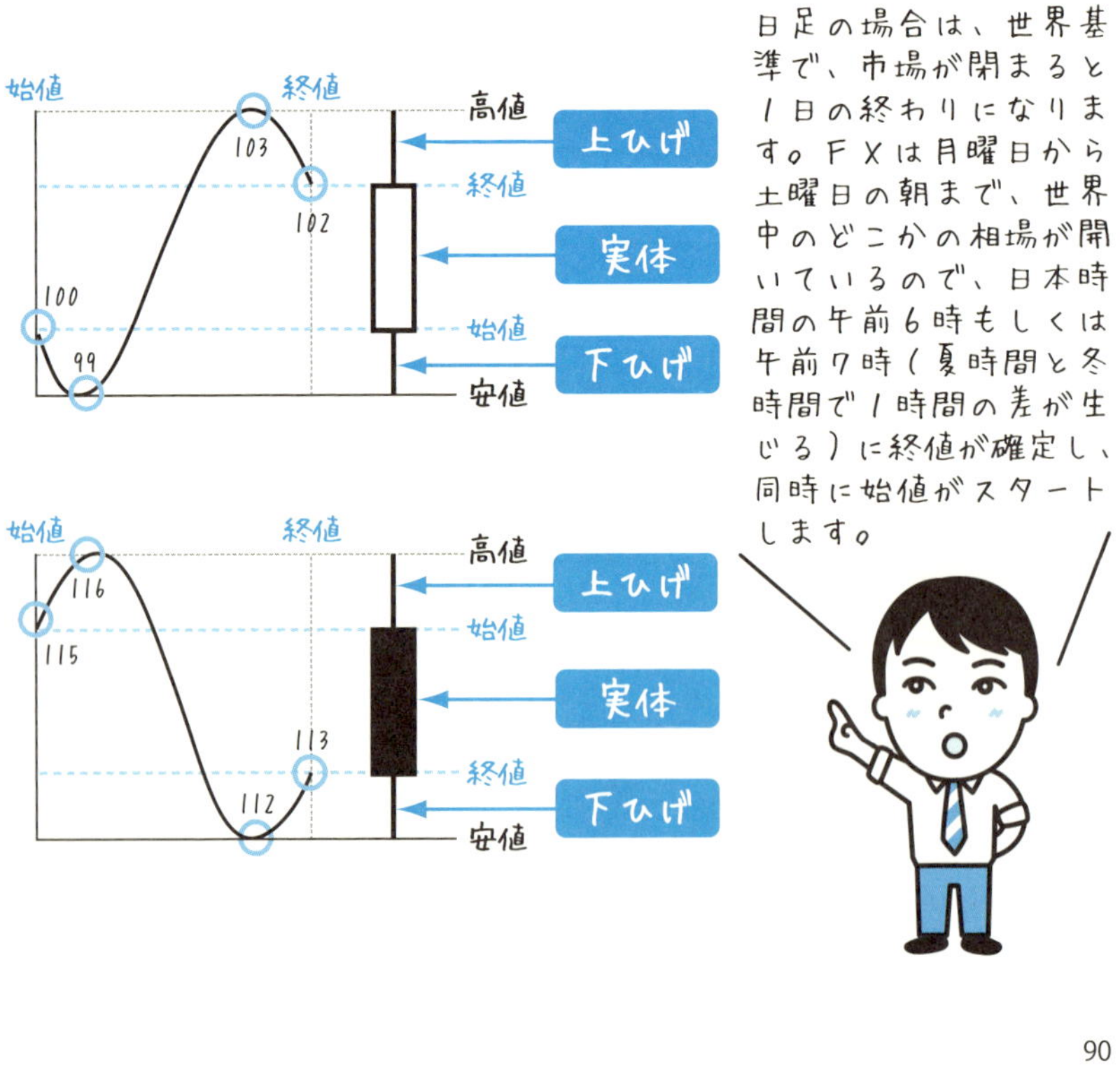
始値
終値
103
102
100
99
高値
終値
始値
安値
上ひげ
実体
下ひげ
始値
終値
116
115
113
112
高値
始値
終値
安値
上ひげ
実体
下ひげ
日足の場合は、世界基準で、市場が閉まると1日の終わりになります。FXは月曜日から土曜日の朝まで、世界中のどこかの相場が開いているので、日本時間の午前6時もしくは午前7時（夏時間と冬時間で1時間の差が生じる）に終値が確定し、同時に始値がスタートします。

たとえば次のような2つのローソク足があったとします。

❶ 実体の短い陽線
❷ 実体の長い陽線

陽線は為替価格の上昇を表していますが、実体が短いということは、その期間における上昇の勢いが弱かったということを意味します。反対に実体が長いということは、その期間における上昇の勢いが強かったということを意味します。

ヒゲを見れば、投資家心理が一層わかる

また、ヒゲに着目することで、投資家がどのように考えているかを想像することが可能です。一般に「**長いヒゲが現れたときは〝迷いが大きい〟**」ことを意味するといわれています。

たとえば上に長いヒゲを示した陰線があったとすれ

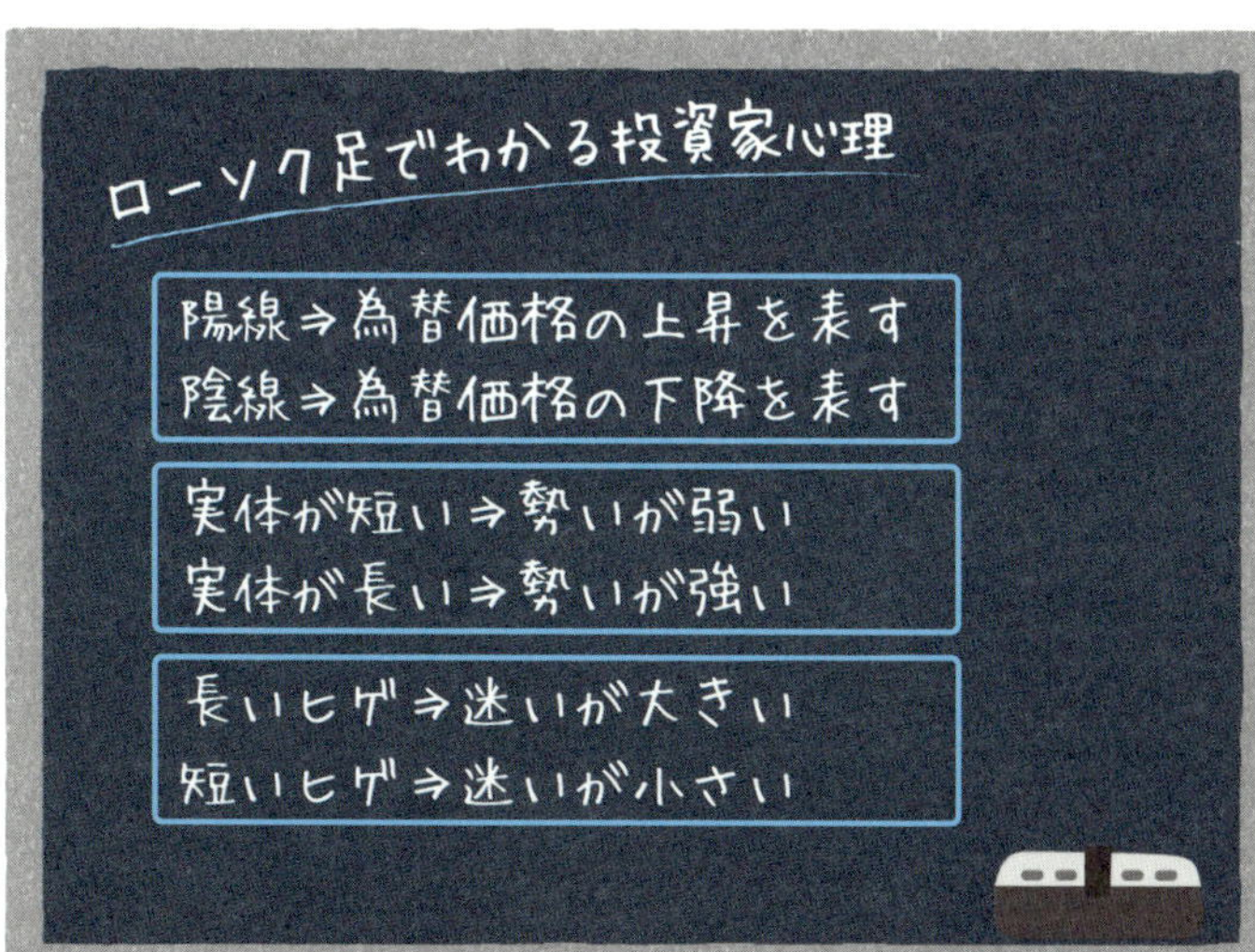
ローソク足でわかる投資家心理
陽線⇒為替価格の上昇を表す
陰線⇒為替価格の下降を表す
実体が短い⇒勢いが弱い
実体が長い⇒勢いが強い
長いヒゲ⇒迷いが大きい
短いヒゲ⇒迷いが小さい

ば、「始値から1度大きく上げたあと、相場が反転して急激に下降し、最後は始値を下回る終値をつけた」という値動きのストーリーが見えるわけです。為替レートが上下に大きくブレており、まさに迷いの大きい時間帯だったことが手に取るようにわかります。

3 時間軸から見るローソク足チャートの種類

ローソク足チャートは、ローソク1本ができる時間の長さによって呼び方や使い方が変わってきます。ここでは主なローソク足チャートの種類とその使い方を見ていきましょう。

❶ 日足《ひあし》チャート

1日に1本のローソク足ができるチャートです。「**1日単位での価格の変化**」を表します。中期・短期トレードをするトレーダーは必ず注目しています。

日足チャートを見ることで、為替が上に向かっているのか下に向かっているのか、それとも横ばいなのか、大きなトレンドを知ることができます。「**日足チャートの確認は毎日行う**」ようにしましょう。

❷ 1時間足チャート

1時間に1本のローソク足ができるチャートです。「**1時間単位での価格の変化**」を表しています。短期トレードをするトレーダーが注目しています。

③ 15分足チャート

15分で1本のローソク足ができるチャートです。「**15分単位での価格の変化**」を表しています。「**私が普段、投資の判断に使っているのは主にこのチャート**」です。短期トレーダーの多くが注目しています。本書でも15分足をメインにお話ししていきます。

それぞれの使い分けは、下の黒板を見てください。

たとえば、日足チャートや1時間足チャートを見て大まかな流れは下降トレンドにあると判断したら、売りからエントリーすると決めておき、15分足チャートを見て売りのポイントを探していく、という感じです。また、「**日足・1時間足チャートでも15分足チャートでも同じ方向のトレンドを描いていれば、勝ちやすい相場と判断**」できます。反対に日足チャートは上昇トレンド、1時間足は下降トレンド、15分足チャートでは上昇トレンド、といった「**ねじれ現象が起きているときは、慎重にエントリーポイントを探る**」必要があります。

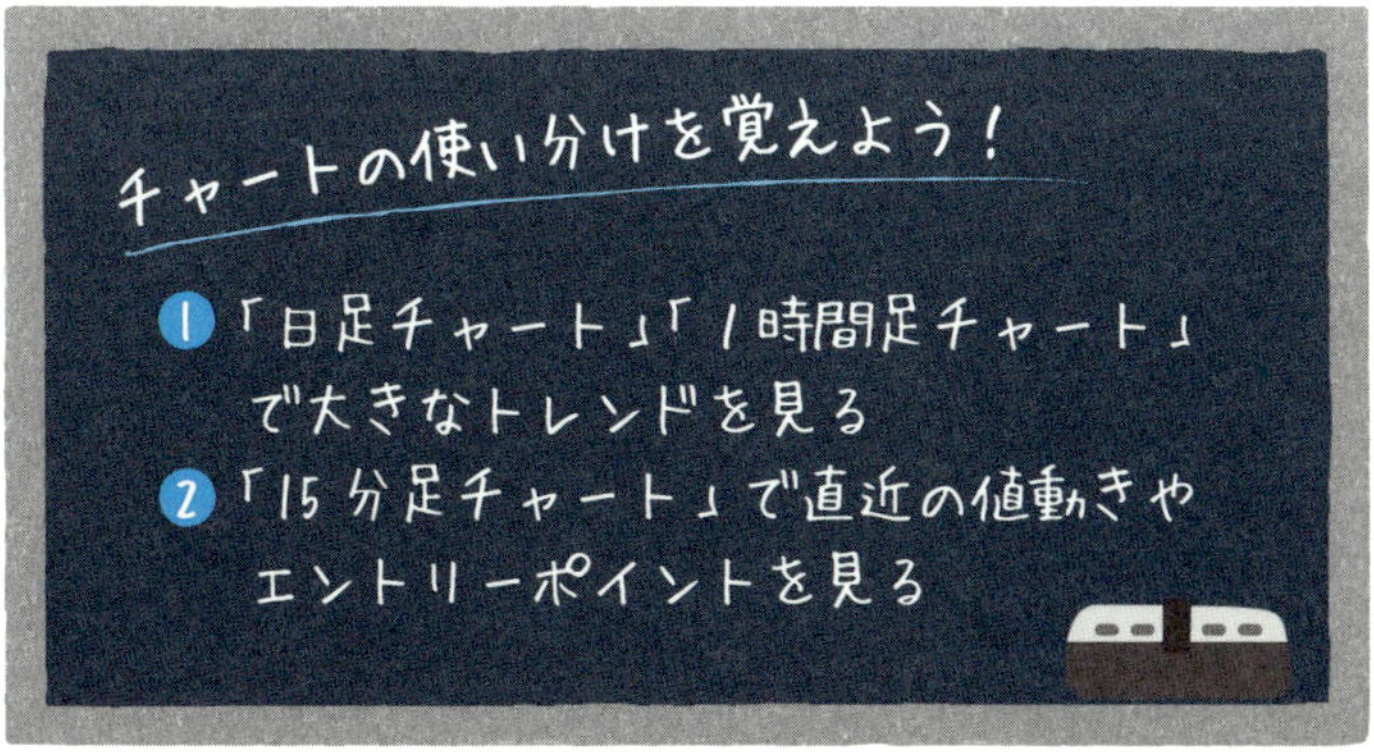
チャートの使い分けを覚えよう！
1 「日足チャート」「1時間足チャート」で大きなトレンドを見る
2 「15分足チャート」で直近の値動きやエントリーポイントを見る

03

テクニカル分析入門③

移動平均線とボリンジャーバンド

1 移動平均線とは？

一定期間内の細かい値動きはローソク足で読み取ることができますが、ローソク足だけでは大きなトレンドを読み取ることはできません。ローソク足1本1本の値動きにとらわれるのではなく、「**大きなトレンドを読み取るときに使えるテクニカル指標が〝移動平均線〟**」です。英語では「**Moving Average（MA）**」と表記します。

移動平均線とは、最もポピュラーな指標で、一定期間の価格（ローソク足の終値）の平均を結んだ線です。

たとえば日足チャートで期間が「20」の移動平均線なら、過去の20日間の平均価格の推移を示しています。これを「**20本移動平均線（20ＭＡ）**」と呼びます。

ＦＸ会社によっては移動平均線の表示方法を細かく設定できる場合があります。

短期的なトレンドを知りたいときは期間を「5」や「6」に、長期的なトレンドを知りたいときは「50」や「75」「100」に設定します。また、1本だけでなく2本や3本同時に表示できる場合もあります。

2 移動平均線の使い方

移動平均線の期間をいくつに設定するか、何本の線を使うかは好みによって分かれるところですが、私の場合は、期間「20」の線を1本だけ使用しています。

「**私が参考にしている投資手法である〝ダウ理論〟において、上昇トレンド・下降トレンドを判断するには〝20〟が最適**」だからです。

また、トレンドの判断基準としてだけでなく、「**ローソク足と組みあわせて、エントリーポイントの判断基準としても活用**」します。これをまずは覚えてしまいましょう。具体的には次頁のように判断します。次頁の下図とあわせて確認してください。

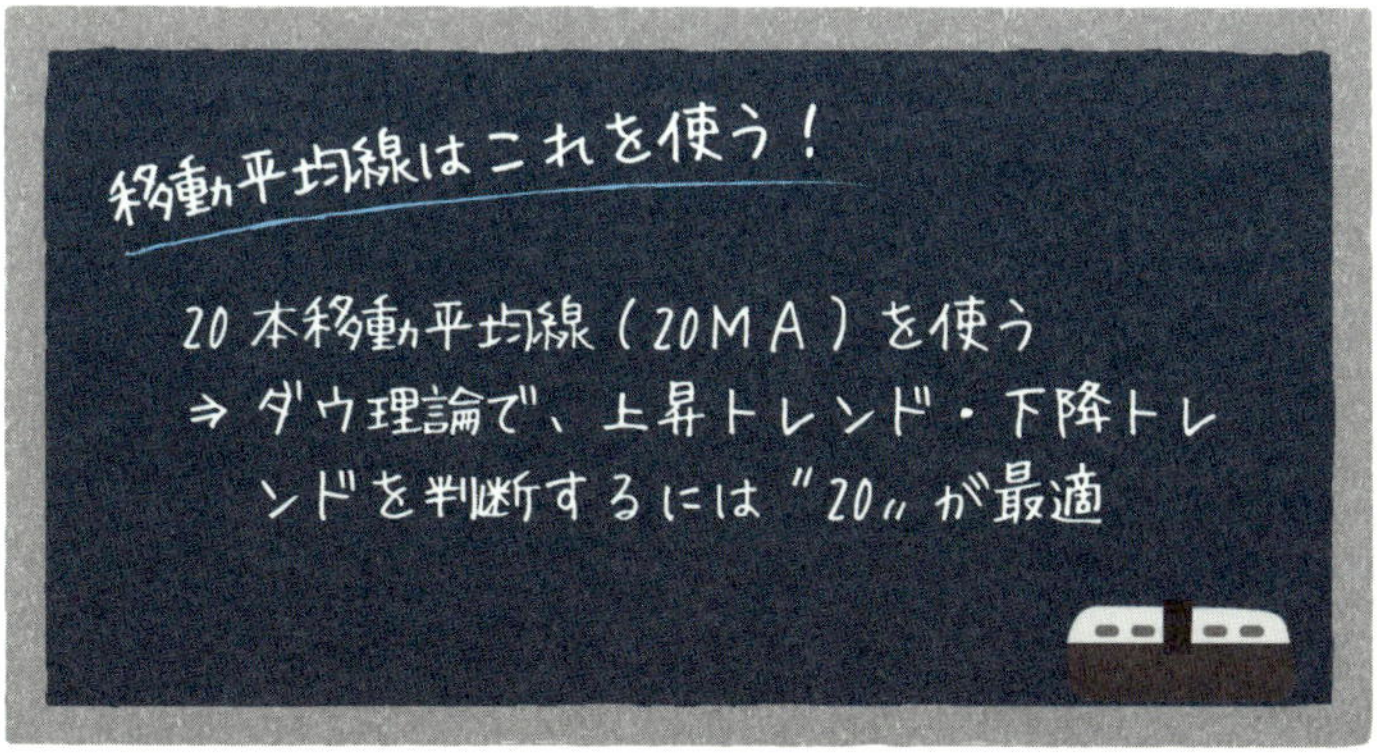
移動平均線はこれを使う！
20本移動平均線（20MA）を使う
⇒ダウ理論で、上昇トレンド・下降トレンドを判断するには〝20〟が最適

❶上昇トレンドのときは、上下に波打ちながら上昇していくローソク足が、一時的に移動平均線まで下がってきたところで「買い」（＝押し目買い）のエントリー

❷下降トレンドのときは、上下に波打ちながら下降していくローソク足が、一時的に移動平均線まで上がってきたところで「売り」（＝戻り売り）のエントリー

3 ボリンジャーバンドとは？

ボリンジャーバンドは、ジョン・ボリンジャーという投資家が考案したテクニカル指標のひとつで、移動平均線とその上下にある複数の線で表されます。英語では「**Bollinger Bands**（**BB**）」と表記します。

ボリンジャーバンドは統計学の「標準偏差」の考えに基づき、値動きが平均値からどのくらいばらついて

● 移動平均線（期間20）とローソク足からエントリーポイントを見つける

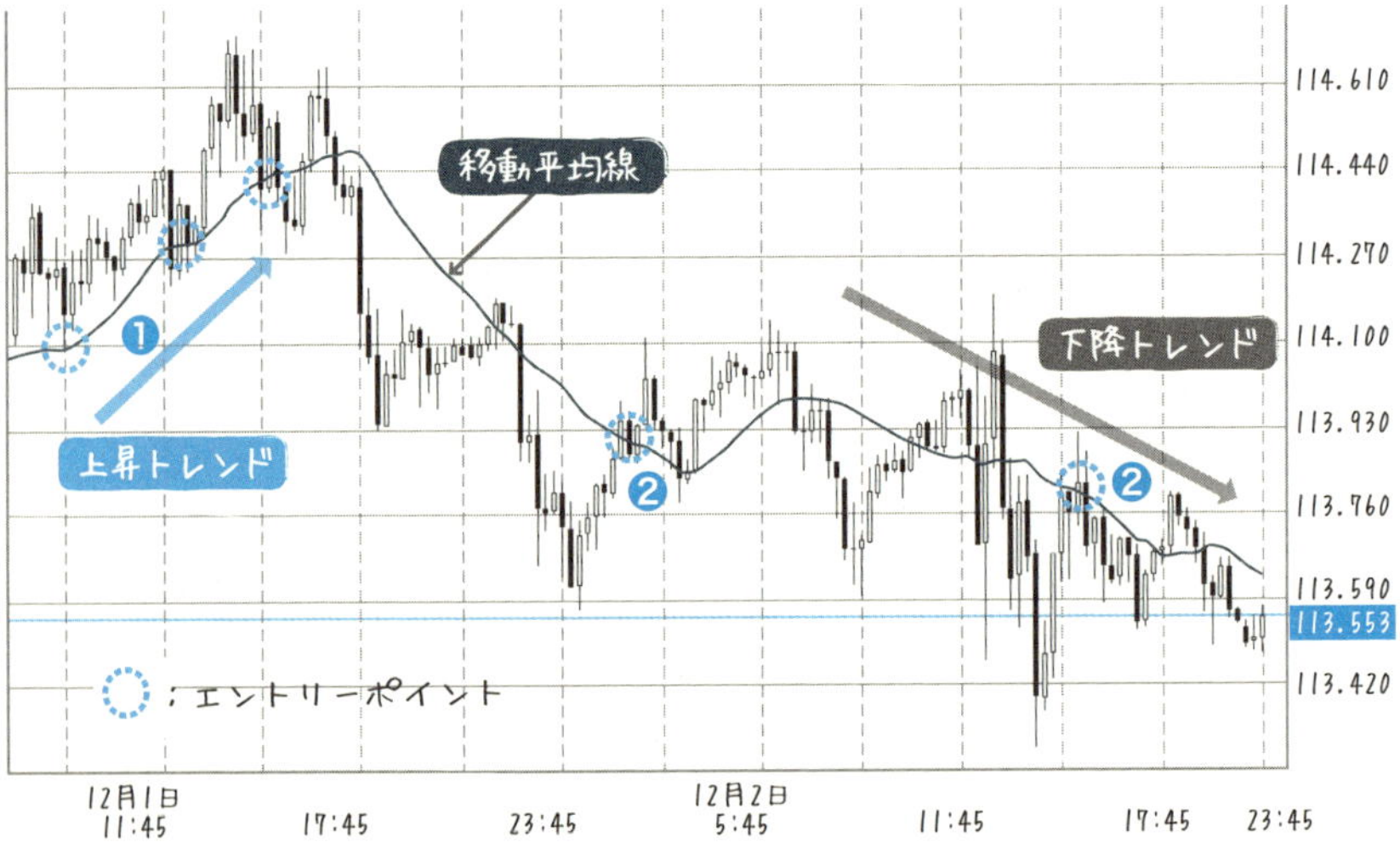

いるかを示しています。

FX会社のチャートを見ると、ボリンジャーバンドの初期設定で移動平均線の上下に数本ずつの線が表示されていることもありますが、私の場合は「＋２σ（シグマ）」と「－２σ」の１本ずつを表示させています。**「統計学上、95・5％の数値がこの〝＋2σ〟と〝－2σ〟の線の間に収まっている」**ことになります。

実際に「＋２σ」と「－２σ」を表示させた下図チャートを見ると、一目瞭然です。大きく振れたとき以外は、ローソク足は上下に行ったり来たりしながら、ほとんどボリンジャーバンドの範囲に収まっています。

もし価格がボリンジャーバンドを超えてきたら、そろそろ「買われすぎ」あるいは「売られすぎ」と判断できるので、いずれは平均値のほうに戻ってくるだろうと予測することができます。

ボリンジャーバンドは、一般的にトレンドを察知するために、あるいは一定の価格帯を行ったり来たりしている「レンジ相場」において、エントリーポイント

● ボリンジャーバンド（期間20）

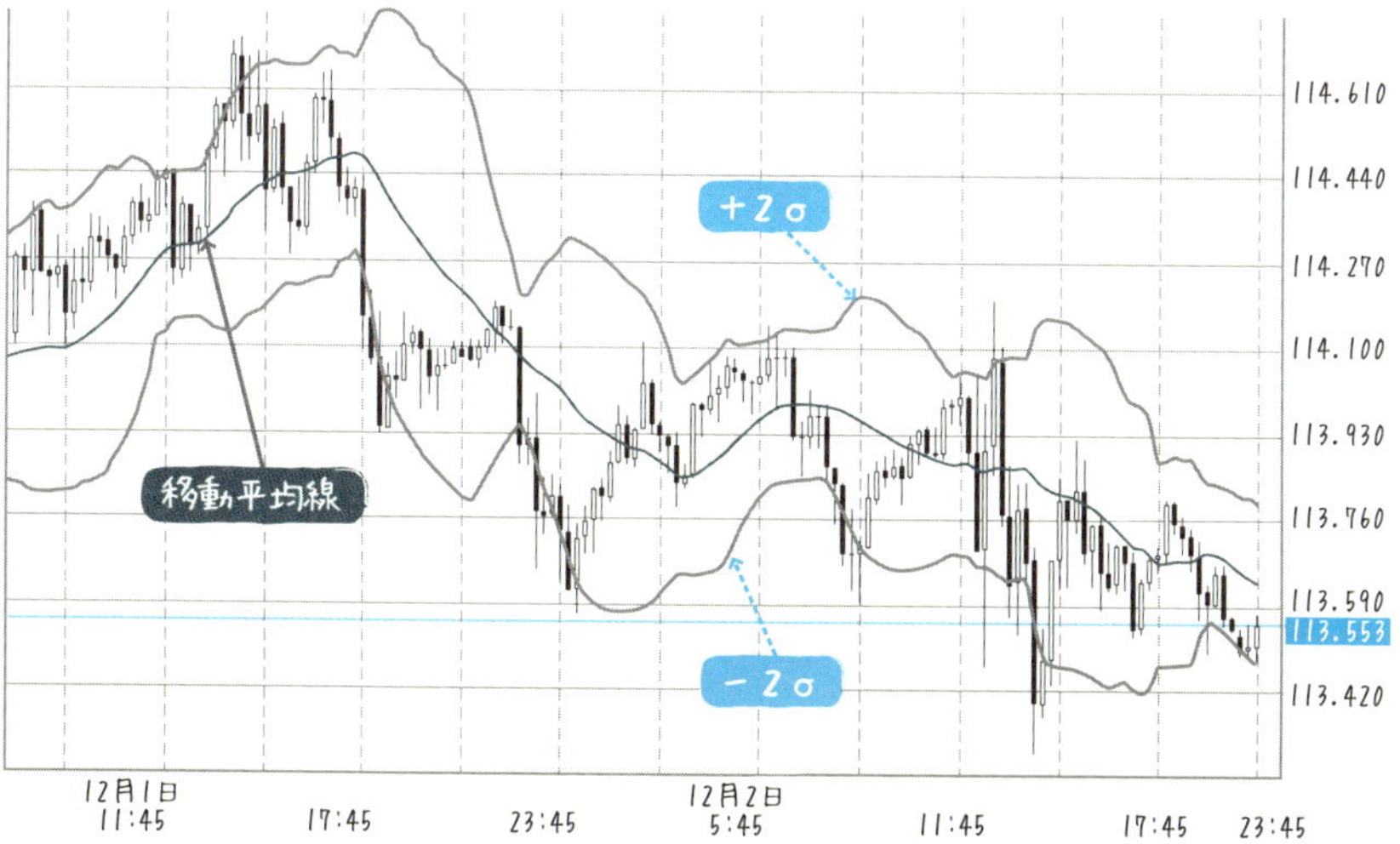

を探るためによく使われています。

4 ボリンジャーバンドの使い方

ボリンジャーバンドは、移動平均線と同じようにエントリーのタイミングを計るために使います。具体的には次のように判断します。

❶上昇トレンドのときは、上下に動いているローソク足が、一時的にボリンジャーバンドの〝−2σ〟まで触れたところで「買い」のエントリー

❷下降トレンドのときは、上下に動いているローソク足が、一時的にボリンジャーバンドの〝+2σ〟に触れたところで「売り」のエントリー

● ボリンジャーバンド（期間20）を使ってエントリーポイントを見つける

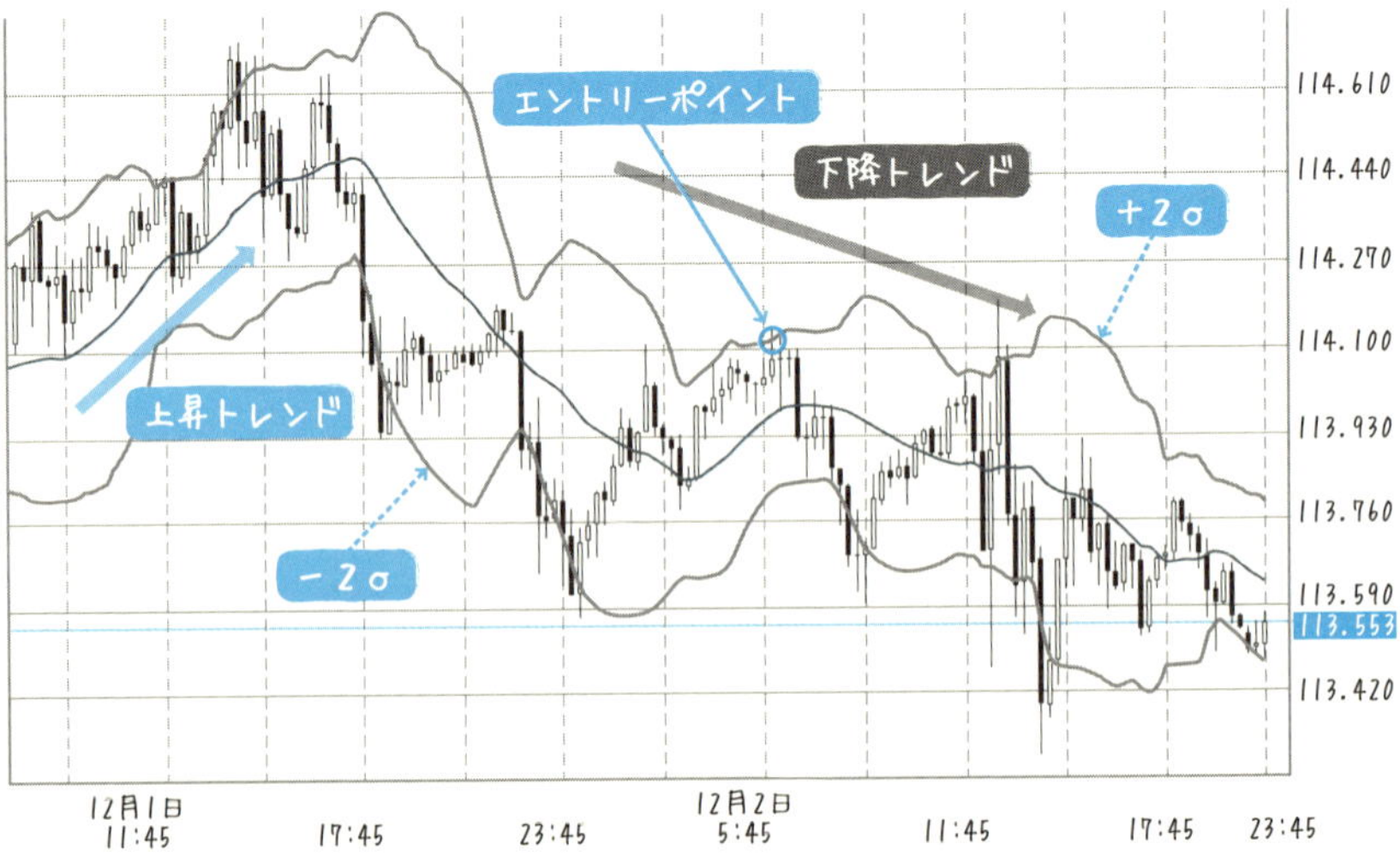

5 移動平均線とボリンジャーバンドの使い分け

私は移動平均線とボリンジャーバンドの両方を使って、エントリーポイントを判断しています。ではこの2つは何が違い、どう使い分ければいいのでしょうか。

移動平均線とボリンジャーバンドの違いは、エントリーするタイミング

●移動平均線でエントリーポイントを判断する場合

移動平均線にローソク足がタッチする機会が多い ⇓ エントリーするタイミングがたくさん発生する ⇓ トレードする機会が増える反面、1回1回のトレードの損益率が悪くなる傾向がある

●ボリンジャーバンドでエントリーポイントを判断する場合

エントリーする回数は少なくなる ⇓ その代わり、損益率のいいタイミングでエントリーできる

どのように使い分けるかは個人の好みやトレードスタイルによります。そういってしまっては元も子もありませんが、「**基本的には、移動平均線をメインに使ってエントリーを行い、損益率が悪い局面ではボリンジャーバンドを使う**」というように使い分けることをお勧めします。

04 すぐ取引できるトレンドを選び出す方法

1 5秒で決めるコツ　取引していいトレンドの見つけ方

ボリンジャーバンドを使って「取引していいトレンド」を短時間で見つける方法をご紹介します。すでにお話ししたとおり、95・5%のローソク足がボリンジャーバンドの「＋2σ」「－2σ」の間に収まることになります。ここに収まっている間は、為替レートがゆるやかに同じところを行ったり来たりしている状態、つまり強いトレンドは発生していない状態と考えることができます。

一方、「**ローソク足がボリンジャーバンドの2本の足から飛び出しているところでは、強い方向感が出ている**」ことを意味しています（左頁参照）。ローソク足がボリンジャーバンドの線から飛び出している部分に丸印をつけてあります。「**この丸印の方向を見るだけでも、為替が〝上昇トレンドである〟と判断できます**」。上昇トレンドの押し目買いをねらっていくチャンスと判断できるのです。

ただし注意していただきたいのは、**「この方法ではトレンドが大まかにわかるだけで、エントリーポイントは判断できない」**という点です。

● ボリンジャーバンドを見ればトレンドがわかる

05 投資の5原則を理解する

1 適切なタイミングでトレードするために必要なこと

適切なタイミングでトレードするために必要なことは、チャートを見ることだけではありません。次の5原則がそろってはじめて、利益をあげ続けることができるのです。

❶ 勝率

トレードの手法には「順張り」と「逆張り」の2つがありますが、「**勝率が高いのは順張り**」です。順張りは、いわば「形勢が明らかに優位なチームに味方する」作戦であり、「一発逆転ねらい」の逆張りよりも高い勝率が期待できます。

初心者にお勧めしたいのは、もちろん順張りです。理由は、初心者は勝ちグセをつけることが大切だからです。ＦＸをはじめたばかりの初心者が、大きな利益をねらおうと逆張り手法でトレードすれば、負けることが多くなります。損切りばかり繰り返していたら、資金も少なくなり心が折れます。

順張りは逆張りと比べて大きな利益をねらえる手法ではありませんが、高い勝率を期待できます。初心者ほど勝率を重視し、順張りでトレードすることを心がけましょう。

❷ 損益率

初心者のうちはまず勝率を高めることが大切ですが、それだけでは儲けることはできません。トータルで利益をあげることがＦＸの目的です。そこで、勝率とあわせて重要になってくる考え方が損益率です。

損益率とは、利益・損失の比率のことです。たとえば1カ月間トレードを行い、その履歴から次のような計算をします。

平均利益＝利益確定した合計額÷利益確定した回数
平均損失＝損切りした合計額÷損切りした回数
平均損益率＝平均利益÷平均損失

この損益率を算出したときに、0・50を超えているかどうかがポ

初心者はとにかく
順張りのトレード
を心がける！
これを覚えておい
てください。

イントです。初心者ほど損益率が低くなる傾向にあり、0・50かそれ以下になることが多いでしょう。

人間の心理として、「利益確定は早く、損切りは遅く」なってしまう傾向にあるからです。FXで儲けるためにはその反対で、「**利益確定は遅く、損切りは早く**」することが鉄則です。

本書で紹介する「ダウ理論」にのっとった順張りのトレードを実践すれば勝率は約70％になるはずなので、あとは損益率が0・50以上になるように、利益を伸ばすトレードを心がけましょう。

③ 損益分岐点

損益率とセットの考え方ではあるのですが、「損益分岐点」も知っておく必要があります。損益分岐点といえば企業経営に出てくる数字です。

ある商品を21個以上売れば利益が出て、19個以下なら赤字だったとします。この場合の損益分岐点は20個ということになります。つまり、収益がプラスマイナス0になるところを指します。

FXでも損益分岐点の考え方はあてはまります。勝率50％、損益率1・00のとき、トータルの収支はプラスマイナス0になりま

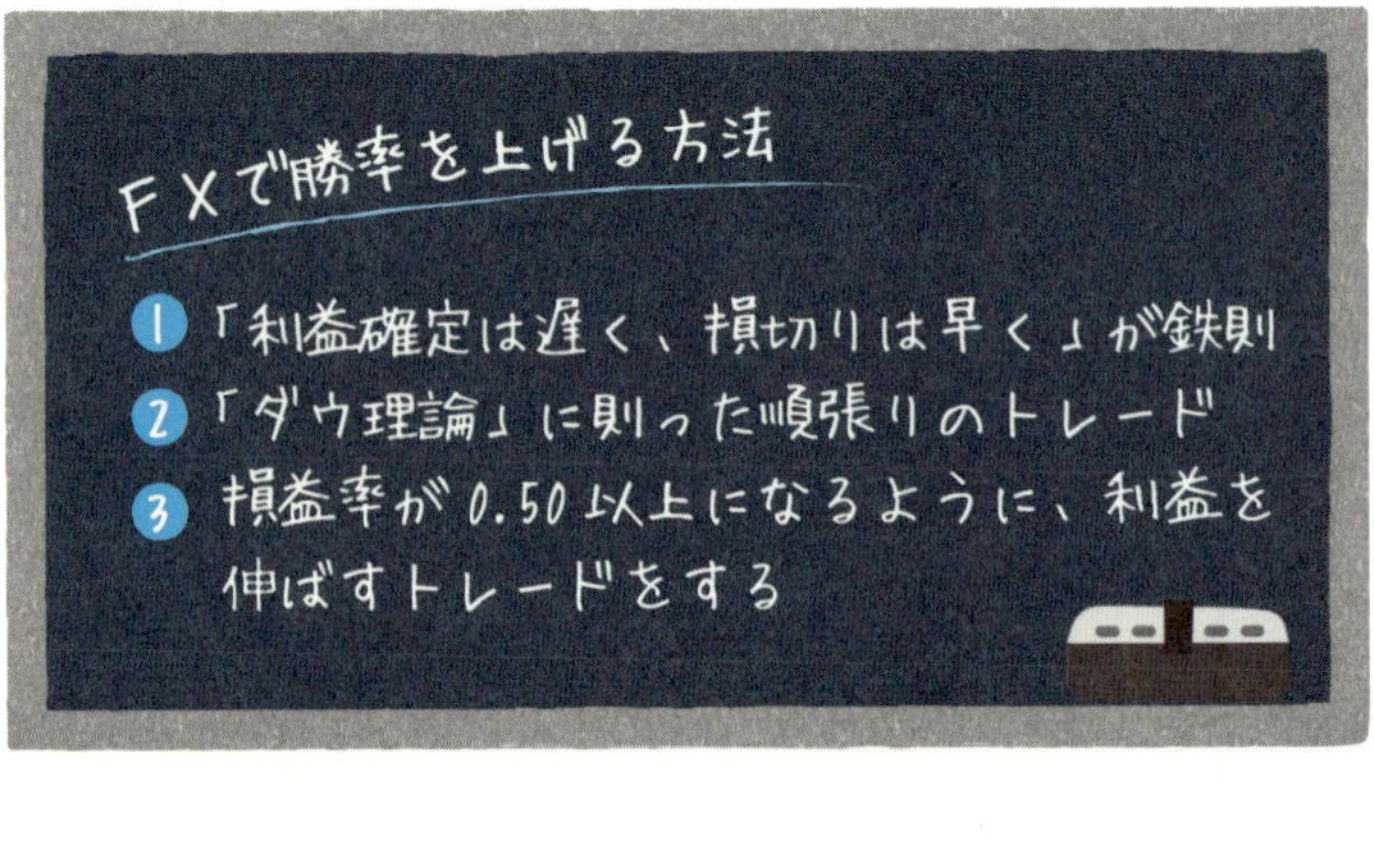

す。ここが損益分岐点です。では勝率が変わると、損益分岐点をクリアするための損益率はどのように変化するのでしょうか。

■損益分岐点を超えるために必要な損益率は？

- **勝率50％のトレードなら、損益率は1・00**
- **勝率60％のトレードなら、損益率は0・67**
- **勝率70％のトレードなら、損益率は0・43**
- **勝率80％のトレードなら、損益率は0・25**
- **勝率90％のトレードなら、損益率は0・11**

勝率が上がっていくにつれて、損益分岐点は下がっていきます。

細かい数字はさておき、確実にいえることは、「**損益分岐点を超えないと利益が出ない**」ということです。損益分岐点を超える手法をまず身につけ、それを継続することで、資金は自然と増え続けていくことになります。

勝率や損益分岐点についてのもう少し詳しい説明は、3時限目に行います。

ここでは、「勝率が上がると、損益分岐点が下がる」とだけ覚えておいてください。

④ 資金管理

資金管理の重要性については、すでに繰り返しお話ししたとおりです。これができるかできないかで、投資が成功するか失敗するかが決まるといっても過言ではないでしょう。

どんなに高い勝率でトレードをしていても、連敗してしまうことがあります。連敗すると資金が大きく減ることになり、最悪の場合、相場から退場することになってしまいます。

本書で推奨する「**最大損失額は総資金の2%**」を守ってトレードをすることが大事です。

❺ メンタル

トレードのルールを決めていたとしても、そのルールを忠実に守れるかどうかは、その人のメンタルにかかっています。

人間には欲があり、誰しも「もっと儲けたい」「できるだけ損失は出したくない」という考えを持っています。そのような感情が働くと、ルールどおりの取引をすることができなくなります。

「**ルールを1度決めたら、そのルールに沿って無感情に、冷静に取引を行うことが大事**」です。そのためのメンタルの鍛え方については、6時限目でお話しします。

詳細は後ほどお話ししていくので、ここでは、この投資の5原則をしっかり頭に入れておけば大丈夫です。

3時限目

注文方法やMT4の設定を知る

パソコンが苦手でも、
大丈夫！
ほとんどのFX会社
がスマホのアプリで
取引可能です。

01 いろいろな注文方法と用語を覚えよう

1 基本的な注文方法をマスターする

3時限目は、実際に注文する方法についてお話ししていきます。注文方法には、エントリーをするための「**新規注文**」、エントリー後に利益確定もしくは損切りをするための「**決済注文**」があります。FX会社によって名称は少しずつ異なる場合がありますが、FXの基本的な注文方法は次の6つです。

❶ 成行注文

まず最も簡単な注文方法が「**成行注文**」です。成行とは、「**現在の価格で即座に発注すること**」です。価格はそのときどきで変化しているので、実際にいくらで注文が成立したのかは約定してみなければわかりませんが、確実に注文を成立させることができます。

「注文」のボタンを押したときの価格と、実際に約定する価格との差を「**スリッページ**」や「**価格誤差**」と呼びます。ＦＸ会社によりますが、許容スリッページの範囲を自分で設定できる場合が多いです。

たとえば発注時に許容スリッページの範囲を「30ポイント」と設定しておくと、注文時と約定価格の間に３・０ｐｉｐｓ以上のかい離がある場合には注文は成立しません。

スリッページを設定しておけば、為替レートが急変するタイミングで発注しても想定外の価格で約定してしまうリスクを防げます。

❷ 指値注文

次に「**指値注文**」です。これは「○円まで下がったら買いたい」などと値段を指定する注文方法です。

たとえば１ドル＝１０５円00銭のとき、「１０４円50銭になったら買い」というように指定して注文します。「**自分の思いどおりにレートが動いた場合の値決め**」といっていいでしょう。

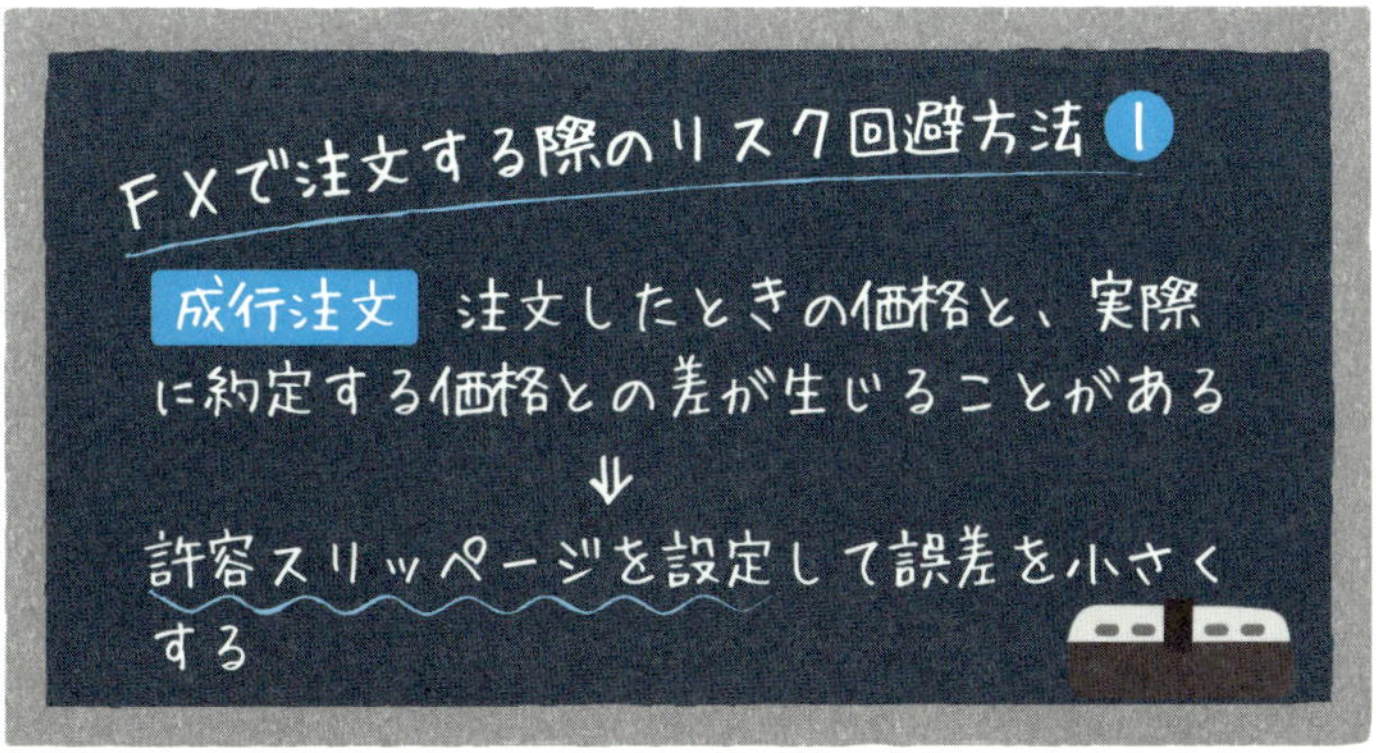

③ 逆指値注文

指値注文とセットで覚えたいのが「**逆指値注文**」です。これは「指値」とは逆で、「**自分の思いとは反対方向にレートが動いた場合の値決め**」といえます。

たとえば、1ドル＝105円00銭の買いポジションを持っていたとします。円安方向に動いてほしいのですが、反対に円高が進み、104円50銭にまでなってしまったら、あきらめて損切りしたいと考えています。その場合、104円50銭で「逆指値注文」を出すことで、自動的に損切りが行われます。損切りする際の逆指値注文を、「**ストップロス**」とも呼びます。

④ OCO注文

指値と逆指値をセットで注文できるのが「**OCO注文**」です。

たとえば1ドル＝100円00銭の買いポジションを持っているとき、「100円30銭になったら利益確定、99円80銭になったら損切り」、といった「**2つの注文を同時に出すことが可能**」です。

OCO注文は、「新規OCO」か「決済OCO」かで変わります。

「**新規OCO**」の場合は、次頁上図のように、現在より有利な価格で買い、また今より不利な価格になったら買いというのをセットで注文できます。

「**決済OCO**」は、次頁下図のように、チャートを見たときにすでにエントリーポイントになっていたので成行でエントリーしたのち、しばらくチャートを見ることができないので、利益確定と損切り注文をあらかじめ確定してしまおうという方法です。

● 新規OCO

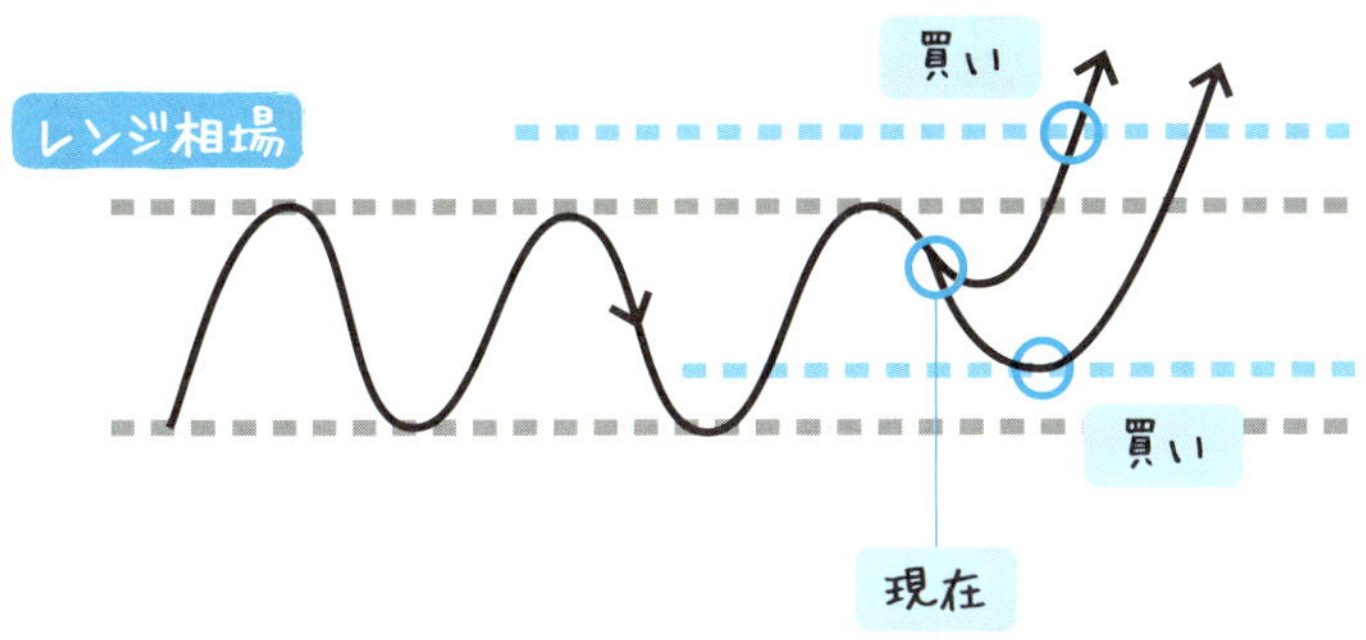

● 決済OCO

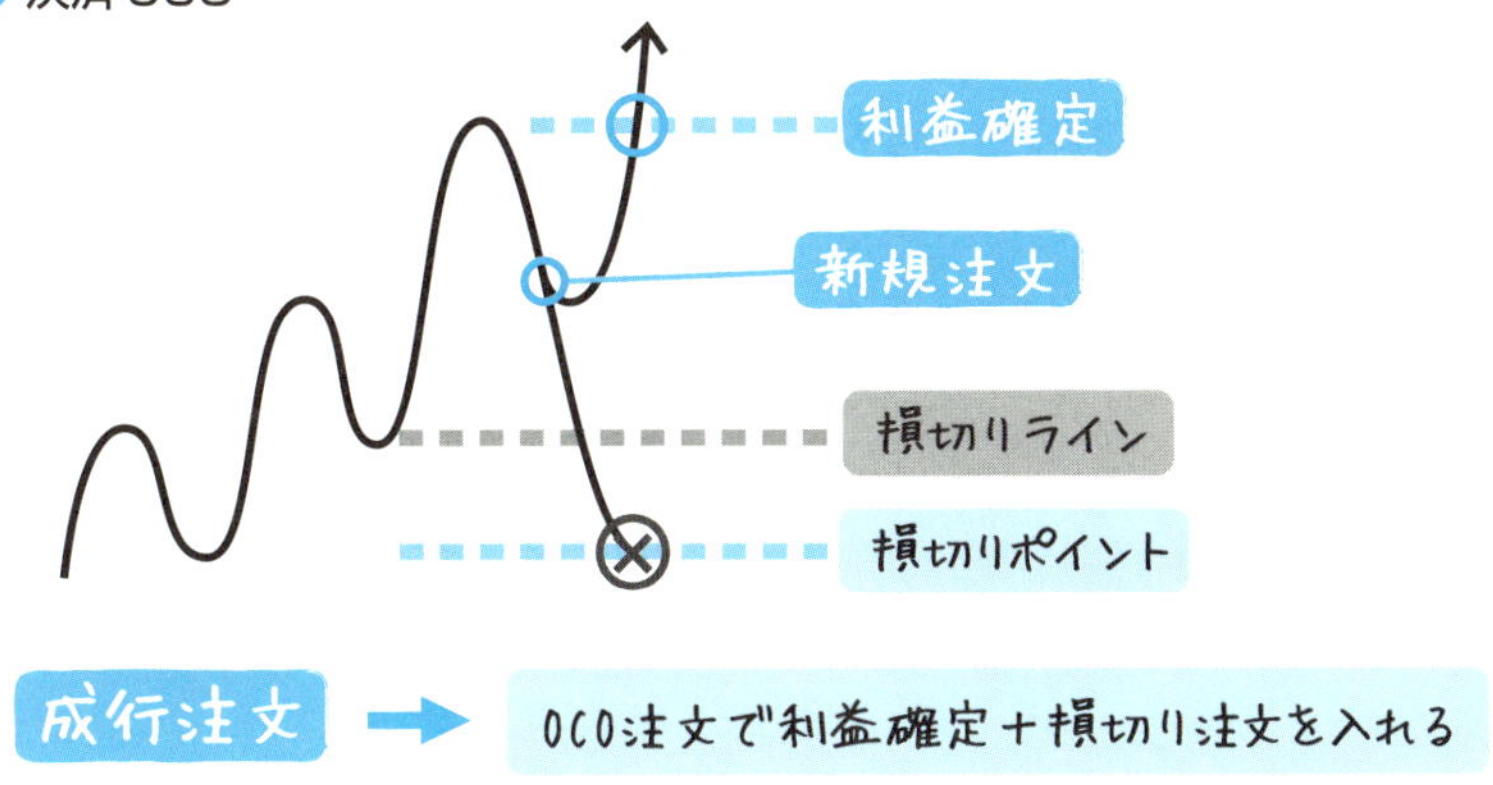

⑤ IFD注文

「IFD注文」は、新規注文の際に選択できる方法です。「**新規注文が成立したら、それと同時に決済注文が有効になる**」というものです。たとえば1ドル＝105円00銭のときに、「104円50銭になったら買い。その後、104円00銭になったら売り」と、1度に注文を出すことができます。次頁上図のように、チャートを見たときに現在価格よりも、もう少し下がってきたら買いたい指値注文、トレンドが崩れたら損切りの逆指値注文を入れます。トレンドが続くかぎり利益を伸ばそうというときに使う方法です。

⑥ IFO注文

IFDとOCOを組みあわせた注文方法です。「IFDOCO注文」などとも呼ばれます。国内のFX会社を中心に提供されています。「**新規指値注文と同時に、利益確定のための指値注文と損切りのための逆指値注文を1度に出すことができます**」。

次頁下図のように、チャートを見たときに、まだエントリーポイントに達していないので、もう少し下がってきたら買って、損

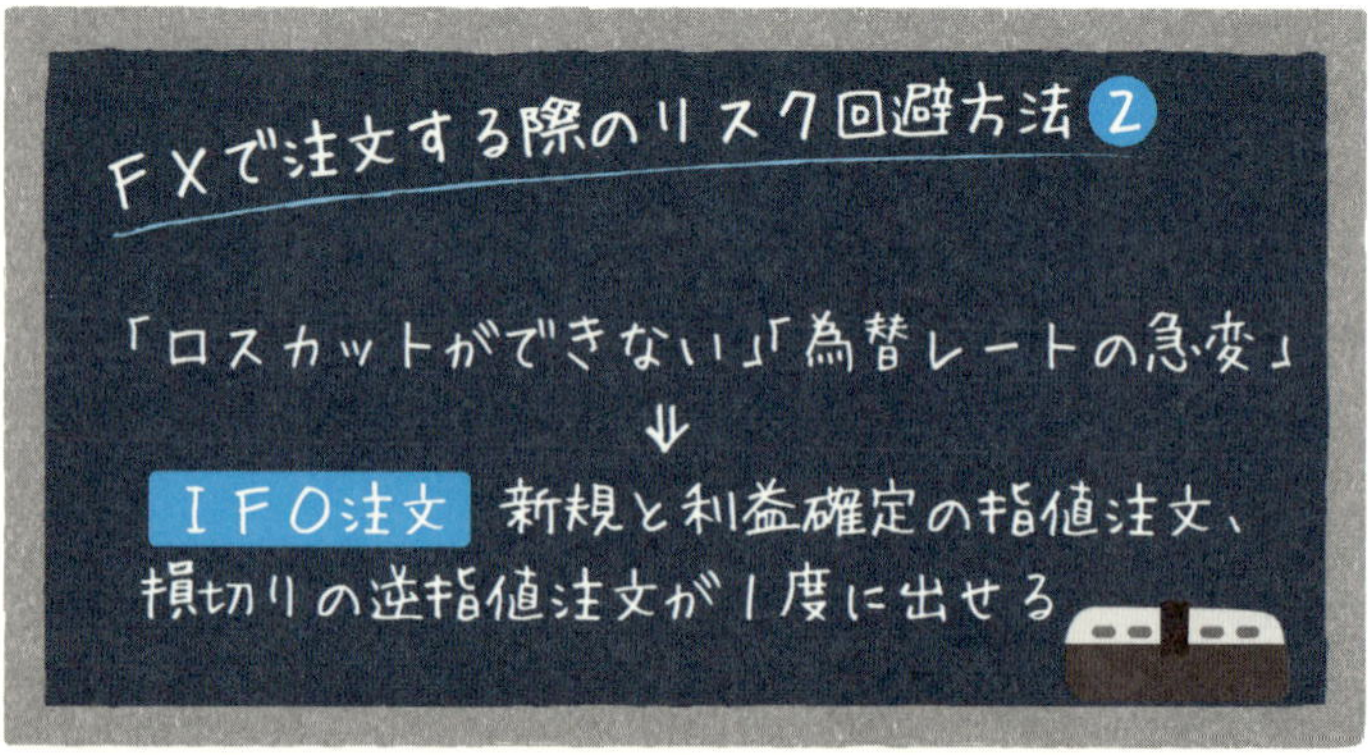

切りポイントまで来たら損切りの逆指値注文、利益確定ポイントまで来たら利益確定の指値注文をと、3つの注文を1度に出したい場合に使います。

チャートを頻繁に見られない人は、チャートを見たタイミングですべての注文を入れてしまえるので、大変便利な注文方法です。

● IFD注文

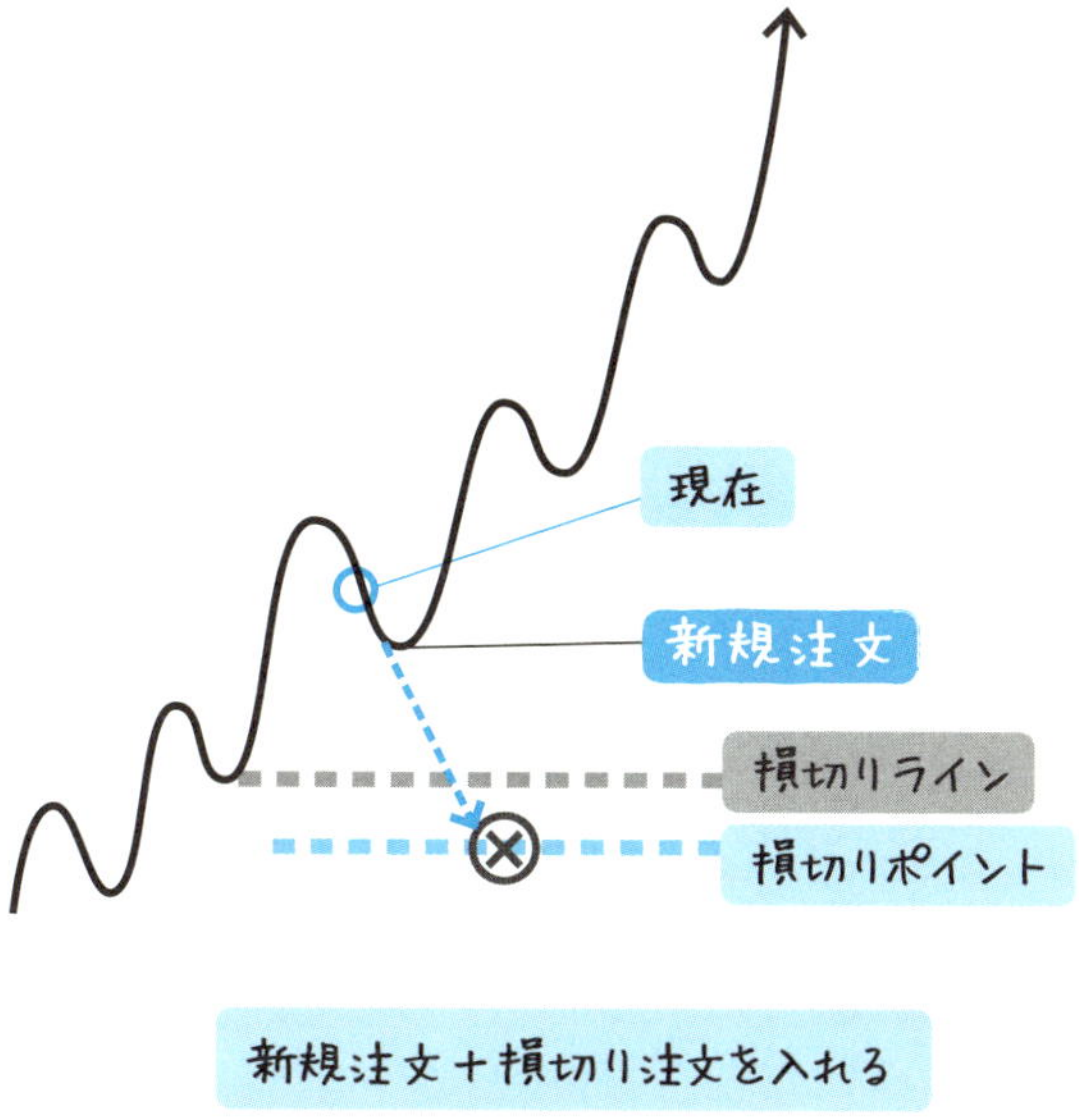

● IFO注文

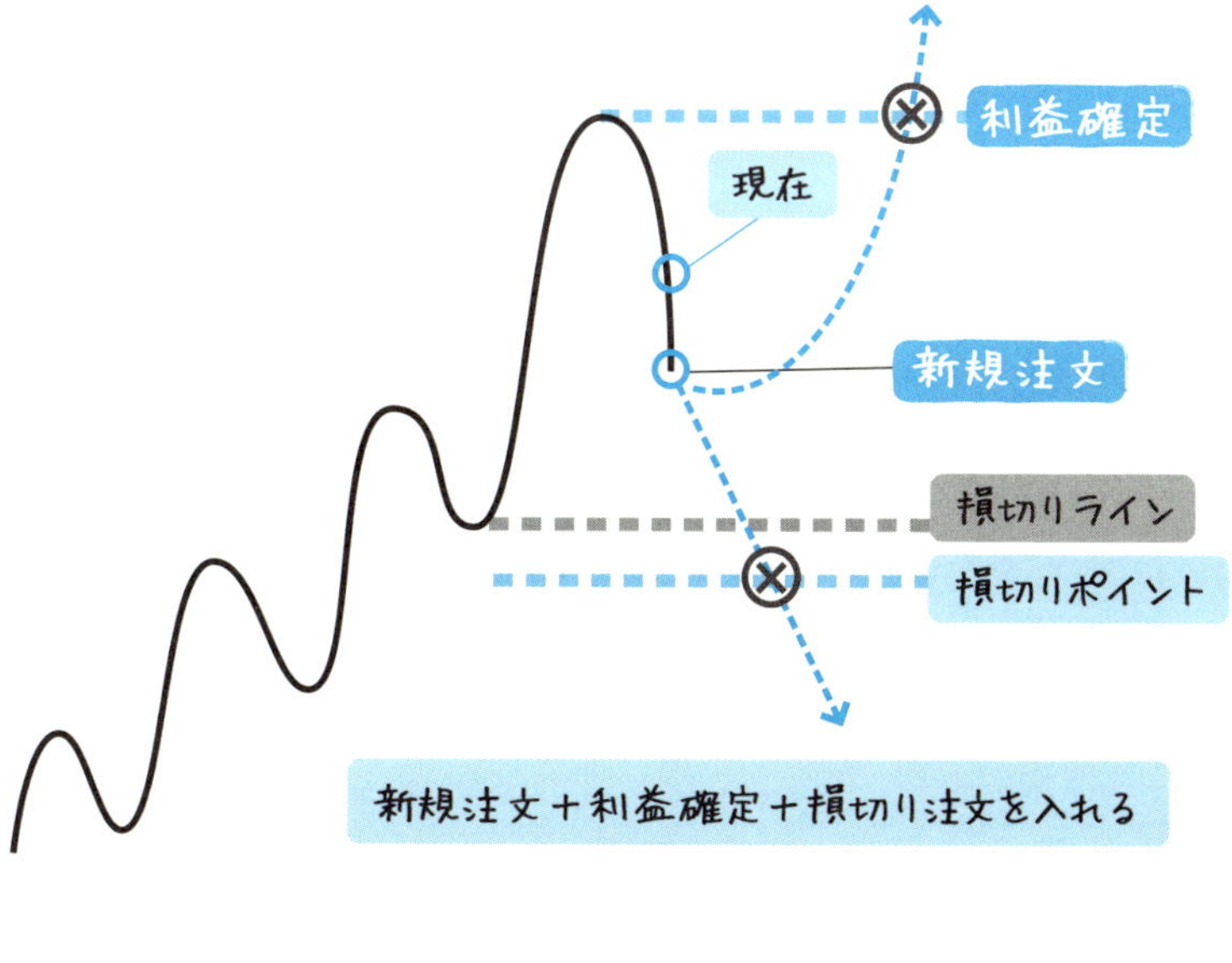

2 覚えておきたい基本用語

注文方法のほかにも、注文の際に覚えておいたほうがいい用語がいくつかあるので、ここで覚えてしまいましょう。

❶ 呼《よ》び値《ね》

たとえばドル／円の価格を表すとき、あるFX会社では「110・5930」などと細かく表示されているのに、別のFX会社では「110・593」というように、少ないケタで表示されることがあります。この「**価格の刻み値のことを〝呼び値〟**」といいます。

呼び値はFX会社と通貨によってまちまちです。ユーロ／ドルなら、1・04127などと小数点以下5ケタまで表示されることがあります。本来、呼び値はもっと小数点5ケタ以上まで存在していますが、画面に表示されるときに見にくいですし、注文するときにも入力しにくいので、FX会社がある程度のところで切りあげて表示しています。

● 主な通貨ペアとpips

通貨ペア	1pipsとは？
米ドル／円	0.01円　＝1銭
ユーロ／円	0.01円　＝1銭
ユーロ／米ドル	0.0001ドル

❷ pips

もう一つ覚えておきたい言葉が「**pips**」です。「**ピプス**」あるいは「**ピップス**」と読みます。簡単にいえば「**為替レートの単位のこと**」です。一般的にドル／円であれば「円」や「銭」、ユーロ／ドルであれば「ドル」や「セント」といった単位が使われます。

このように、通貨ペアごとに呼び方が変わると非常にややこしいので、為替取引の世界の共通語としてｐｉｐｓが使われています。「米ドルでは1ｐｉｐｓ＝０・０１円（1銭）」「ユーロ／ドルでは1ｐｉｐｓ＝０・０００1ドル」となります。

たとえば1ドルが１００円35銭5から１００円35銭8になったら、「０・3ｐｉｐｓ動いた」ことになります。

実際には「今日は30ｐｉｐｓ利益を取った！」などと使われます。「3万円勝った！」というほうがわかりやすいのに、なぜあえてｐｉｐｓを使うのでしょうか。同じ「3万円勝った！」という場合でも、3億円の運用資金がある人と、30万円の運用資金がある人では、その価値はまったく異なりますよね。

それをｐｉｐｓで表現することで、資金の差にかかわらず、運用の成果を正確に比較することができるのです。

02 MT4の画面設定をしてダンゼン使いやすくする

1 MT4をインストールしてログインする

FX取引をはじめるには、まずFX会社で口座を開設し、入金する必要があります。FX会社のマニュアルに沿って手続きを進めていけば、口座開設は問題なくできるようになっています。もしうまく開設できないときは、各FX会社に問いあわせてみてください。

本書では「**MT4（MetaTrader 4）**」というツールを使った、スマートフォンでの取引の方法をお話ししていきます。

まずは、MT4をインストールするところからはじめましょう。スマホアプリは**App Store**（iOS）や**Google Play**（**Android**）から、パソコンのMT4ソフトはFX会社のホームページからダウンロードしてください。アカウントへのログイン方法などは各FX会社の解説を参考にしてください。

❶ MT4をインストールする

App Store（iOS）やGoogle Play（Android）などのダウンロードサービスで「MT4」を検索し、ダウンロードおよびインストールします。

❷ アプリを立ち上げ、ログインする

アプリの初回起動時に自動的にデモ口座が作成されるので、ログインします。ログイン後は「気配値《けはいね》」画面が開きます。

2 別のアカウントにログインする

FX会社でつくったデモ口座や本口座を設定します。

画面右下の「設定」をタップし（❶）、「トレードアカウント」を選んでください（❷）。次に口

● App StoreでMetaTrader 4をダウンロードする画面（右）デモ口座にログインすると開く「気配値」の画面（左）

● 別のアカウントにログインする方法（次頁に続く）

座画面で右上の「＋」をタップし（❸）、「既存のアカウントにログイン」を選択（❹）。検索窓にFX会社の名称を入れて検索します（❺）。ログインしたい口座を選び（❻）、アカウントのログイン名とパスワードを入力して（❼）「パスワードを保存」をタップします（❽）。

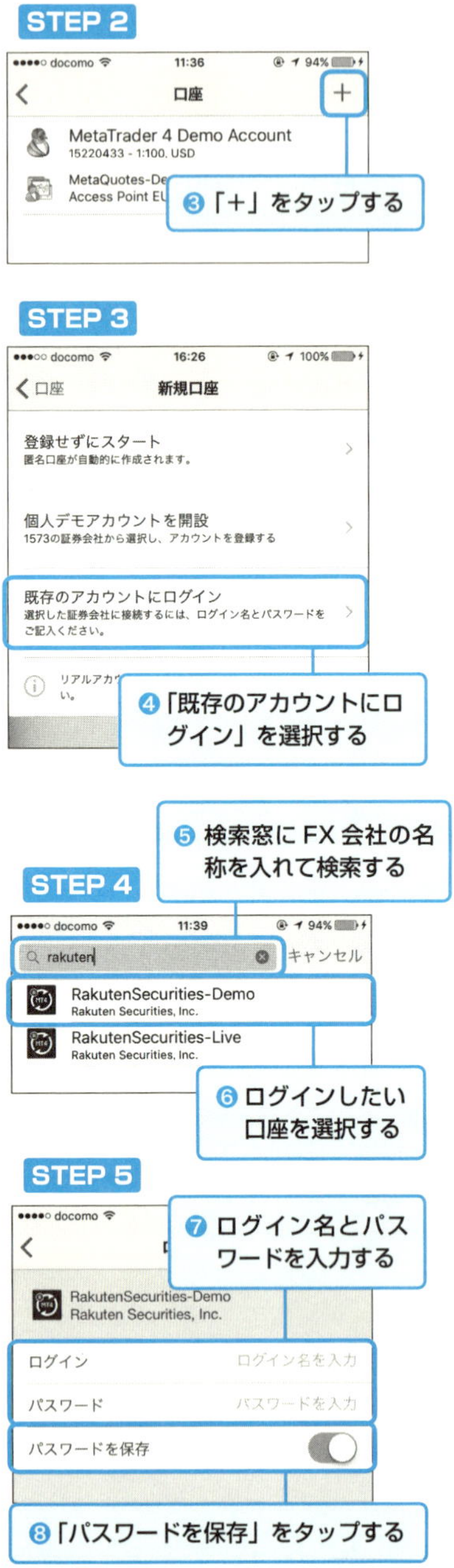

3 通貨ペアを設定する

ログインすると「気配値」画面が開きます（次頁❶）。初期設定のままでは、トレードしない通貨ペアまで表示されてしまい、邪魔ですよね。そこで整理しましょう。左上の「鉛筆」をタップします（❷）。次に通貨ペアの左側にある「○」印をタップして、消したい通貨ペアを選びます（❸）。選んだら「ゴミ箱」をタップします（❹）。これで必要な通貨ペアだけ表示されます。

STEP 1
❶「気配値」の画面が表示される
STEP 2
❷「鉛筆」をタップする
❸ 通貨ペアの左にある「○」をタップして消したい通貨ペアを選択する
❹「ゴミ箱」をタップする
STEP 3
必要な通貨ペアだけ表示

4 チャート画面を設定する 配色

チャートを見るには、下段にある「チャート」をタップします（次頁❶）。ここでチャート画面を自分の使いやすいように設定しましょう。

配色を変えるときは、右下の「設定」をタップし（次頁❷）、設定画面で「チャート」をタップ

（③）。さらに「カラー」をタップし（④）、好きなカラーを選択します（⑤）。

● チャート画面を設定する方法

配色

STEP 1

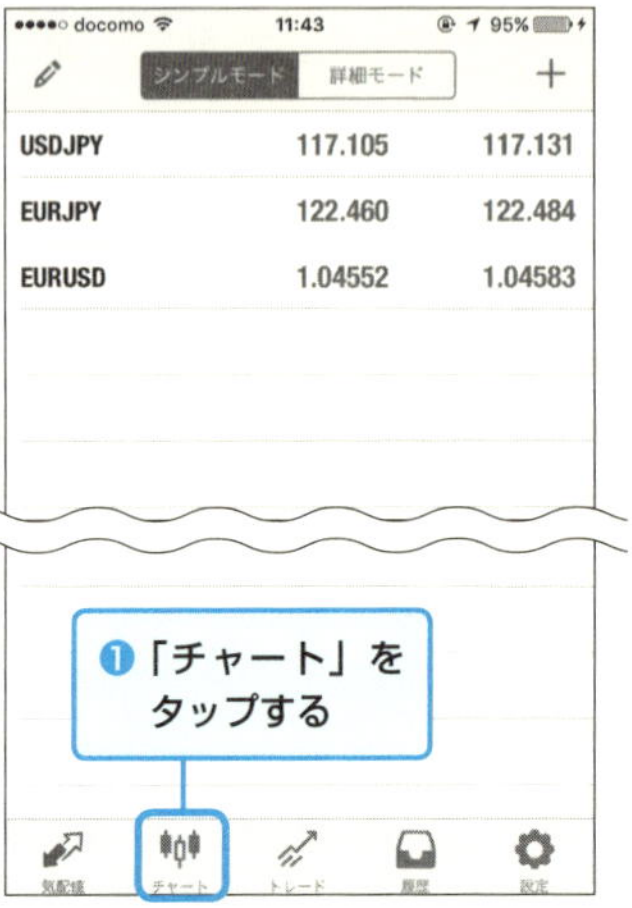

STEP 2

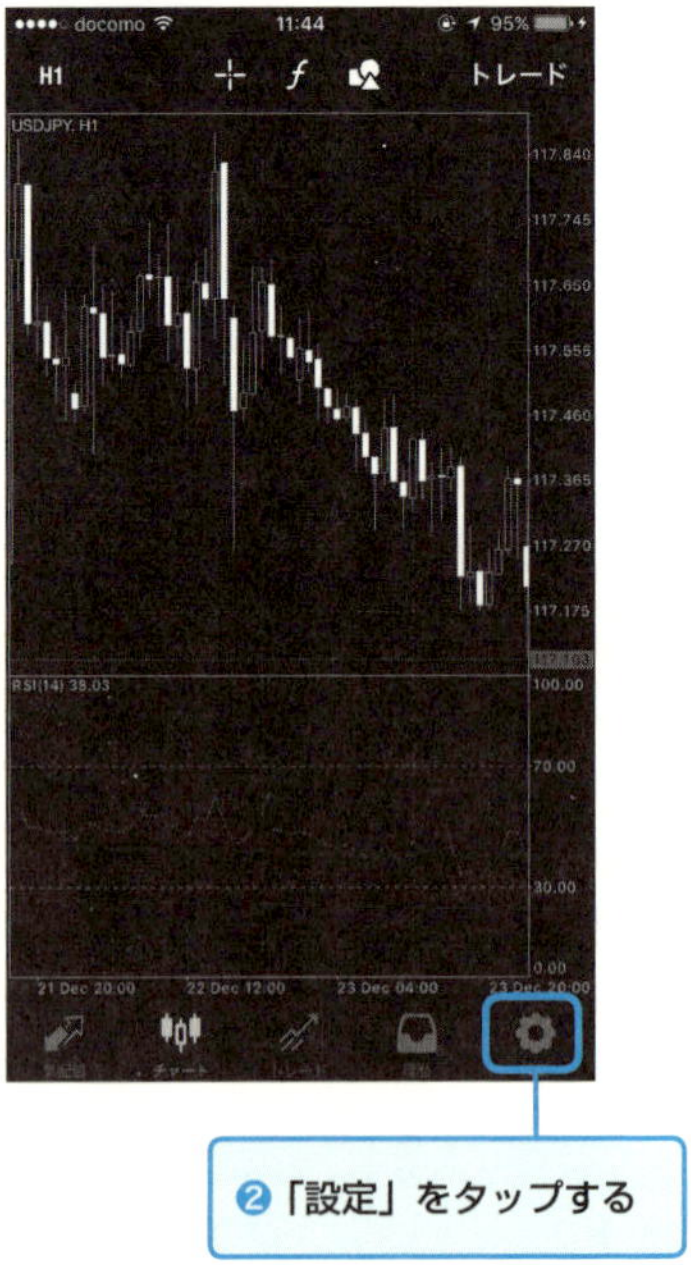

STEP 3

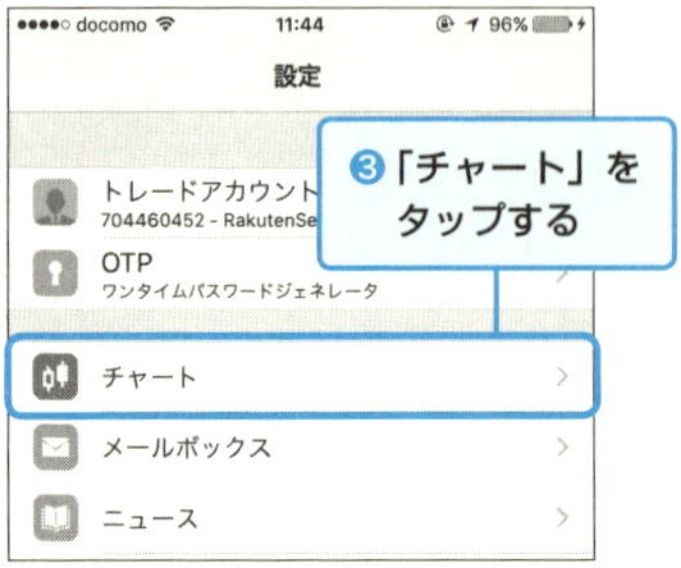

STEP 4

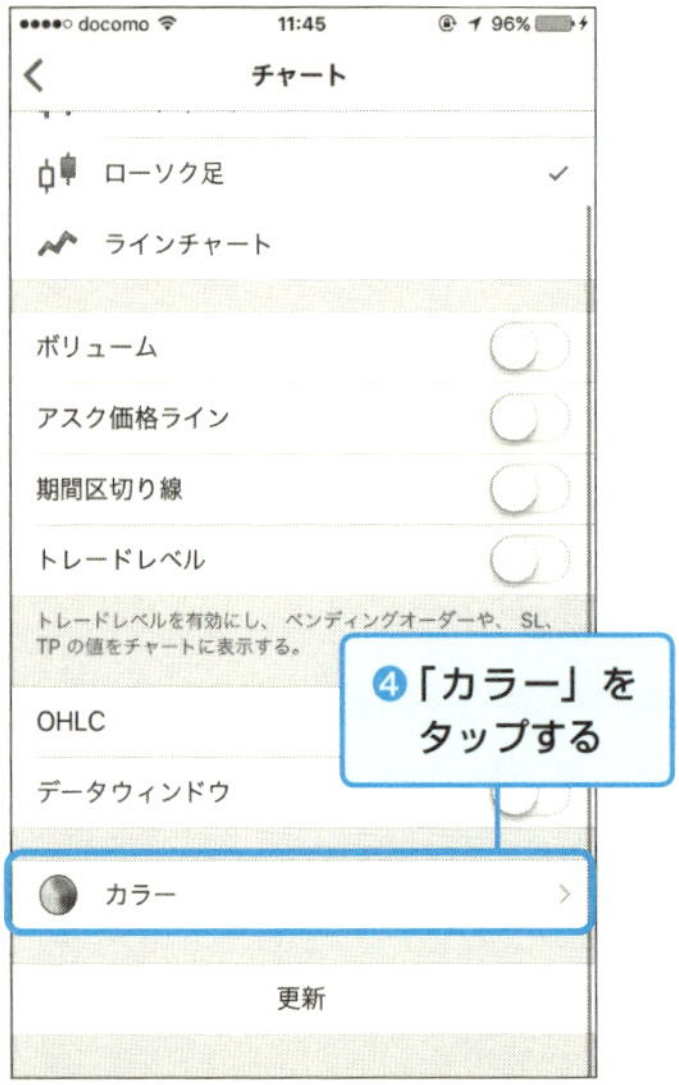

STEP 5

5 チャート画面を設定する

テクニカル指標

チャート上にテクニカル指標を表示しましょう。

チャートを表示させた画面で、上部にある「f」をタップします（❶）。「インディケータ」画面で「メインウィンドウ」をタップして（❷）、インディケータ追加から「**Bollinger Bands**」を選びます（❸）。期間は「20」にして（次頁❹）、「完了」をタップします（次頁❺）。また、「スタイル」からラインを太くしたり色を変えたりといったこともできます（次頁❻）。

ここまで設定するだけでも、ずいぶん使いやすくなります。

● **チャート画面を設定する方法**
テクニカル指標

STEP 1

docomo
16:59
100%
H1
USDJPY, H1
❶ f をタップする
22 Dec 04:00
22 Dec 20:00
23 Dec 12:00
26 Dec 04:00

STEP 2

docomo
11:45
96%
インディケータ
編集
メインウィンドウ
ウインドウタイトルをタップしてインディケータを追加する
Relative Strength Index
❷「メインウィンドウ」をタップする

STEP 3

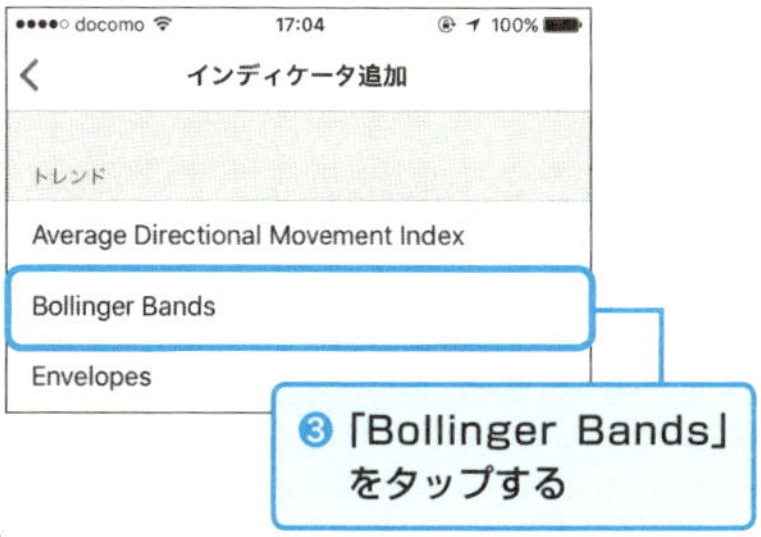
docomo
17:04
100%
インディケータ追加
トレンド
Average Directional Movement Index
Bollinger Bands
Envelopes
❸「Bollinger Bands」をタップする

ボリンジャーバンドは移動平均線も兼ねているので、「**Bollinger Bands**」だけ表示させれば問題ありません。不要なインディケータは先ほどの「インディケータ」画面で、「編集」をタップして削除してください（❼）。

STEP 4

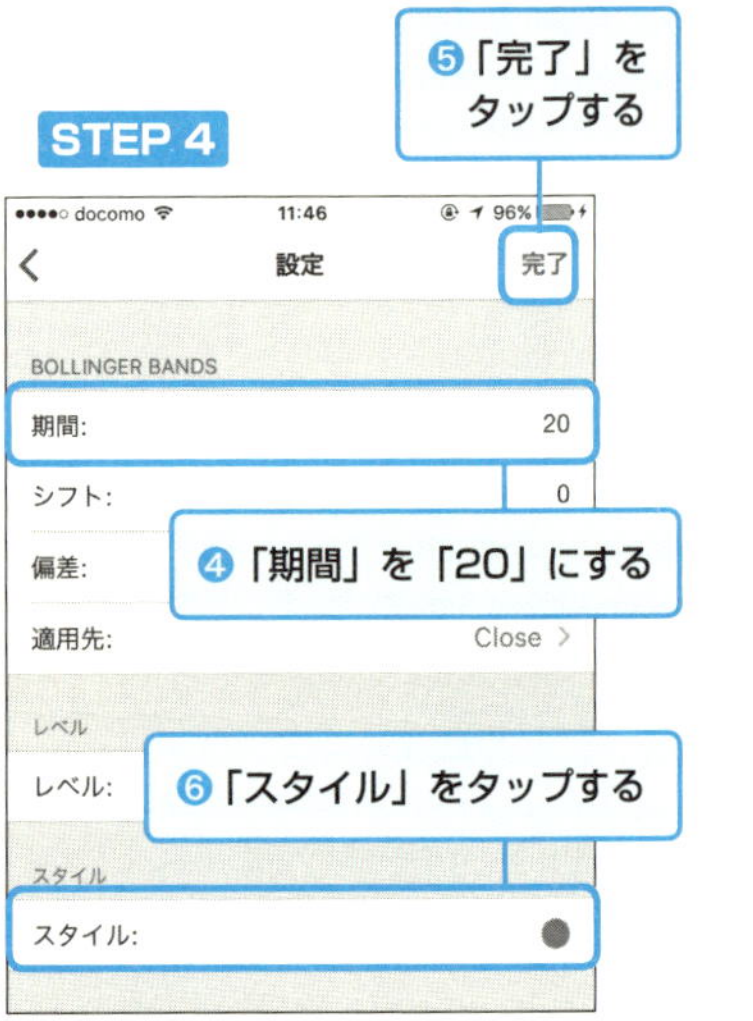

STEP 5

6 チャート画面を設定する ローソク足

最後にローソク足の期間を設定しましょう。

画面左上の「H1」などの表示をタップ（次頁❶）すると、ローソク足の期間を選べます。「**Mは分**」、「**Hは時間**」、「**Dは日**」、「**Wは週**」、「**MNは月**」の意味で、「**M30なら30分足**」となります。本書では15分足を中心にトレードするので、「**M15**」をタップしてください（次頁❷）。

これで基本的な設定は終了です。

7 ＭＴ４の時間と日本時間のズレ

ＭＴ４のチャートに表示されている時間は、多くの場合、**「日本時間ではなく東ヨーロッパ時間を採用」**しています。グリニッジ標準時と比べたときの時差（ＧＭＴ）は、日本が「＋９」であるのに対して、東ヨーロッパ時間では「＋２（夏時間は＋３）」。つまり、**「日本時間と、ＭＴ４で表示される時間との間には、７時間または６時間の差がある」**ということになります。

「ＭＴ４で表示されている時間に、〝通常時は７時間〟〝夏時間は６時間〟を足し算することで日本時間になる」と覚えておきましょう。なお夏時間（サマータイム）は毎年３月の第２日曜日から11月の第1日曜日までで、それ以外は冬時間（標準時間）となります。

● チャート画面を設定する方法

ローソク足

STEP 1

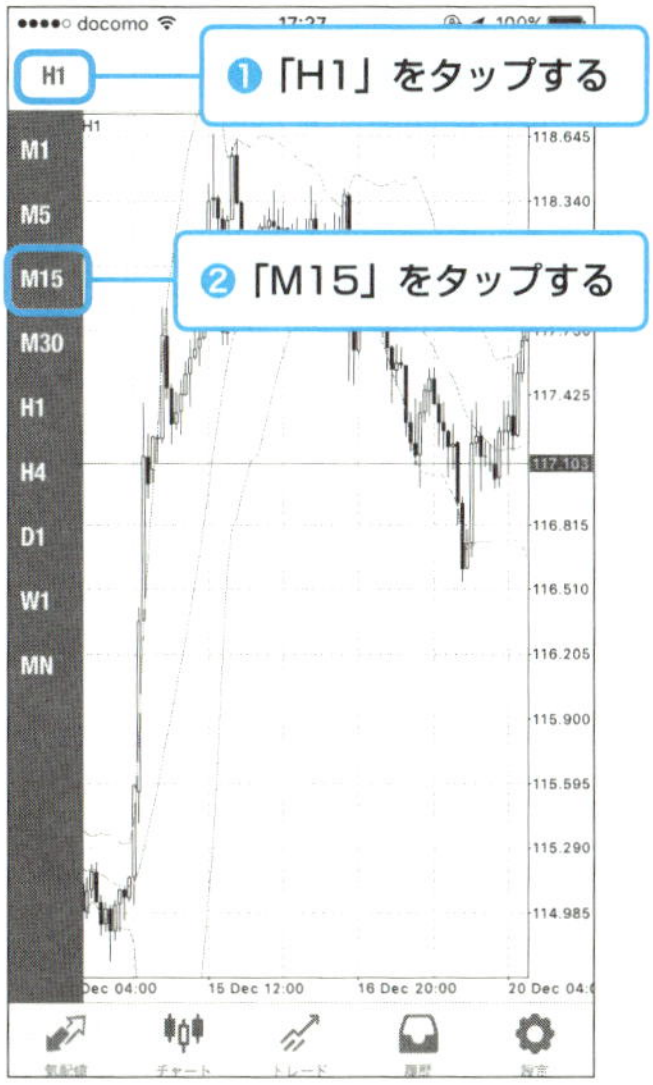
❶「H1」をタップする
❷「M15」をタップする

STEP 2

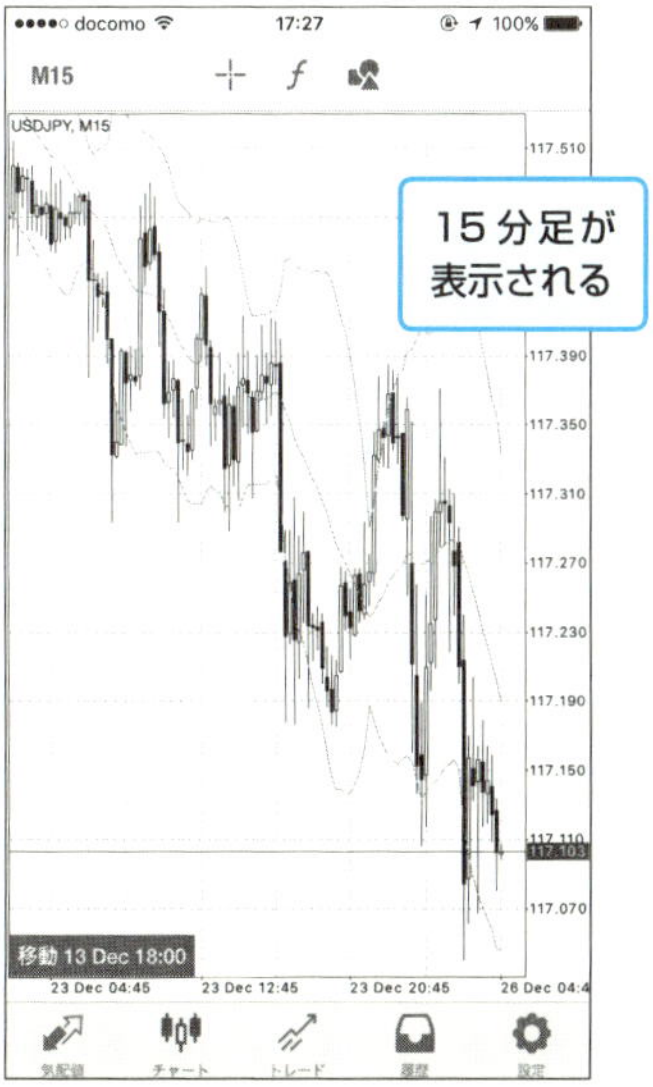
15分足が
表示される

03 「成行OCO」または「IFO」で注文してみよう

1 トレード画面を表示する

では「成行OCO（新規の成行と同時に決済のOCOを入れる）」または「IFO」注文を入れるステップを踏んでみましょう。

注文を入力するには、最初に画面右上の「トレード」をタップします（❶）。

2 「成行OCO」注文をする

注文画面が表示されます。通貨ペアを確認し

● トレード画面を表示する方法

て（❶）、その下に「即時実行」（❷）とありますが、これは成行注文であることを示しています。ロット数を入力して（❸）、買いの場合は「**Buy**」（❺）、売りの場合は「**Sell**」（❻）をタップすれば、すぐに成行注文が約定します。

「**成行OCO注文**」をしたい場合は、成行注文時にストップロス（逆指値）、テイクプロフィット（指値）を入力します（❹）。またスリッページの値を設定することもできます（❹）。

なおロット数の設定はMT4の場合、1ロット＝10万通貨、0・1ロット＝1万通貨、0・01ロット＝1000通貨となっていることが多いです。初期設定で「0・01」となっている個所に直接数値を入力するか、左右にある「＋0・01」「＋0・1」などをタップしてロット数を増減できます

● 成行OCO注文のしかた　　● 成行注文のしかた

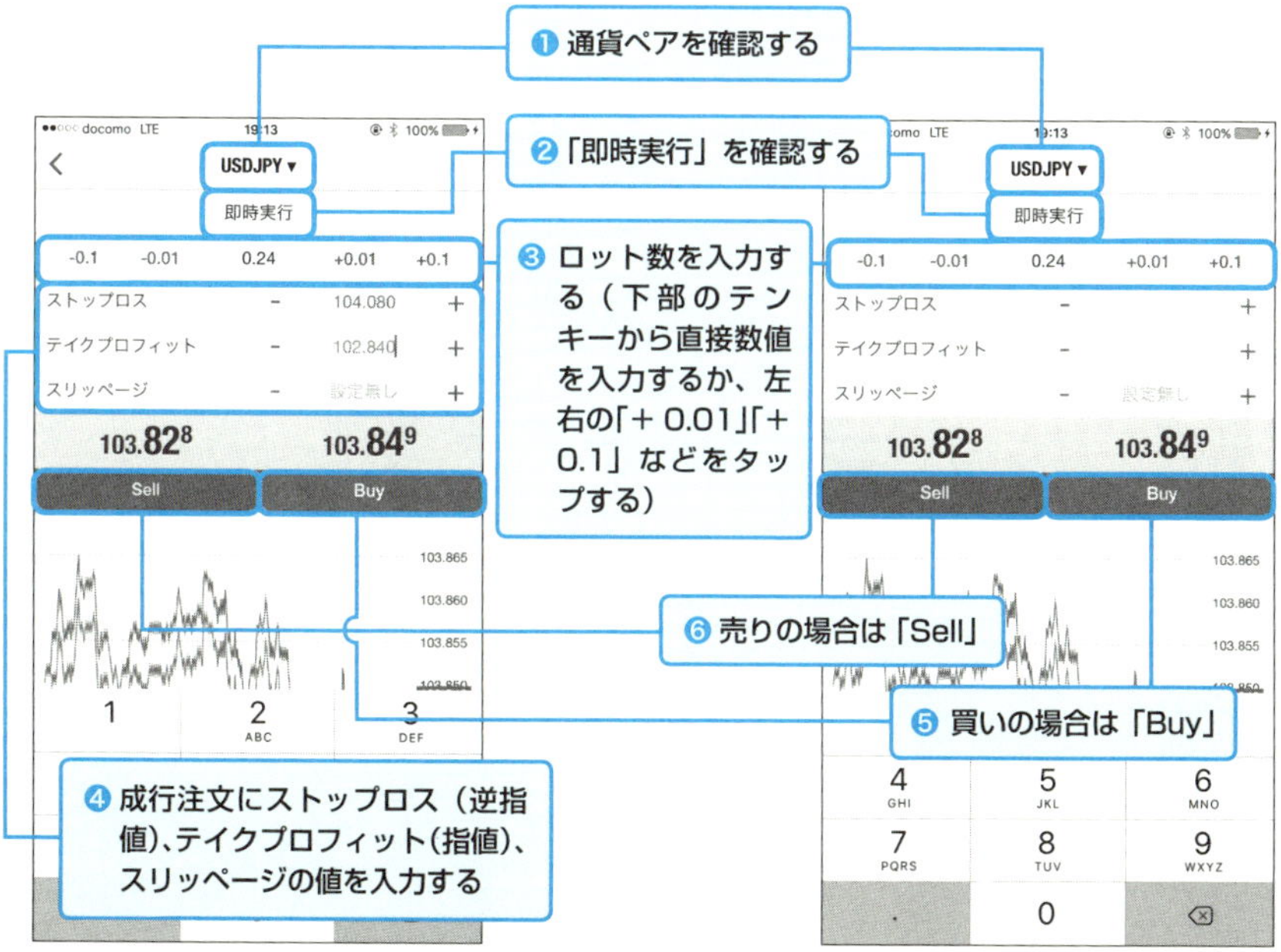
❶ 通貨ペアを確認する
❷「即時実行」を確認する
❸ ロット数を入力する（下部のテンキーから直接数値を入力するか、左右の「＋0.01」「＋0.1」などをタップする）
❹ 成行注文にストップロス（逆指値）、テイクプロフィット（指値）、スリッページの値を入力する
❺ 買いの場合は「Buy」
❻ 売りの場合は「Sell」
USDJPY
即時実行
-0.1 -0.01 0.24 +0.01 +0.1
ストップロス 104.080
テイクプロフィット 102.840
スリッページ 設定無し
103.828 103.849
Sell Buy

（下図❸）。それぞれの数値に間違いのないことを確認してから、「Buy」（前頁❺）または「Sell」（前頁❻）をタップすると、成行OCO注文が実行され、約定します。

3 「IFO」注文をする

成行ではなく、指値または逆指値でエントリーしたい場合は、**「即時実行」**と書かれている場所をタップして注文方法を変更します（❶）。**「Buy Limit：**指値買い**」「Sell Limit：**指値売り**」「Buy Stop：**逆指値買い**」「Sell Stop：**逆指値売り**」**のいずれかを選び（❷）、ロット数を入力して（❸）、ストップロス（逆指値）かテイクプロフィット（指値）に数値を入力し（❹）、**「発注」**をタップします（❺）。

● IFO 注文のしかた

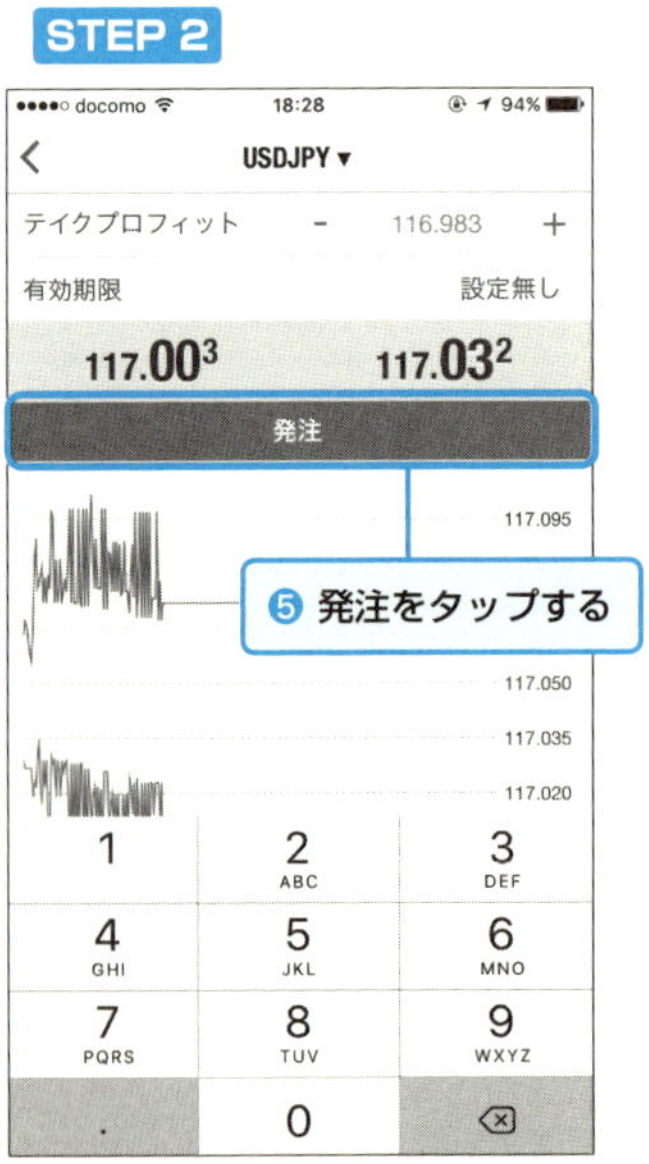

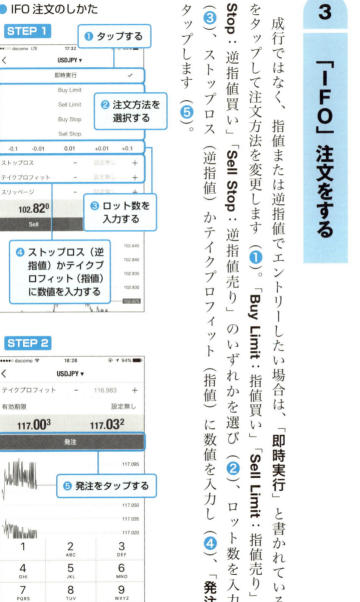

4 注文の受付と約定《やくじょう》は必ず確認する

注文したあとは、注文内容が間違っていないか必ず確認しましょう。確認画面に表示される「"S／L" はストップロス」「"T／P" はテイクプロフィット」のことを指します。

入力した数値をきちんと確認して注文したつもりでも、間違ってしまうことはよくあります。ロット数のケタを間違えたり、「買い」と「売り」を反対にしてしまったり、通貨ペアを間違えたり。価格の入力を間違えてしまい、エントリーしたいポイントでエントリーできなかった、ということもあります。

車の運転では、初心者よりも少し慣れてきた人が事故を起こしやすいといわれますが、FXでも同じです。FXをはじめたばかりのころは、一つひとつの注文に慎重になっているので間違いが起こりづらいのですが、少し慣れてくると注文内容の確認を怠るようになります。その結果、発注ミスをしてしまいます。

「**発注ミスしたときに、ダメージが大きくなりやすいのがロット数**」です。考えていたよりも1ケタ多いロットを発注してしまうということがよくあります。その後、想定どおりに為替レートが動けばいいのですが、反対方向に動いてしまった場合、ロット数が1ケタ大きいとダメージは10倍になってしまいます。発注ミスは誰にでも起こり得るものです。もし発注ミスをしてしまっても、注文確認をして即座に対応することで、ダメージを最小限に抑えることができます。

5 ポジションと注文の確認をする

画面下の「トレード」をタップする（❶）とポジションと注文内容が確認できます（❷）。「〝ポジション〟は現在保有しているポジション」「〝オーダー〟はまだ約定していない注文」です。「ポジション」や「オーダー」を1度タップすると、注文内容の詳細が確認できます（❸）。

● 現在のポジションと注文状況を確認する

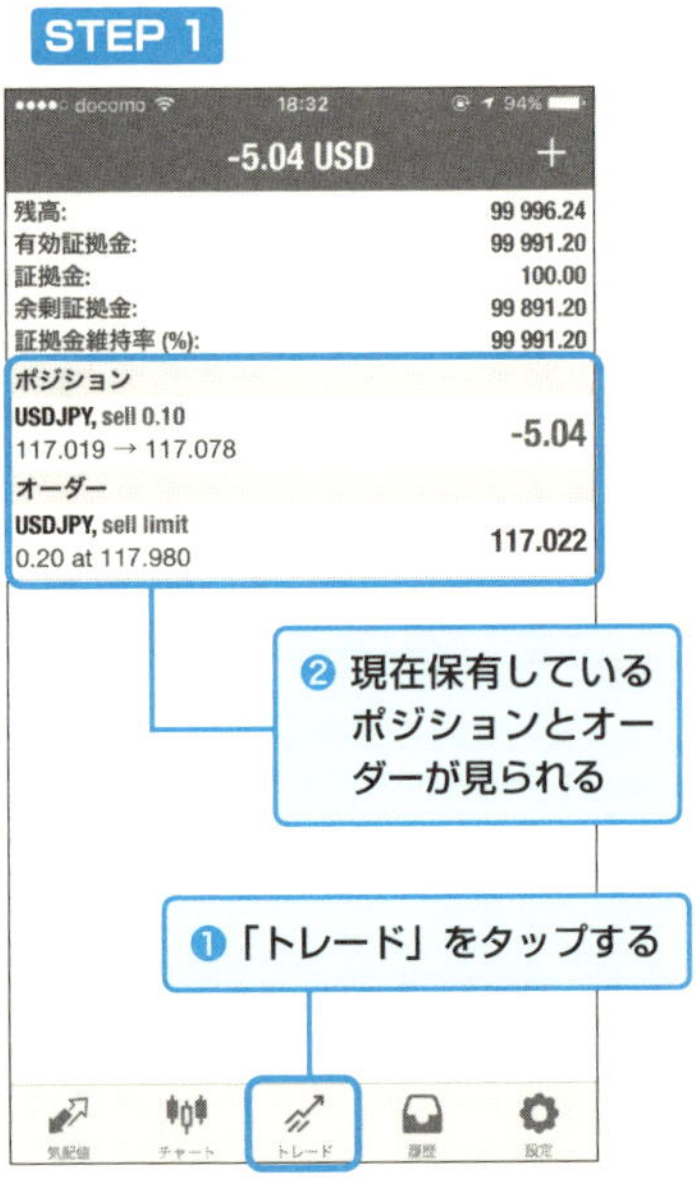

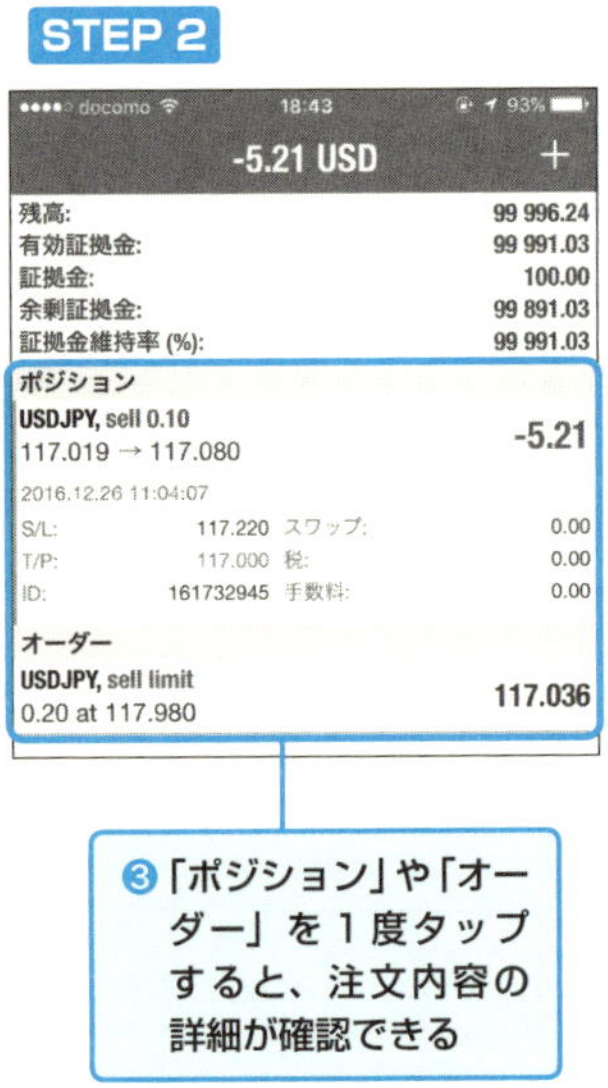

6 ポジションをクローズ（決済）する／注文内容を変更・取り消す

「**ポジション**」を長押しすると（❶）、クローズ（決済注文）の入力や注文内容の変更ができます。「**クローズ**」を選び（❷）、「**Close with Lose**（または**Close with Profit**）」をタップすると（❸）、即座に反対売買（決済）が行われます。確認画面は出ないので注意しましょう。

注文内容を変更する際は「**注文変更**」を選び（❹）、任意のレートを入力して、「注文変更」をタップします。

また、未約定の注文を取り消す場合は、「オーダー」の中から取り消したい注文を選んで長押しし（❺）、注文情報を開いて「削除」をタップします（❻）。

● ポジションの決済方法／注文内容の変更方法

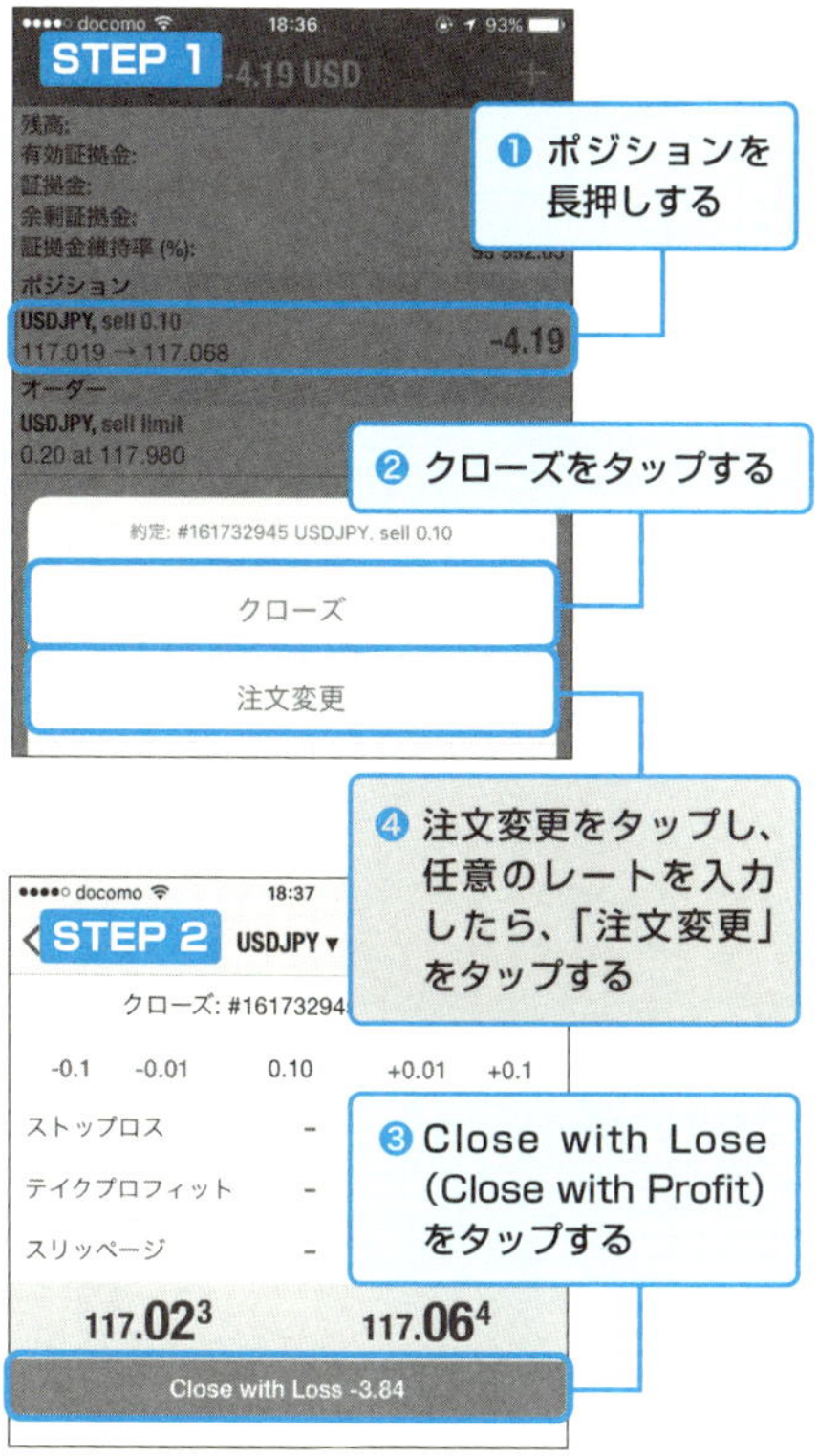

● 未約定注文の取り消し方法

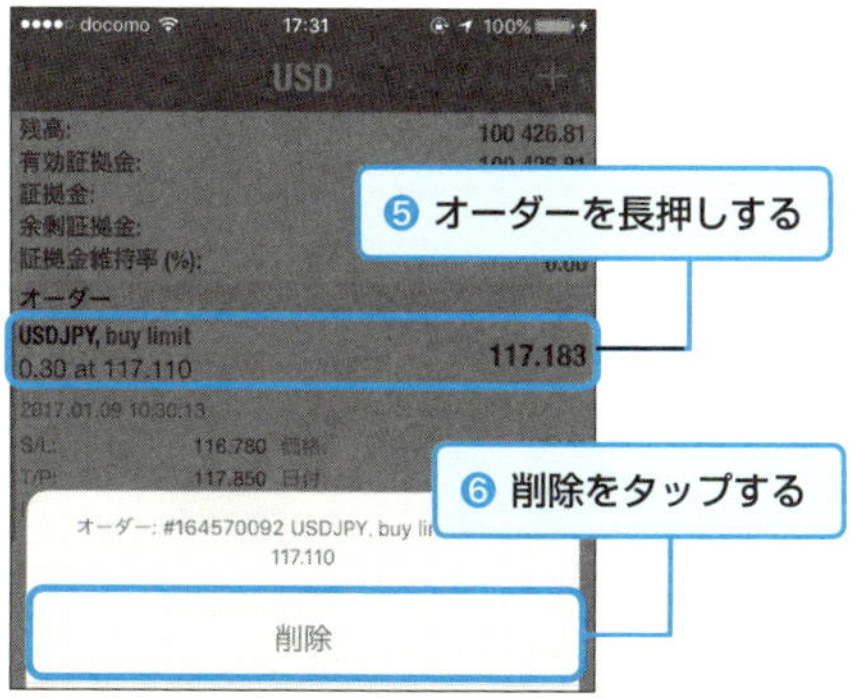

04 エントリー前に必ずやろう損益率のチェック

1 エントリーする前に損益率のチェックをしよう

次の4時限目からは、具体的なエントリーの基準についてお話ししていきますが、その前に必ず覚えてほしいことがあります。それが「**損益率のチェック**」です。

損益率については2時限目の「投資の5原則」で、「1カ月間におけるトレードで損益率が0・50以上になるように心がける」とお話ししました。1カ月間トータルでの損益率を一定の水準以上にするためには、1回1回のトレードでも損益率を高めていく必要があります。

想定される利益幅・損失幅から計算する

「エントリー注文をする際には、利益確定と損切りの決済注文も同時に設定する」というルールを守っていれば、エントリーする段階で「エントリー価格」「利益確定した場合の価格」「損切りした場合の価格」の3つの数値がわかっていることになります。

この数値を使って、「**利益幅÷損失幅**」をすることで、損益率が割り出せます。

計算の結果、バランスが良ければそのまま注文を実行し、バランスが悪いようなら注文をやめ、エントリー価格を見直すといった対策をします。

エントリーするまでのステップをまとめると次のようになります。

注文するまでのステップ

❶ チャートを分析し、エントリーしてもいいチャート形（明確なトレンド）を見つける
❷ エントリー価格と決済価格（利益確定、損切り）を決める
❸ 利益幅と損失幅から、損益率を計算する。バランスがよければ次のステップに進む
❹ 許容損失額をもとにロット数を決める
❺ 注文を実行する

ステップの❶や❷については4時限目で取りあげます。❹のロット数の決め方は1時限目の「リスクコントロールの実践編」（72頁参照）ですでにお話ししました。

ここでは❸の損益率のチェックについてお話ししましょう。

2 損益率が0・50を下回ったらエントリーしない

本書で解説するダウ理論に基づいた手法では、約70％の勝率を実現できます。勝率70％のとき、収支がプラスマイナス0になる損益率は0・43です。損益率とは利益幅と損失幅の比率のことで、「損益率＝利益幅÷損失幅」で求められます。たとえばトレードを行い、利益幅が10pips、損失幅が20pipsなら、損益率は0・50となります。

勝率70％の手法を使い、損益率が0・43を少し上回る0・50以上のトレードを続けていくかぎり、トータルでの収支はプラスになり、資金は増え続けていくことになります。

したがってエントリーをする際には「**毎回、損益率を計算し、最低でも0・50、できれば1・00を目安に、注文していいかどうかを判断**」してください。そして「**0・50を下回ったらエントリーしない**」ということを守ってください。

たとえば、次頁下図のようなチャートで売りのエントリーをし

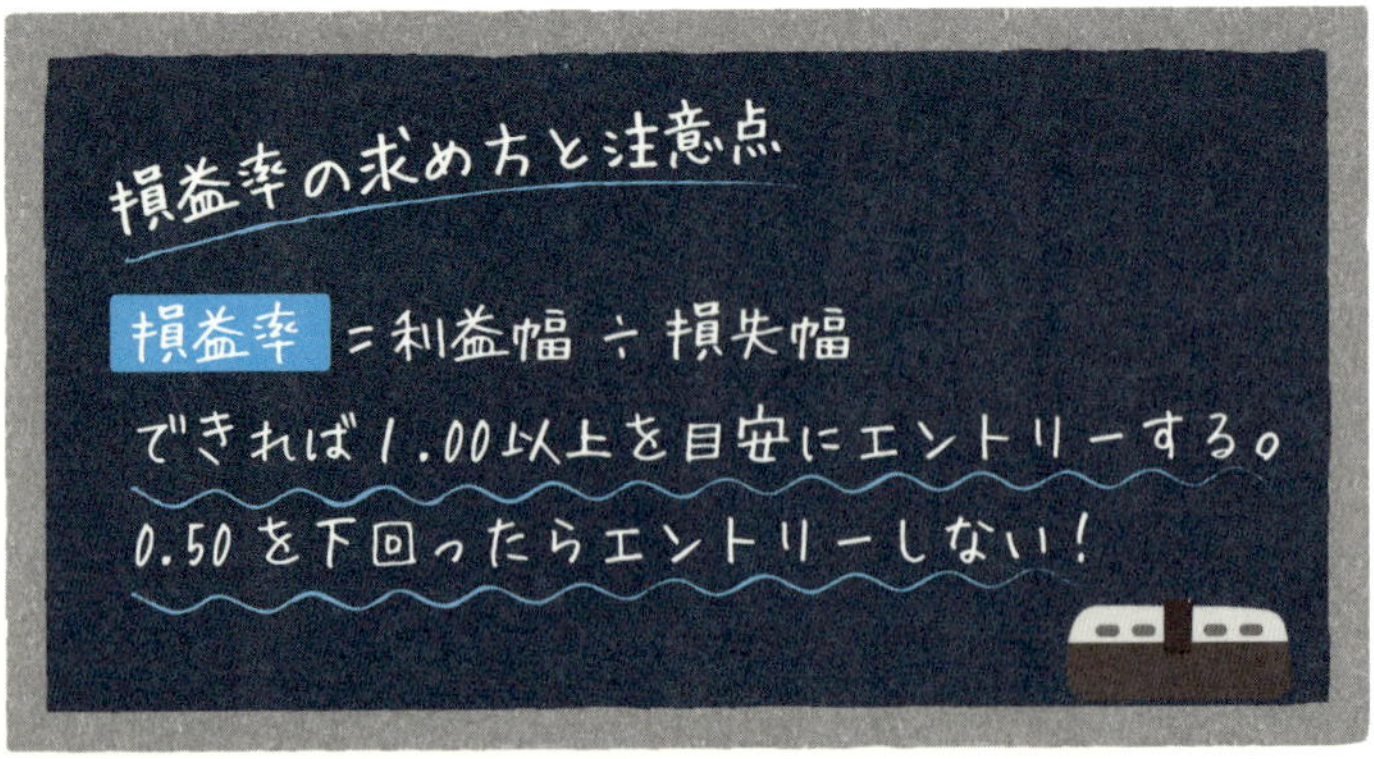
損益率の求め方と注意点
損益率 ＝利益幅 ÷ 損失幅
できれば1.00以上を目安にエントリーする。
0.50を下回ったらエントリーしない！

ようと考えました。エントリーポイントと損切りポイント、利益確定ポイントの決め方については4時限目で詳しくお話しするので、ここでは気にしなくてかまいません。大切なのは損益率の考え方です。

・エントリーポイント　101.950
・ストップロス（損切り）　102.180
・テイクプロフィット（利益確定）　101.650

このトレードを決済したときに想定される利益幅と損失幅は次のとおりです。

・利益幅　101.950－101.650＝30.0pips
・損失幅　102.180－101.950＝23.0pips
・損益率　30.0÷23.0＝1.30

損益率の求め方

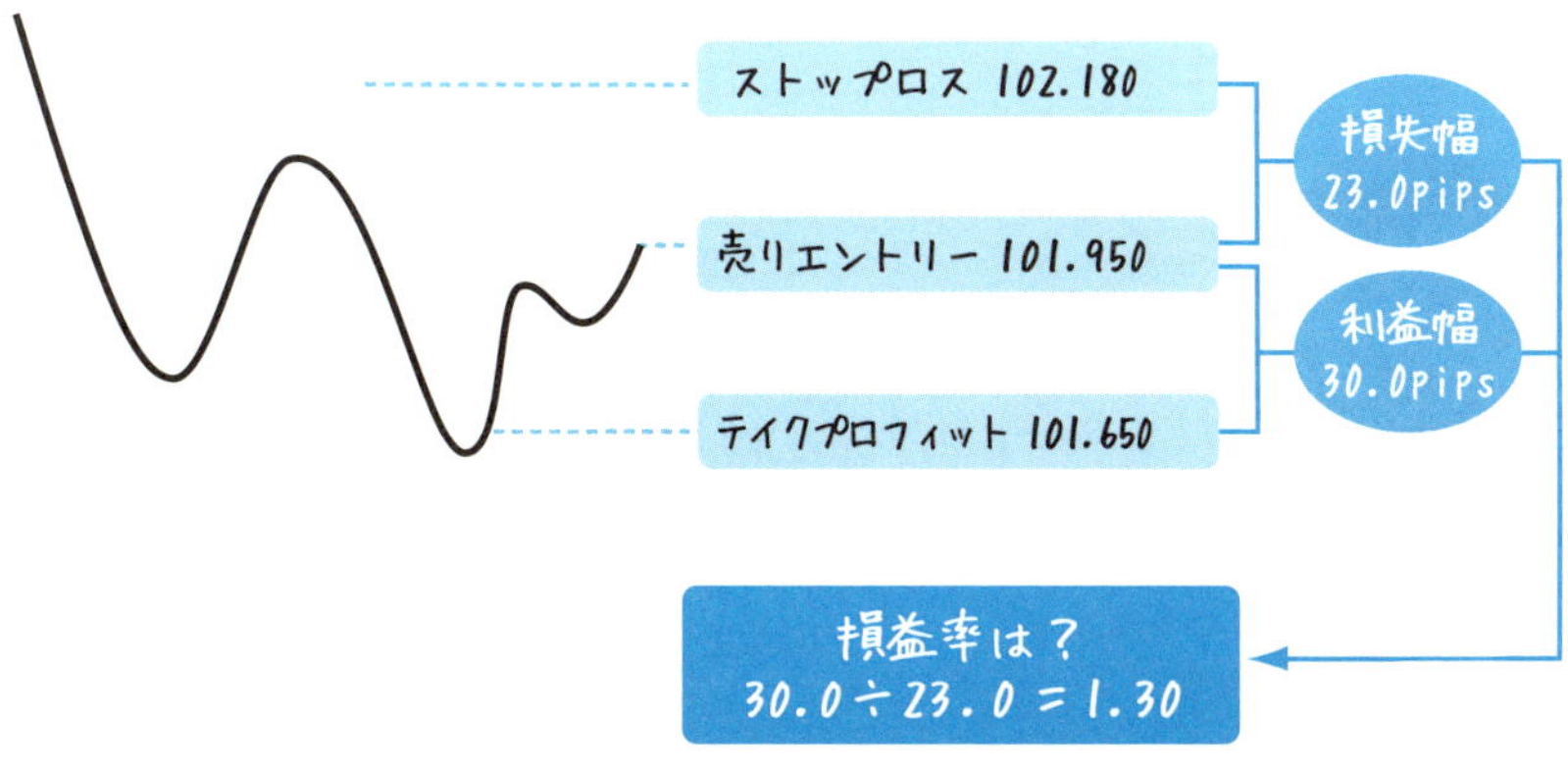

1・30となり損益率は良好なので、エントリーしても問題ないと判断できます。

成行でエントリーするときは？

成行で新規注文する場合、実際に約定してみなければ正確なエントリー価格はわかりません。ただ、現時点の価格からおおよそのエントリー価格は把握できるので、その数値をもとにおおよその損益率を計算してください。

もちろん価格は常に変動しているので、「**実際に約定したときの損益率と計算上の損益率には多少のズレが生じますが、許容範囲と考えてかまいません**」。

ただし、損益率を計算している間に大きな価格変動があった場合は、計算をやり直すか、新規注文を指値に切り替えるなどのやり方で対応してください。

実際のトレードをはじめてみると、早くエントリーしたくて、損切りポイントや利益確定ポイントを考えている間もないくらいドキドキしてしまいます。
そんなときこそ、あわてずに損益率を守ることを思い出してください。

4時限目
ダウ理論でエントリーと決済を極める

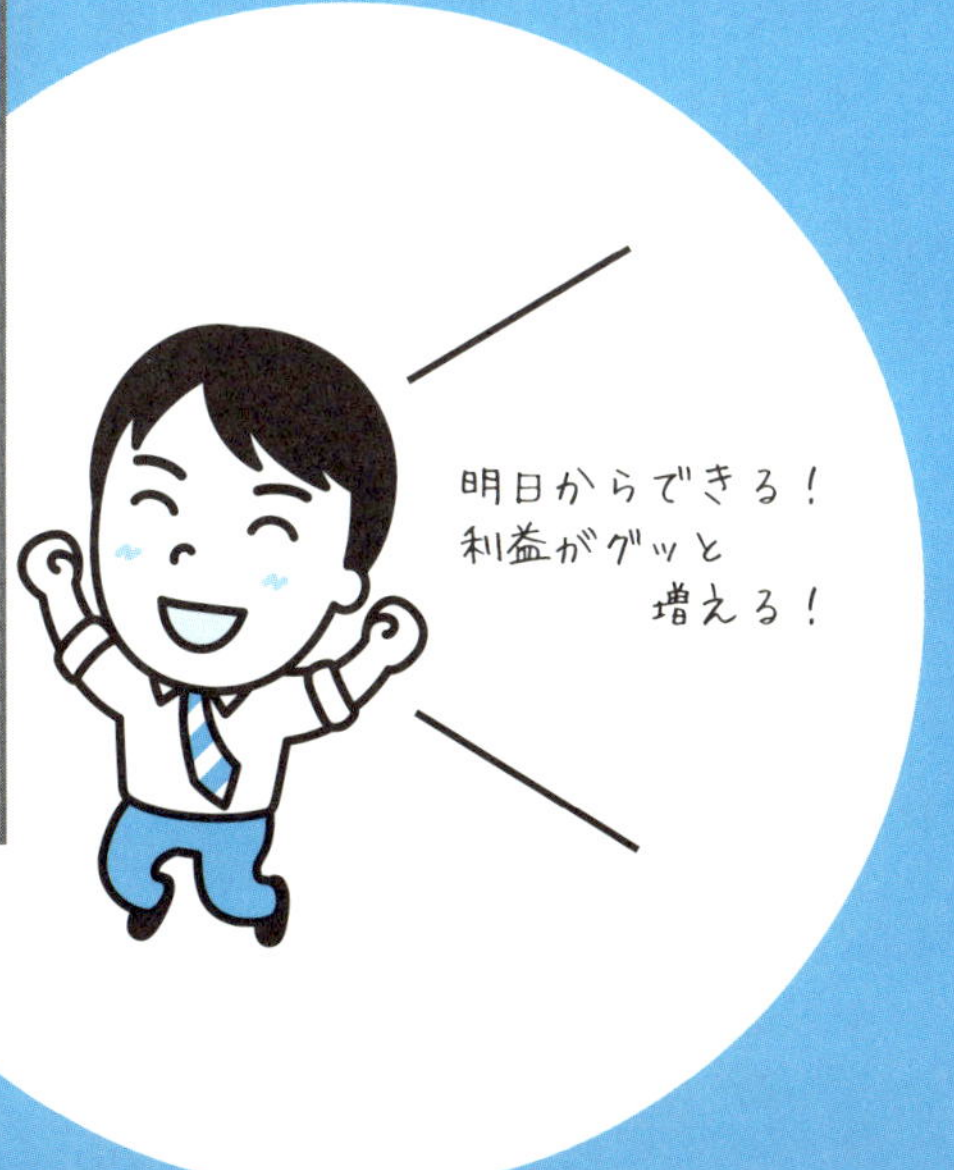
明日からできる！
利益がグッと
増える！

01 FXで勝つために❶ ダウ理論の基本を理解せよ！

1 値動きには法則性がある

ＦＸでは、「**安値で買って高値で売る**」もしくは「**高値で売って安値で買う**」ことができれば利益を出すことができます。その単純なことがなかなかできないのは、エントリー（新規注文）するポイントを間違えてしまうからです。そこでこの4時限目では、実際のトレードをはじめるために、「**どこでエントリーしてどこで決済するか**」を判断する方法を学んでいきましょう。

ＦＸや株のチャートを見ると、価格というものはランダムに動いているかのように見えますが、ときにはある一方向に動き続けたり一定の価格帯の間を行ったり来たりするなど、何らかの法則性を持って動いていることがよくあります。

そのような法則性を発見するために、古今東西さまざまな理論が開発されてきました。有名なところでは、「エリオット波動」「グランビルの法則」「メリマンサイクル理論」、そして「ダウ理論」があります。ＦＸで儲けるために、私が日頃使っている「**ダウ理論**」をぜひマスターしてください。

2 ダウ理論は投資家心理の表れ

大きな流れで見ると、一定の方向に上昇したり下降しているチャートでも、細かく見てみると、直線的に動いているわけではなく、小さく波打ちながら徐々に上がっていったり、下がっていったりしています。

「**上下に変動している波の規則性をとらえて、〝安値で買って高値で売る〟あるいは〝高値で売って安値で買う〟を実行できれば、勝つことができそう**」ですよね。

チャールズ・ダウという19世紀のアメリカの証券アナリストが開発したもので、今では「**世界中の投資家に受け継がれている伝統的な理論**」です。ちなみにチャールズ・ダウは、アメリカの株価指標として有名な「ダウ平均株価」を算出するダウ・ジョーンズ社の創設者でもあります。

02

FXで勝つために②
ダウ理論を徹底攻略せよ！

1 相場はたった4つしかない

FXのチャートの動きというのは非常に複雑で、法則性がないように見えますが、大きく分けると実は4種類しかありません。

❶ トレンド相場
❷ レンジ相場
❸ ショック相場
❹ よくわからない相場

これだけです。レンジ相場は、同じ価格帯の間を行ったり来たりし

相場はたったの4つ。
しっかり理解しちゃいましょう！
これを覚えたら、負けなくなります。

ている相場のことを指します（154頁参照）。トレンドには上昇トレンドと下降トレンドの2つがあります。このトレンドを判断するときにダウ理論が非常に役立ちます。

2 トレンド相場は乗る！

上昇トレンドと下降トレンドをつかむ

下図を見てください。まず、100・000（①）から上昇がはじまった相場は、100・500（②）をピークに下落しました。しかし100・000まで落ちることはなく、100・200で下げ止まり（③）、再び上昇をはじめました。

そして前回の高値だった100・500を超えても勢いは止まらず、今度は100・800まで上昇しました（④）。そこからいったん下落に転じたものの、100・400（⑤）で切り返し、再び上昇をはじめました。

上下に波を描きながらも、「**高値と安値を切り上がり続けな**

● 上昇トレンドを覚えよう

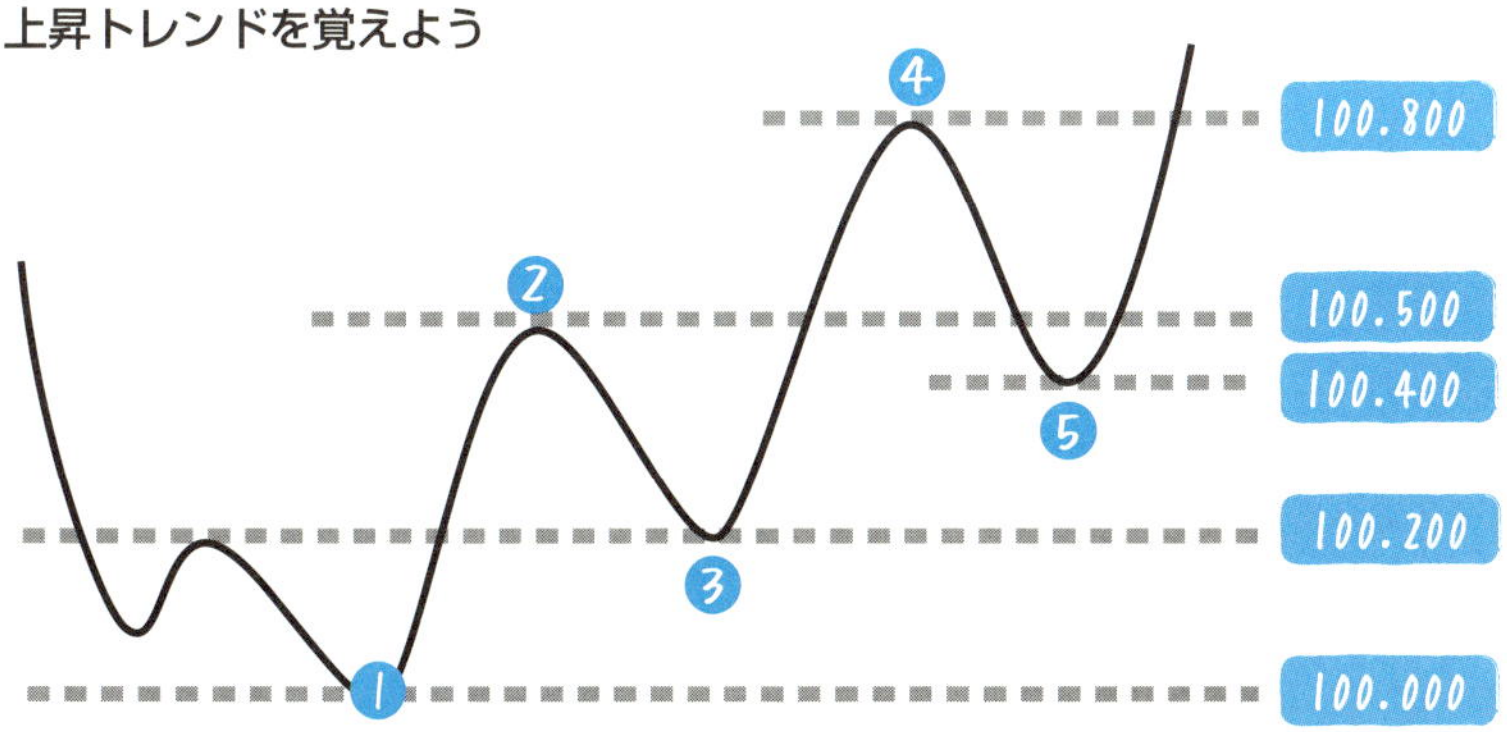

が価格が上昇」しています。ダウ理論ではこの状況を「**上昇トレンド**」と判断します。「**下降トレンドはこの反対で、高値と安値を切り下がり続けながら価格が下がっていく状況**」のことを指します。

4点の高値・安値でトレンドを判断

ダウ理論における「上昇トレンドと下降トレンドの定義」は次のとおりです。

- **高値と安値が切り上がり続けるかぎり 上昇トレンド が続いていると判断する**
- **高値と安値が切り下がり続けるかぎり 下降トレンド が続いていると判断する**

では具体的にはどの時点から「上昇トレンド」といえるのでしょうか。その基準となるのは「4つの点」です。

139頁の図なら、まず点❶からスタートして点❷まで上昇した段階では、トレンドを形成しているかどうか

● ダウ理論による上昇トレンド

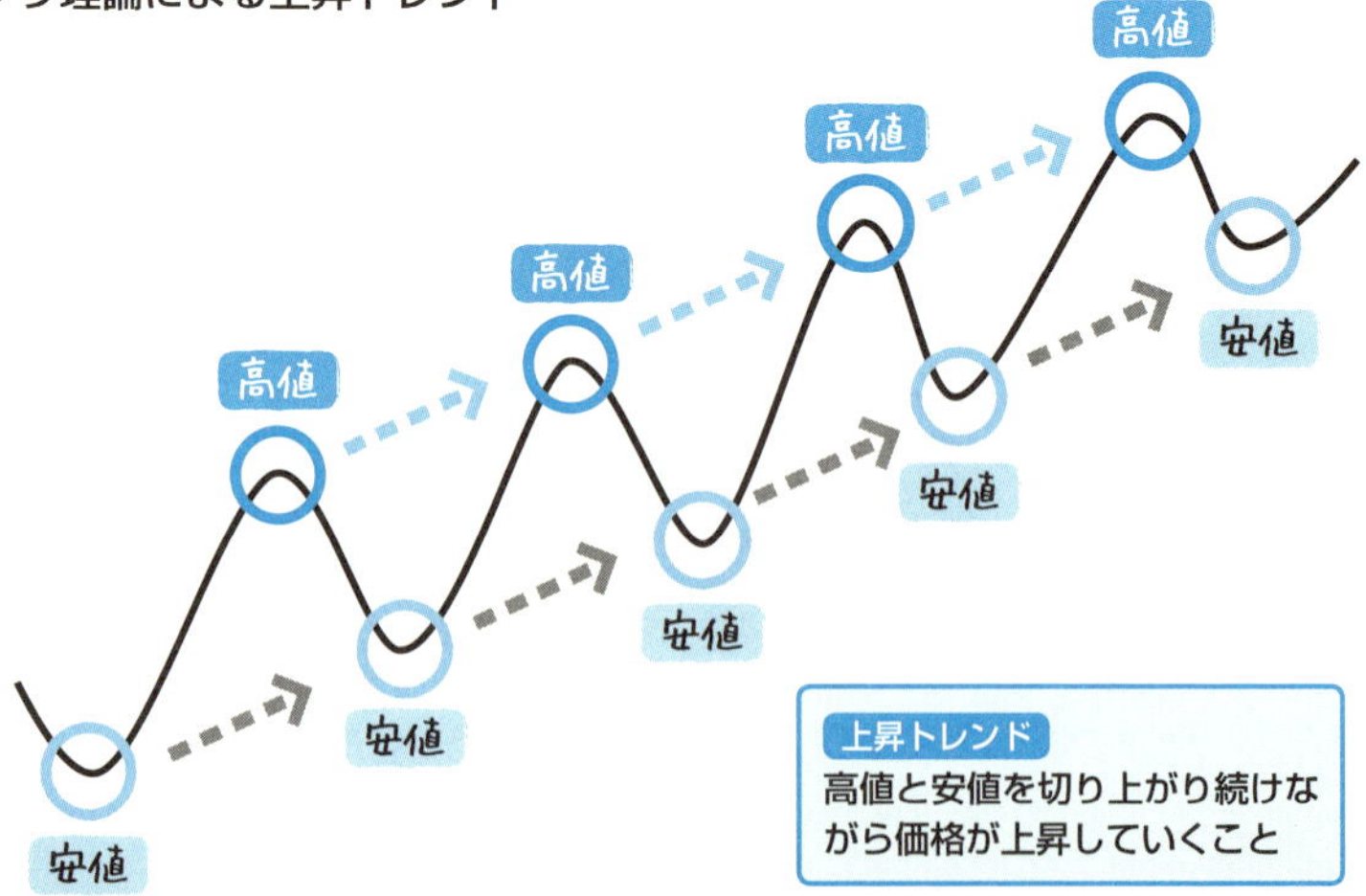

はわかりません。そのあと、いったん下落したものの点❸で切り返し、再び上昇しはじめ、点❷の水準を突破して点❹に至りました。

注目するべきはこのタイミングです。安値❶からはじまり、高値❷、安値❸、高値❹まで、「**前回の高値・安値を切り上がり続けながら4点をつけたことで、この相場は上昇トレンドである**」と判断できます。

下降トレンドも同様に、「**高値からはじまり、安値、高値、安値まで、前回の高値・安値を切り下がり続けながら4つの点が現れたとき、下降トレンドである**」と判断できます。

以上のような観点から、上昇トレンド・下降トレンドが明確になったと判断できたとき、いよいよトレードをするチャンスの到来です。移動平均線やボリンジャーバンドでタイミングを計り、エントリーします。エントリーするタイミングを知る方法については、次頁以降で詳しくお話しします。

● ダウ理論による下降トレンド

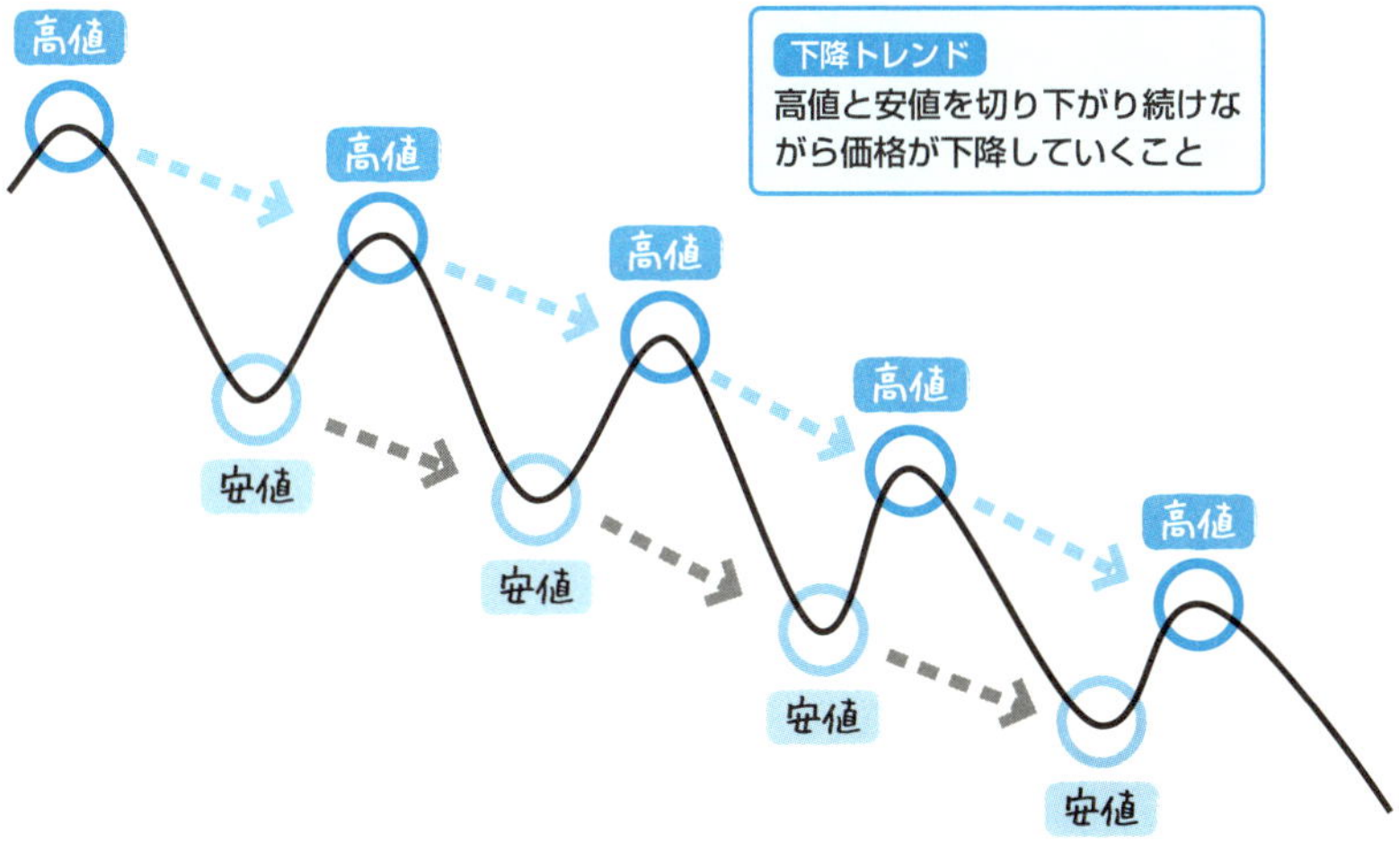

3 チャート上でトレンドを判断するステップ

高値安値の4点でトレンドを判断するという基準は、理解できたかと思います。次に、実際のチャートで判断する方法についてお話ししていきます。

実際のトレードでは、チャートを見ながらトレンドのポイントを確認していく作業が必要になります。たとえば「**上昇トレンドなら、安値の❶、高値の❷、安値の❸、高値の❹といった順で探していく**」わけですが、何をもって安値・高値と判定するかには、細かいルールがあります。このルールをクリアしなければ正しいトレンドが判断できないので、きちんと覚えてください。

高値・安値を探してトレンドを確認するステップ（上昇トレンドの場合）

A 上昇トレンドと思われるチャートを見つけたら、まず、安値に❶と番号を振る
B 次の安値と思われる❸を探す
C ❶と❸の価格差を確認する（10pips以上あるか）
D ❶と❸の間の最も高い価格❷を高値と決める
E 次の高値にあたる❹を探す（❷と10pips以上価格差があること）
F 今回の上昇トレンドに入る前のチャートをさかのぼって確認する

ここまで確認できたら、「上昇トレンドである」と判断できます。ではこのステップについて、下のチャートを見ながら解説していきます。

A 上昇トレンドと思われるチャートを見つけたら、まず安値に❶と番号を振る

最初のステップ、これは簡単ですね。上向きになっているチャートを探して、その1番安いところに安値❶の番号を振るだけです。そして次から高値❷、安値❸を探していくわけですが、ここで覚えておくべき基本のルールがあります。

「高値（安値）といえるのは、移動平均線を超えてから」です。為替価格というのは小刻みに上下しているので、細かく見れば、たくさんの山や谷があり、どれが高値や安値なのかは判別がつきにくいものです。そこで基本的なルールとして「安値」から次の「高値」に至るまでには必ず、「移動

● 上昇トレンドの判断のしかた

平均線を超える必要がある」と覚えてください。移動平均線を超えていないうちは、大きく上下しているように見えてもそれは高値・安値ではないということです。

たとえば前頁の図なら、あが高値、いが安値と思えてしまいます。しかしこれらは移動平均線を超えていないので、高値・安値ではありません。

B 次の安値と思われる③を探す

安値❶の次に、高値❷を探すのではなく、まず安値❸に仮で番号を振ります。先に❷を探さないのは、次のようなルールがあるからです。

上昇トレンド「前回の安値」と「次の安値」の間の最も高いところが高値

下降トレンド「前回の高値」と「次の高値」の間の最も安いところが安値

たとえば上昇トレンドなら、「前回の安値」と「次の安値」の間

FXにおける安値、高値の見つけ方
「安値」から次の「高値」に至るまでには、必ず、移動平均線を超える必要がある

にある最も高い価格の地点が高値❷になります。２つの安値を決めてからでなければ、高値❷が決まらないということです。

ですから先に安値❸を探し、そのあとで高値❷を確定する必要があります。このチャートの場合は、❸というわかりやすい安値がありましたね。

C ❶と❸の価格差が10ｐｉｐｓ以上あるか

次に、安値❸が本当に❶の次の安値といえるのかどうかを確認します。その際にチェックすることは、次の価格差があるかどうかです。

前回の安値と10ｐｉｐｓ以上の値幅があるか

先ほど、ダウ理論における上昇トレンド・下降トレンドの定義について、「高値と安値が切り上がり続けるかぎり**上昇トレンド**が続いていると判断する」「高値と安値が切り下がり続けるかぎり**下降トレンド**が続いていると判断する」とお話ししました。この「切り上がっている」「切り下がっている」かどうかの判定基準となるのが、10ｐｉｐｓの値幅です。前回安値❶と次の安値❸の間に、10ｐｉｐｓ以上の値幅がない場合、それは「切り上がっていない」といえるので、❸は「安値ではない」と判断することになります。143頁の例では、10ｐｉｐｓ以上の値幅が十分にあるので、❸は安値だと判断することができます。

D ❶と❸の間の最も高い価格❷を高値と決める

❶と❸の安値が確認できたところで、高値❷を決めます。これは簡単です。❶と❸の間の最も高いポイントを探すだけです。

E 次の高値にあたる❹を探す

高値❷の次の高値にあたる❹を探します。安値❸の地点から「移動平均線を超えて」上昇していて、かつ前回の高値❷と比べて「10pips以上の値幅がある」ポイントを見つけて、❹と番号を振ってください。これにより❶〜❹の4点が完成し、上昇トレンドであることが確認できました。

143頁の例では、❹の高値（102・300付近）をつけたあとさらに価格は上昇しており、❹の位置がズレてしまうことになりますが、それは問題ありません。正確な❹は、時間が経って次

● 下降トレンドから上昇トレンドにトレンド転換したかどうかの判断

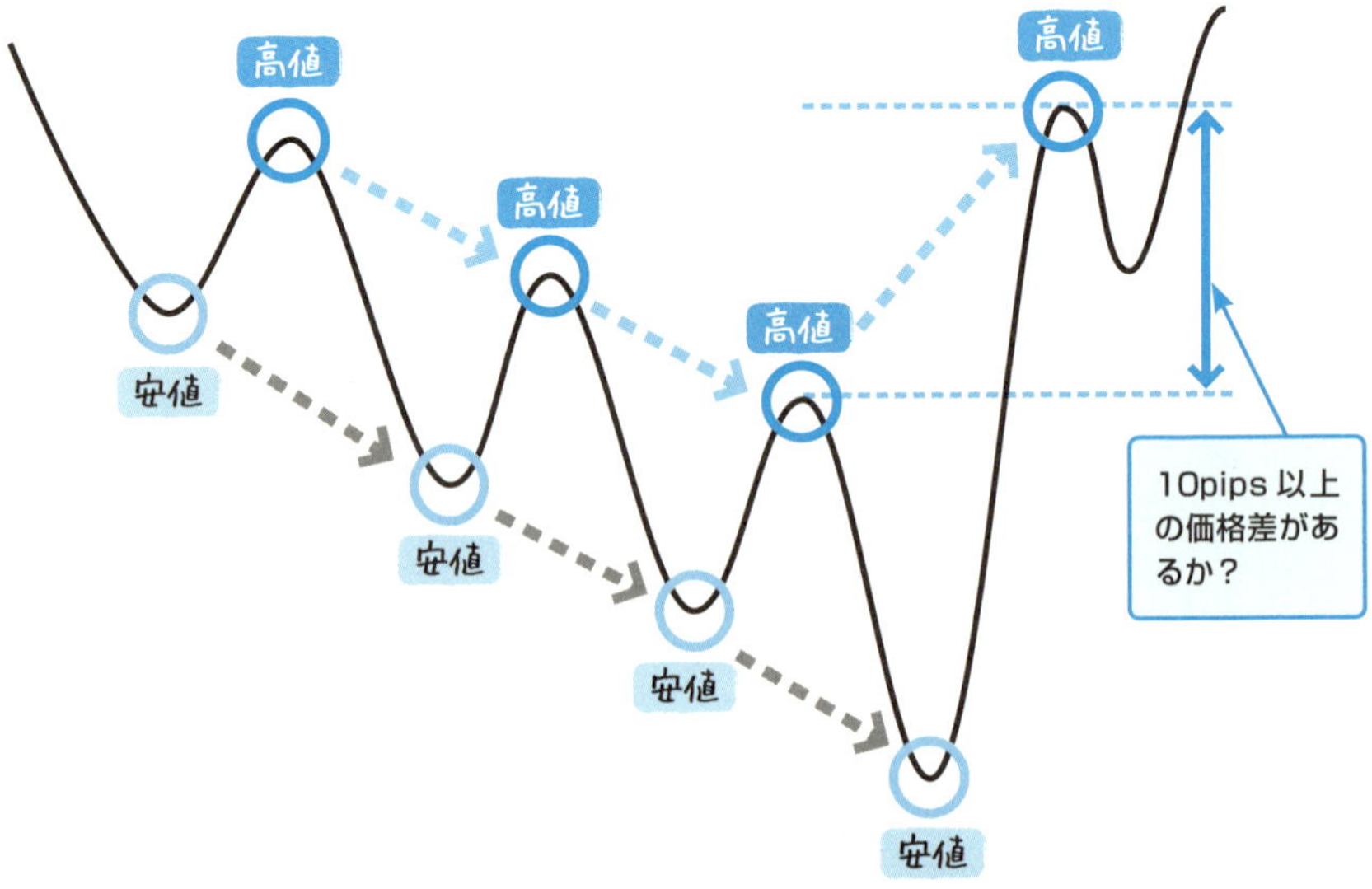

の安値⑤、高値⑥が決まってからでなければ判断できないので、現時点ではとりあえず「**仮の④**」でかまわないということです。

F 今回の上昇トレンドに入る前のチャートをさかのぼって確認する

上昇トレンドが本当に確定したのかどうかを判断するために、念のためもうひとつやることがあります。「**今回の上昇トレンドに入る前の状況を、チャートをさかのぼってチェックする**」ことです（右頁下図）。今回発見した4点からなる上昇トレンドが、長く続いている上昇トレンドの途中にあるのであれば、問題ありません。

問題があるのは、今回発見した4点からなる上昇トレンドが、直前の下降トレンドから転換してすぐのときに発生している場合です。「**本当に下降トレンドから転換したのか**」を確かめなければなりません。

● 上昇トレンドから下降トレンドにトレンド転換したかどうかの判断

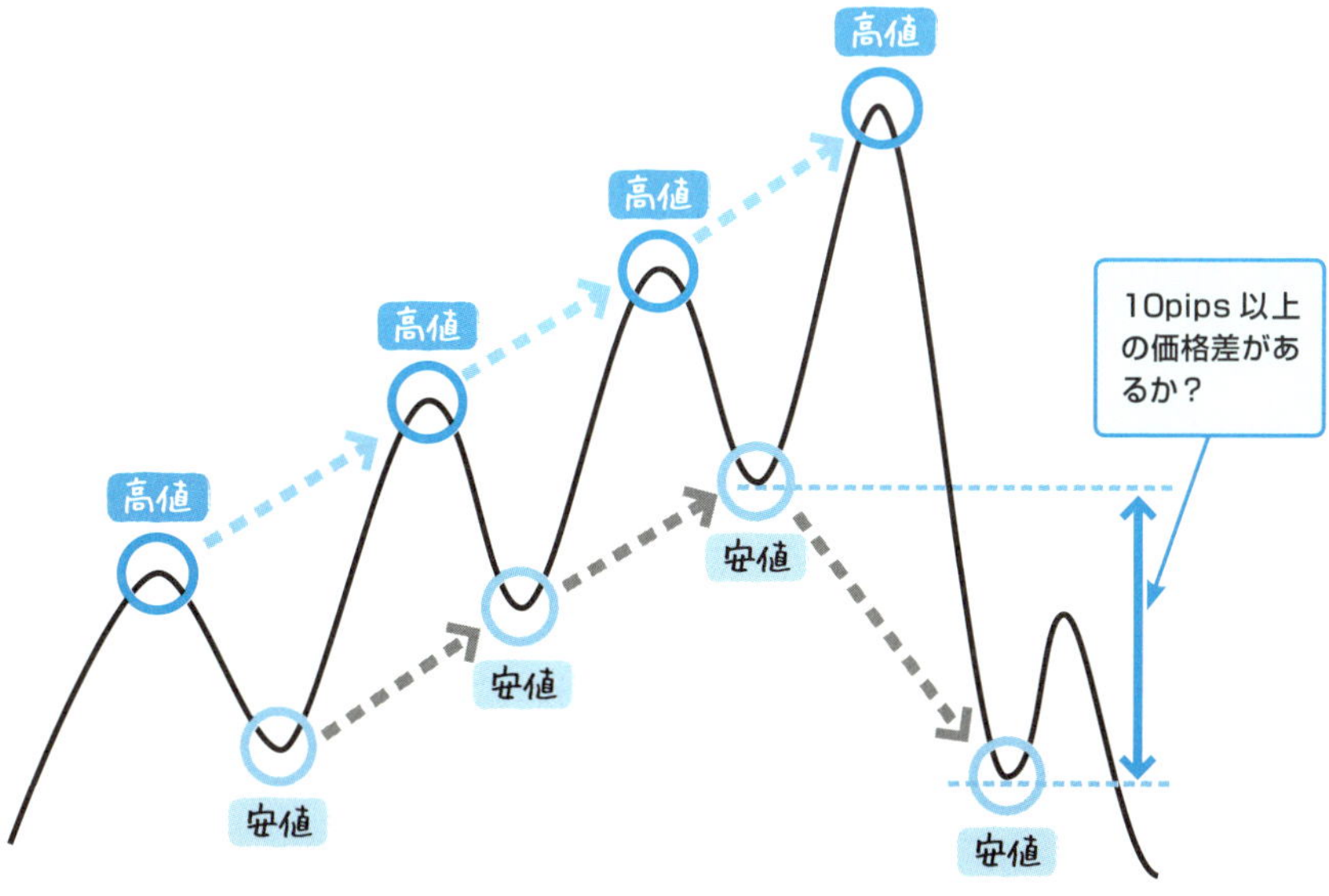

具体的には、「**前の下降トレンドの最後の高値を10pips以上、上に抜けているかどうかをチェック**」してください（146頁下図参照）。最後の高値を10pips以上、上に抜けていたら、正式に「下降トレンドの終了＝上昇トレンドの開始」と判断できます。

上昇トレンドであることがわかったら、いよいよエントリーの準備となります。

4 「高値もどき」「安値もどき」の見つけ方

時々、高値・安値のポイントなのかそうでないのか、判断に迷うようなチャートを見かけることがあります。「**10pips以上の基準**」にあてはまっていなければ、それは「**高値もどき**」「**安値もどき**」です。

10pipsルールにあてはめると、高値かと思われたポイントが「**高値もどき**」だったり、安値かと思われたポイントが「**安値もどき**」だったりすることがあります。

通常の下降トレンドは下図のように、「高値と安値」が徐々に切

● 通常の下降トレンド

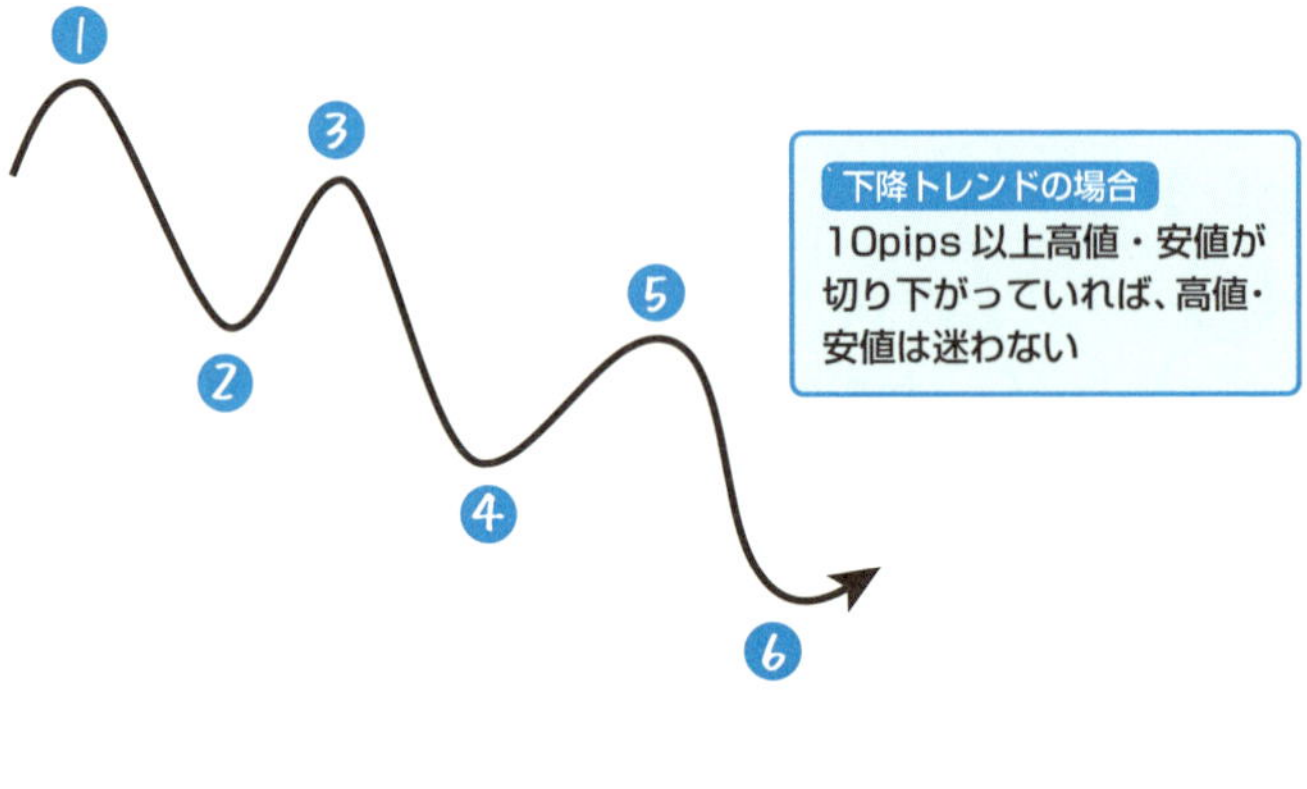
1
2
3
4
5
6
下降トレンドの場合
10pips以上高値・安値が切り下がっていれば、高値・安値は迷わない

り下がっていく状況にあります。このようにきれいに切り下がっていれば、❶、❷、❸、❹……とトレンドのポイントを確認していくときに迷うことはありませんよね。

迷うのは下図の右側のようなときです。❶、❷、❸、❹、❺……とポイントを確認したところで、❸と❺が同じ水準にあることがわかりました。「**同じ水準とは10pips以内の値幅」に収まっているということ**」です。

このような状況では、「高値が切り下がっている」とはいえません。したがって「**❷は安値もどき**」「**❸は高値もどき**」だったと考えて、いったん振った番号を消して、次の高値に❸・安値に❷と番号を振り直します（下図左側）。

このように解説すると複雑に感じるかもしれませんが、あまり難しく考える必要はありません。「**ゴチャゴチャしたら、番号を振るのを1回見送る**」と考えましょう。

● 高値もどき、安値もどきはスルーする

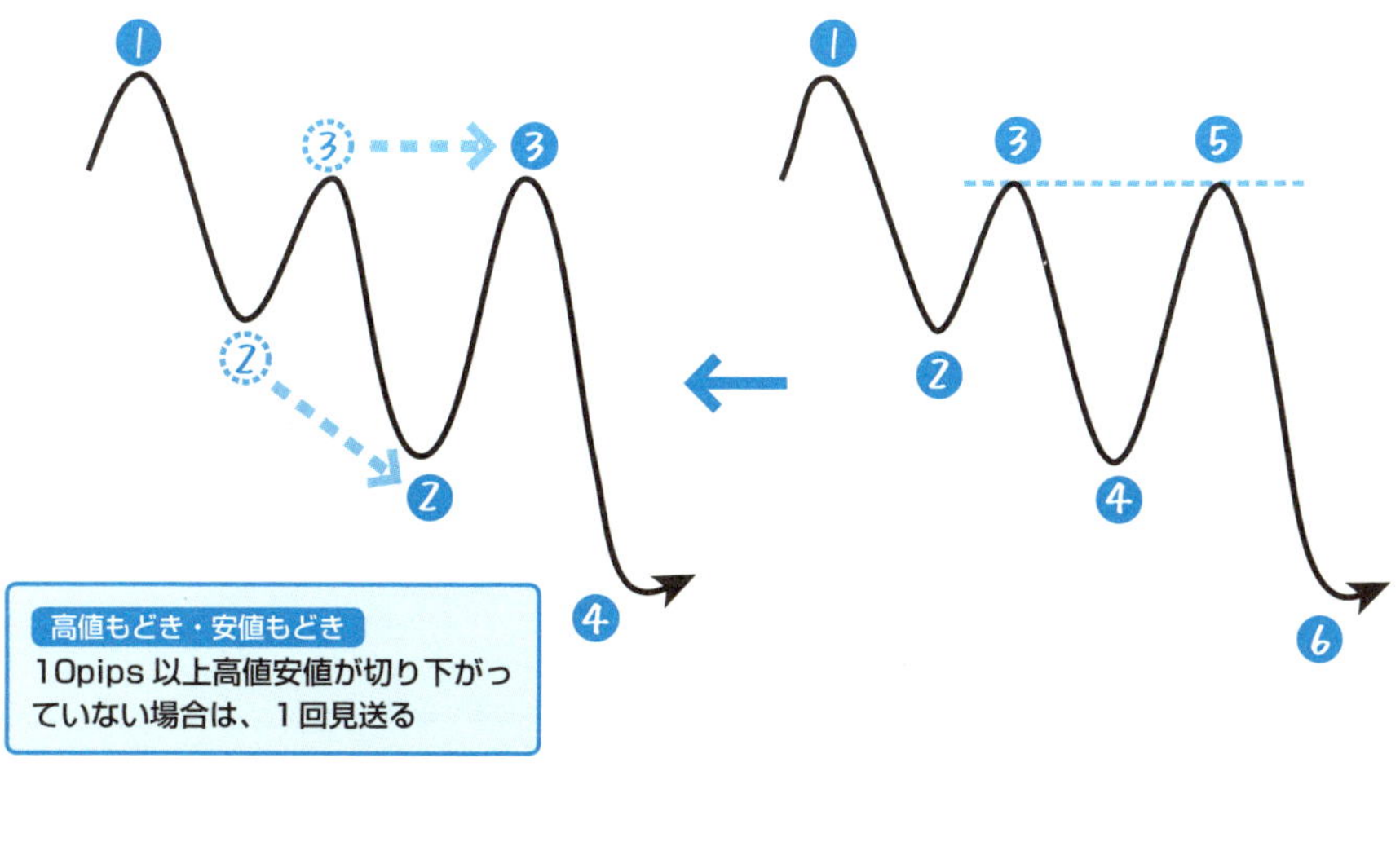

1回の高値・安値を見送ったとして……

「まだトレンドが続いている」と判断できるなら
⇓ エントリーする
「トレンドが続いていない」「よくわからない」と判断できるなら
⇓ エントリーしない

これだけのことです。

5 トレンドが継続するかぎり何度でもエントリーし続ける

「**トレンドが出ていないときは休む**」ということは、逆にいえば「**トレンドが出ているときはひるまず、何度でもエントリーする**」ということです。なぜならば、ダウ理論では「**トレンドは転換するまで継続する**」からです。これはダウ理論の基本法則のひとつでもあります。

ダウ理論における主要トレンドの構成は、第1（先行型投資家

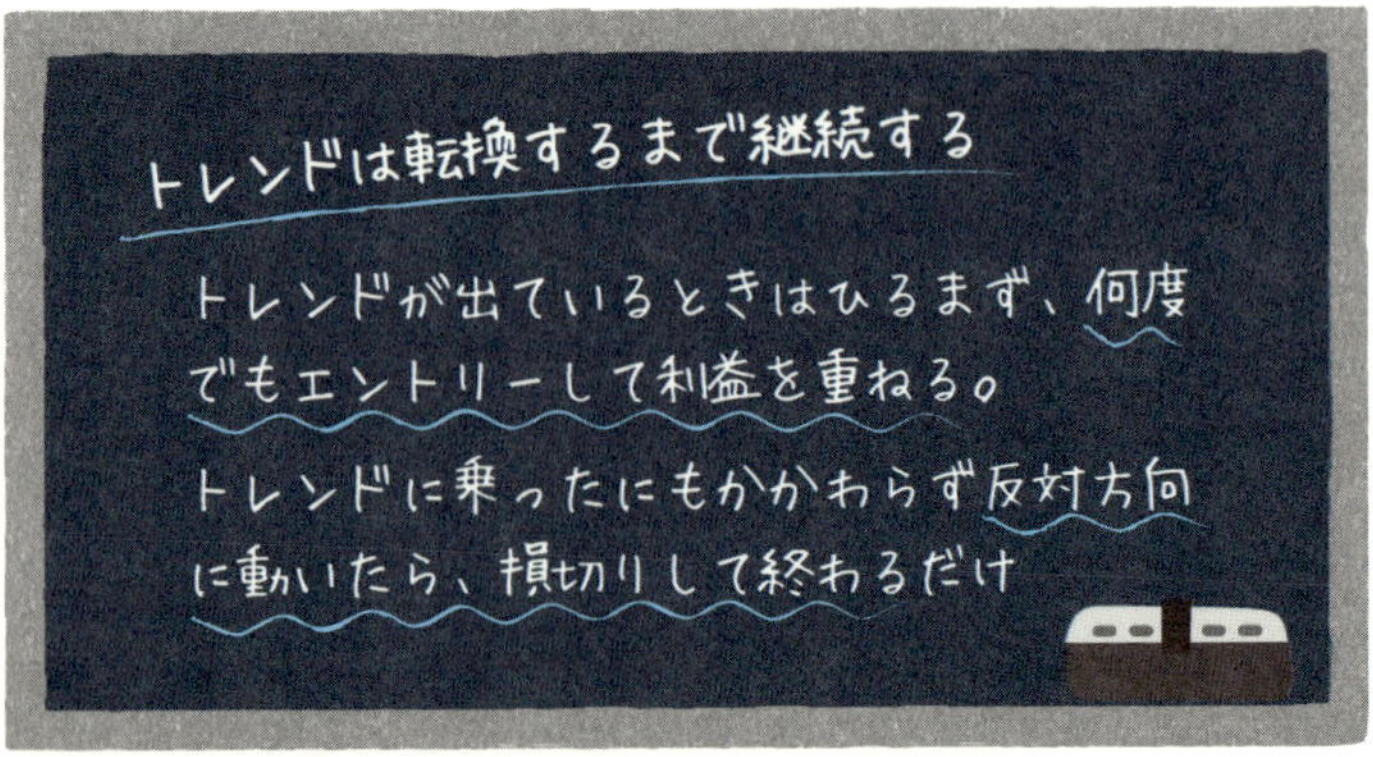
トレンドは転換するまで継続する
トレンドが出ているときはひるまず、何度でもエントリーして利益を重ねる。
トレンドに乗ったにもかかわらず反対方向に動いたら、損切りして終わるだけ

が買いはじめる）、第２（多くのトレーダーが買い価格急伸）、第３（相場を知らない初心者が買い、勝っている投資家は売り）の３段階があります。第３段階で転換点が訪れるまでは、トレンドは継続していることになります。

たとえば上昇トレンドにあるときに、「そろそろ反落があるだろう」と予想しはじめ、実際に価格が少し下がると、「ほら調整が入った」と売りはじめる人がいますが、これは間違いです。トレンドに逆らって逆張りのトレードをしていることになり、成功する確率は低くなります。

実際の「**トレンド継続中の局面では、少し反落したところが〝押し目〟（上昇トレンド中に下降するポイント）であることが多く、買いのチャンスであると考えている人が多い**」のです。上昇トレンドに乗り遅れていた人が押し目で買いを入れて、再び価格が上昇しはじめて、トレンドが継続することになります。

したがって、トレンドが継続していて明確なトレンド転換のシグナルが出ていない段階では、何度でもトレードに参加することが大切です。「そろそろトレンドが転換するだろう」

● 上昇トレンドの終了

などと憶測で考えてはいけません。

トレンドの継続中は繰り返し利益を確定しながら何度もエントリーする。トレンドに乗ったにもかかわらず反対方向に動いたら、損切りして終わるだけ。この繰り返しです。

明確なトレンド転換をしたら速やかに終了する

「明確なトレンド転換のシグナル」とは何かというと、ダウ理論上のトレンドが崩れたときです。ダウ理論では、点❶～❹までの4点の完成をもってして上昇トレンド（下降トレンド）と判断していますが、この4点が崩れてしまったとき、トレンドが終わったと判断します。

前頁の図「上昇トレンドの終了」を見てください。高値・安値が切り上がり続けている間は上昇トレンドであると判断できますが、図のように**「安値の切り上がりが終わってしまったら、買う理由がなくなるので、損切りして終了」**となります。

下図の「下降トレンドの終了」も同様です。高値・安値が切り下がり続けている間は下降トレンドにあると判断できま

● 下降トレンドの終了

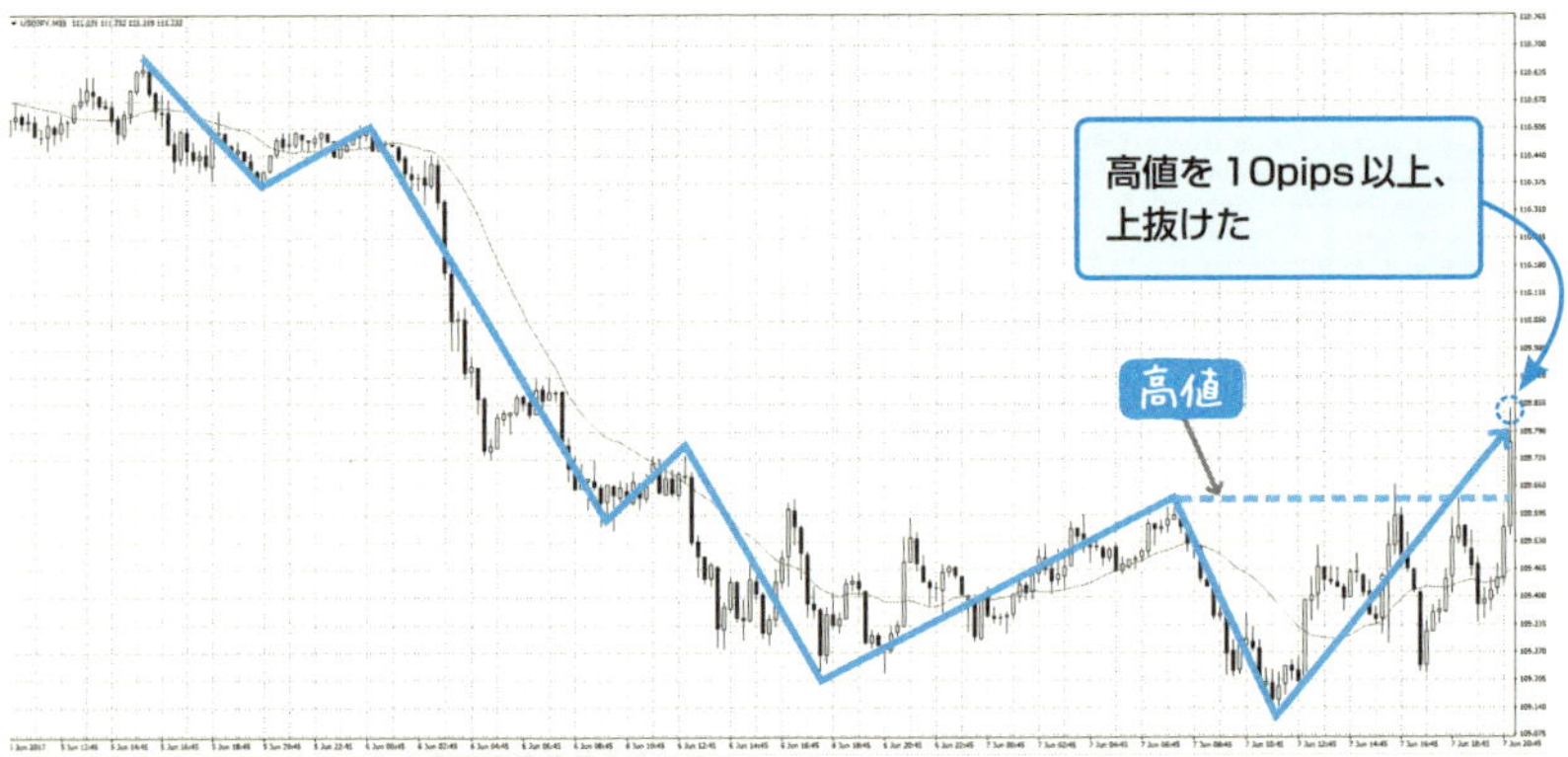

すが、図のように「**高値の切り下がりが終われば売る理由がなくなるので、損切りして終了**」です。

トレンドの開始を確認する際も、前回のトレンド終了をチェック

新たなトレンドの発生を確認する際にも、前回のトレンド終了をきちんとチェックする必要があります。これまで「❶〜❹までの4点の確認をもってトレンドを判断する」と説明してきましたが、この時点では、上昇トレンドから下降トレンドに移ったのか、あるいは「よくわからない相場」になったのかは、まだ判別がつかないところでしょう。いずれにしてもトレンドが終わったのですから、次に明確なトレンドが現れるまで、トレードはお休みとなります。

FXで勝ちたかったら、トレンドの波に逆らわずに乗り続けること

さて、トレンド相場について、また、トレンドの継続性やトレンド転換についても、ダウ理論に基づいて見てきました。「**私はこのトレンドが明確に表れているときでなければトレードをしません**」。

本書は入門書なので勝率を上げるために、トレンド相場のときだけトレードすることをお勧めします。最初は「**トレンドに乗ることだけに集中する**」ことを忘れないでください。

レンジ相場を見てみよう

では、次にレンジ相場を見てみましょう。

たとえば1ドル＝100円のとき、「1ドル＝100円で買いたい」という人と、「1ドル＝100円で売りたい」という人がほぼ同じだけいると、価格はもみあい状態で動きません。

第1段階 しかし、「1ドル＝100・000で買いたい」人が「1ドル＝100・000で売りたい」人をわずかでも上回ると、価格は100・050、100・100と上がっていきます。

第2段階 価格が上がっていく様子を見て、「上がっているから今のうちに買っておくか」という投資家が出はじめます。その動きはすぐに大きくなり、相場全体が追従をはじめ、価格の急伸につながります。

第3段階 その後、買いが買いを呼ぶ展開になり「**第3段階**」に突入しますが、ここでは第1段階で買っていた投資家が「売り抜け」をはじめます。すると、上昇の勢

● レンジ相場

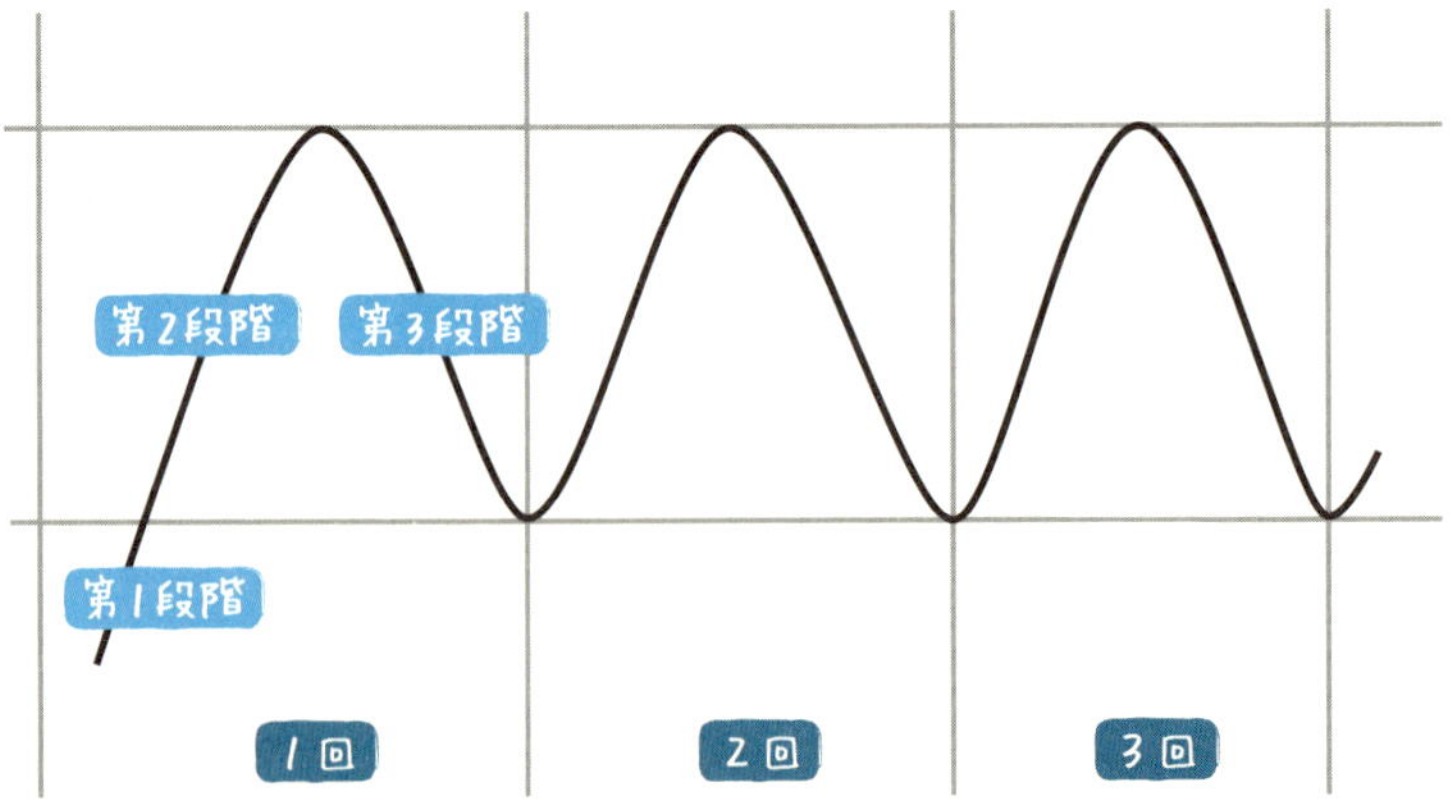

いがなくなります。今まで買っていた人が「ここがピークだった」と気づいて急いで売りはじめ、値段が一気に下落。上昇トレンドは終了し、下降トレンドに転換することになります。

そして再び、同じことが繰り返されます。下落しはじめた相場を見て、相場全体が「売り」で追従しはじめます。価格の下落は急激に進むことになります。

「同じ価格帯の間でこのような動きが3回繰り返されると、〝レンジ相場〟の完成」です。

レジスタンスラインとサポートライン

チャートが同じような価格帯を行ったり来たりしているレンジ相場のとき、下図のような線を引くことができます。上昇してできた上側に引いた線を「**レジスタンスライン（抵抗線）**」といいます。この線が抵抗になって、価格がこれ以上は上がりにくいという状況になっています。

また、下側に引いた線を「**サポートライン（支持線）**」

● レジスタンスラインとサポートライン

※ 上昇トレンドからレンジ相場に入った場合

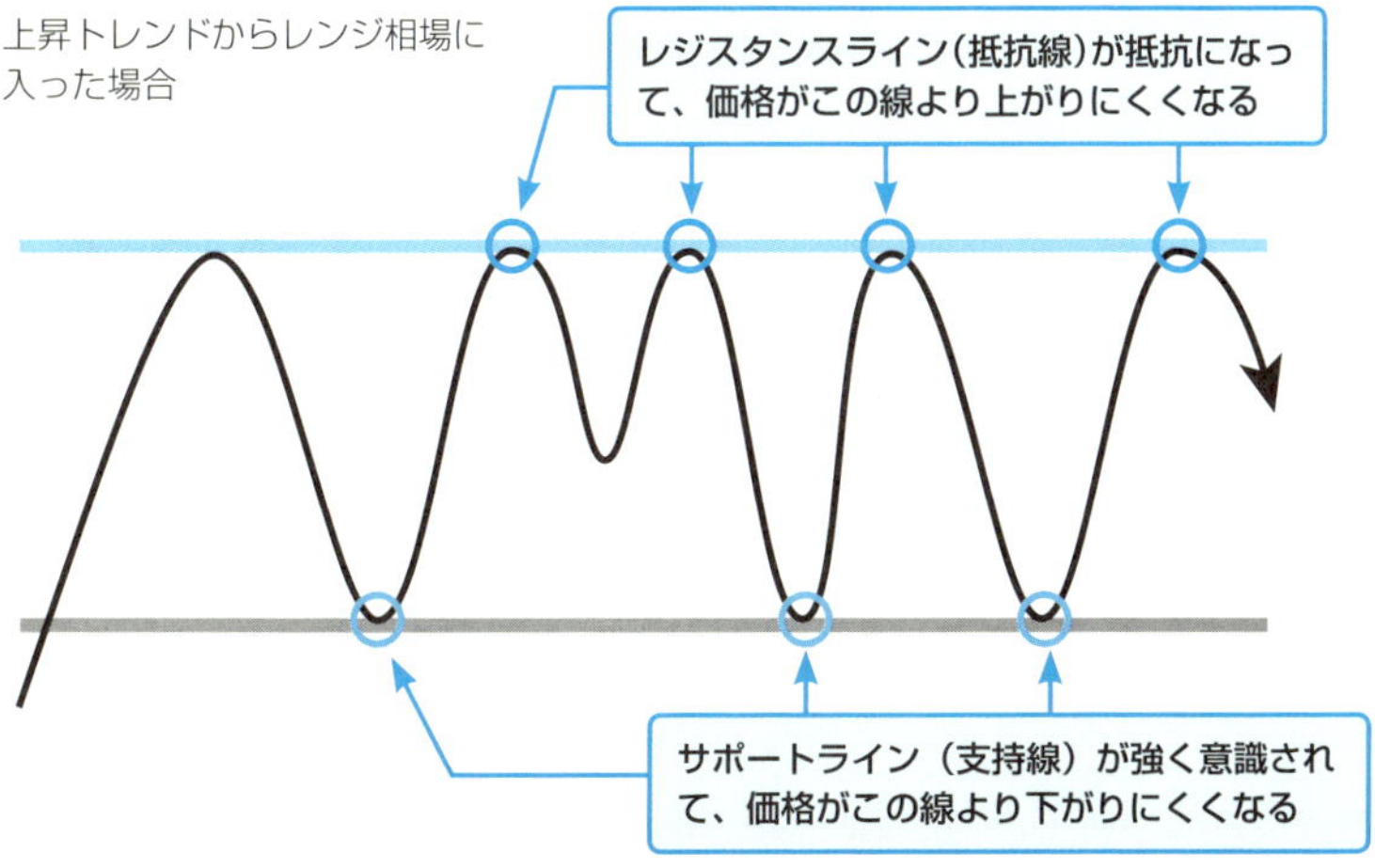
レジスタンスライン（抵抗線）が抵抗になって、価格がこの線より上がりにくくなる
サポートライン（支持線）が強く意識されて、価格がこの線より下がりにくくなる

といいます。このラインが強く意識されるために、価格がこれ以下には下がりにくいという状況になっています。下降トレンドの場合は逆になります。

こういった法則性が現れると、相場に参加する多くの人がこの法則性を強く意識するようになり、多くの人に意識されるようになることで、法則性はより強固になっていきます。

レンジブレイクの発生

レンジ相場の法則性がいくら強いといっても、永遠に続くわけではありません。「**レンジが長く続くと、相場は〝エネルギーが溜まった状態〟になります**」。そのような中で、有事が起こったり、経済指標で注文が重なったりと、何らかのきっかけで拮抗が崩れて、レジスタンスラインやサポートラインを突破することがあります。これを「**レンジブレイク**」といいます。

「**レンジブレイクが起こると、そこで必ずトレンドが発生**」します。そして、それまでのレジスタンスラインが今度はサポートラインとして意識されるようになります。

● レンジブレイクするとトレンドが発生する

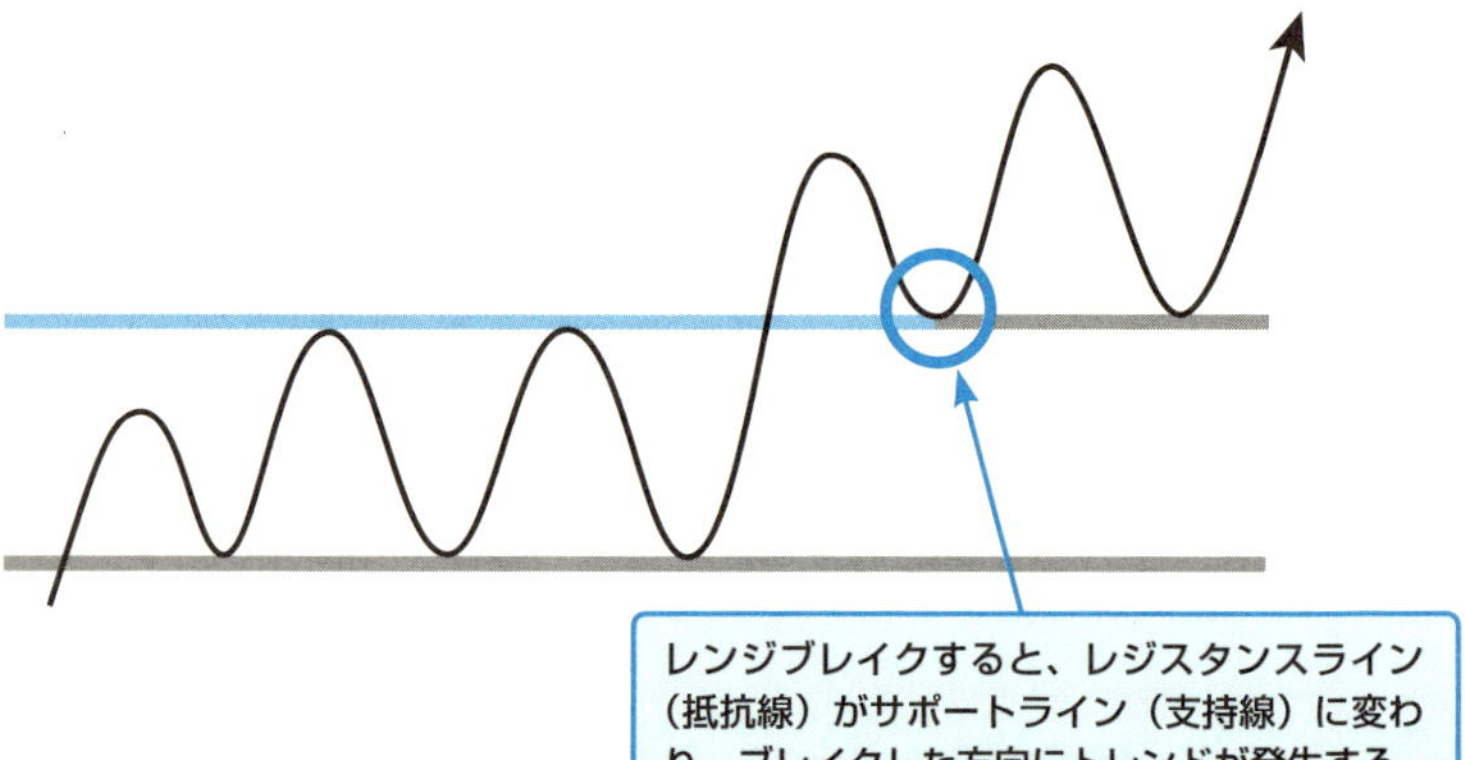
レンジブレイクすると、レジスタンスライン（抵抗線）がサポートライン（支持線）に変わり、ブレイクした方向にトレンドが発生する

したがって「**レンジ相場が発生しているときは、いずれレンジブレイクしてトレンドが発生することがわかっているので、そのときにすぐにエントリーできるように心の準備をしておく**」必要があります。

6 ショック相場・よくわからない相場ではトレードしない！

ショック相場、よくわからない相場とは？

では4つあった相場のうち、これまでお話ししてきたトレンド相場とレンジ相場以外の「ショック相場」「よくわからない相場」のときはどうすればいいのか見ていきましょう。

正解は「**何もしない**」です。「上昇トレンドかな？」「下降トレンドかな？」と思っても、微妙に

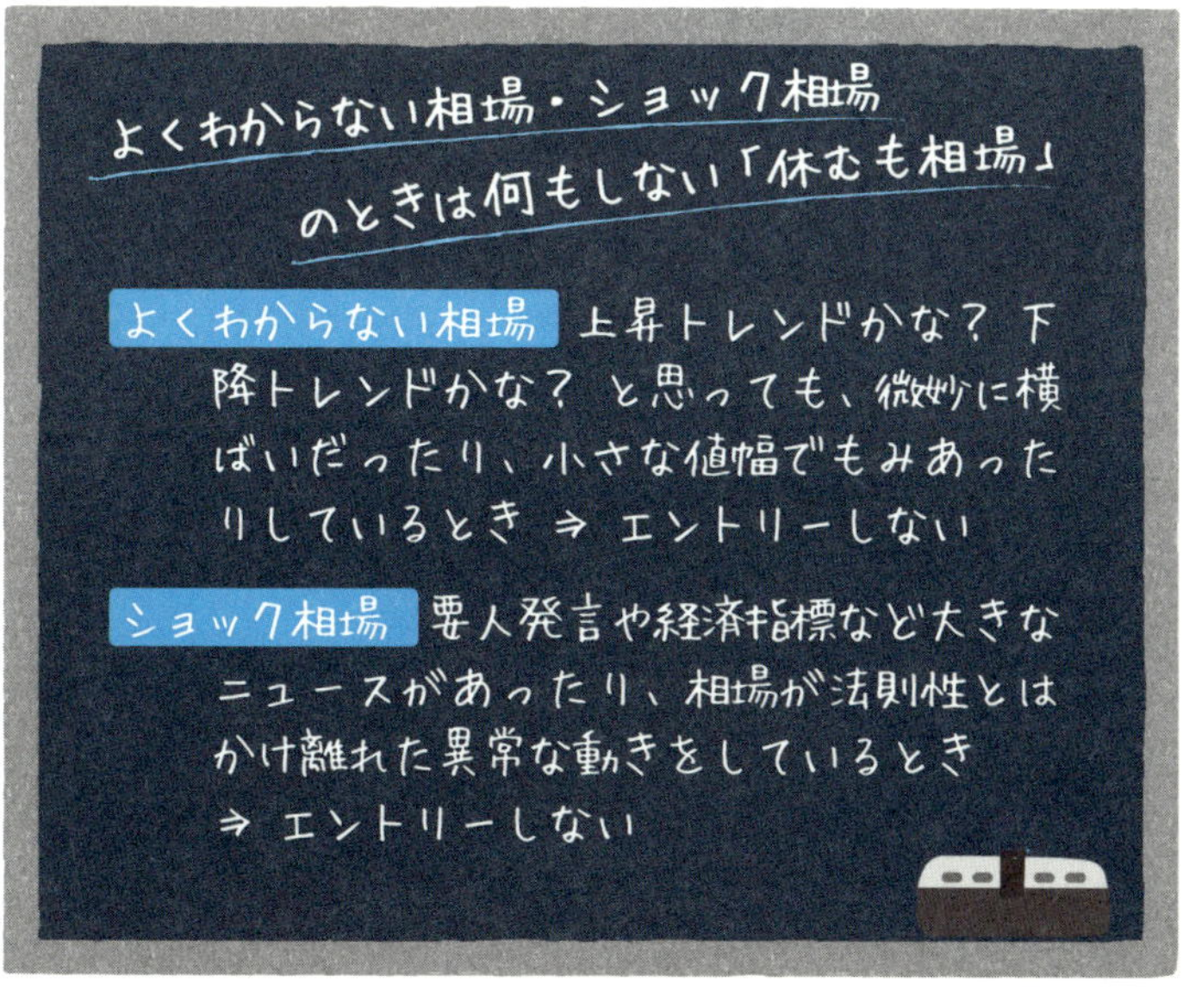
よくわからない相場・ショック相場
のときは何もしない「休むも相場」
よくわからない相場
上昇トレンドかな？ 下降トレンドかな？ と思っても、微妙に横ばいだったり、小さな値幅でもみあったりしているとき ⇒ エントリーしない
ショック相場
要人発言や経済指標など大きなニュースがあったり、相場が法則性とはかけ離れた異常な動きをしているとき ⇒ エントリーしない

横ばいだったり、小さな値幅でもみあいを続けていたりすることはよくあります。そのような状況はすべて「よくわからない相場」です。また、要人発言や経済指標など大きなニュースがあったとき、相場は法則性とはかけ離れたヒステリックな動きをすることがあります。そのような相場が「ショック相場」です。

いずれにしても法則性があてはまらないわけですから、「よくわからない相場」「ショック相場」で無理して参戦する必要はありません。「休むも相場」といいますが、まさにそのとおり。「**自信のない状況で無理してポジションを持ってもいいことはありません**」。損切りになるリスクが高くなるだけです。「**トレンドがわかりきっているときだけ、参加すればいい**」のです。

トレードできるタイミングは、1日のうちに何回ある？

本書では15分足のチャートを見て、❶～❹の4点（高値・安値の切り上げ・切り下げ）が現れて、トレンドが発生したときだけトレードをすることをお勧めしています。

この定義に沿ってトレンドが発生し、「**エントリーしていいタイミングが訪れる回数はおおむね1日24時間のうち1～5回程度**」だと思ってください。チャートがもみあっている状態のときなどは、1日のうち1回もエントリーできないこともあります。

「そんなに少ないのか」と思いましたか？ 確かに、何度もエントリーしたい人にとっては物足りない回数かもしれません。でも、それでいいのです。

繰り返しになりますが、トレンドが発生しているかどうかよくわからない状況で相場に参加しても、いいことはありません。お金を減らす可能性の高いトレードをしていることになります。それならば回数が少なくても、明確にトレンドが発生しているタイミングだけを、しっかりととらえて着実に利益をあげたほうが、トータルでお金を増やすことにつながります。

専業のトレーダーというと、1日中チャートに張りついてトレードをしている人を思い浮かべるかもしれませんが、私はそのようなことはしません。なるべくエントリーしない（売買に加わらない）ことを心がけています。

市場は24時間開いていますから、参加するタイミングはいくらでもあります。自信がない場合はエントリーしないでいいのです。**「勝ちやすい相場にだけ参加することがFXで儲ける秘訣」**です。

エントリーできるのは1日に1～5回程度です。
この回数を少なく思うかもしれませんが、数ではなく、何よりもお金を増やすことを優先に考えると、こうなるんです！

03

FXで勝つために③
利益確定と損切りポイントを覚えよう

1 エントリーする前に覚えること

トレンドが明確になったところで、次はいよいよエントリーするわけですが、エントリーと同時に決済注文を出す必要があります。ですから、エントリーする前に必ず利益確定と損切りポイントを覚えておかなくてはいけません。では利益確定・損切りの価格をどうやって決めればいいのか、ルールはいたってシンプルです。買いエントリーの場合は次のようになります。

直近高値（利益確定ライン）の少し下に利益確定ポイントを設定
直近安値（損切りライン）の少し下に損切りポイントを設定

ちなみに、売りのエントリーの場合はこの反対です。

では、利益確定ポイントの決め方から見ていきましょう。

2 利益確定ポイントの決め方

下図のチャートでは、移動平均線にタッチするところで買いエントリー（A）をしようとしています。このとき、上昇トレンド中の直近の高値（ローソク足の上ヒゲの頂点）である❶が「**利益確定ライン**」になります。「利益確定の目安にするライン」ととらえてください。

なぜ❶を利益確定ラインにするか。それは、前回の高値付近は「レジスタンスライン」となって、価格の上昇を抑える働きをするからです。トレンドの継続を想定してエントリーしてはいますが、レジスタンスラインに跳ね返される可能性もあります。そこで安全策として、「**レジスタンスライン（＝利益確定ライン）の少し手前で利益確定の注文を設定する**」

● 利益確定ライン・ポイントと損切りライン・ポイント

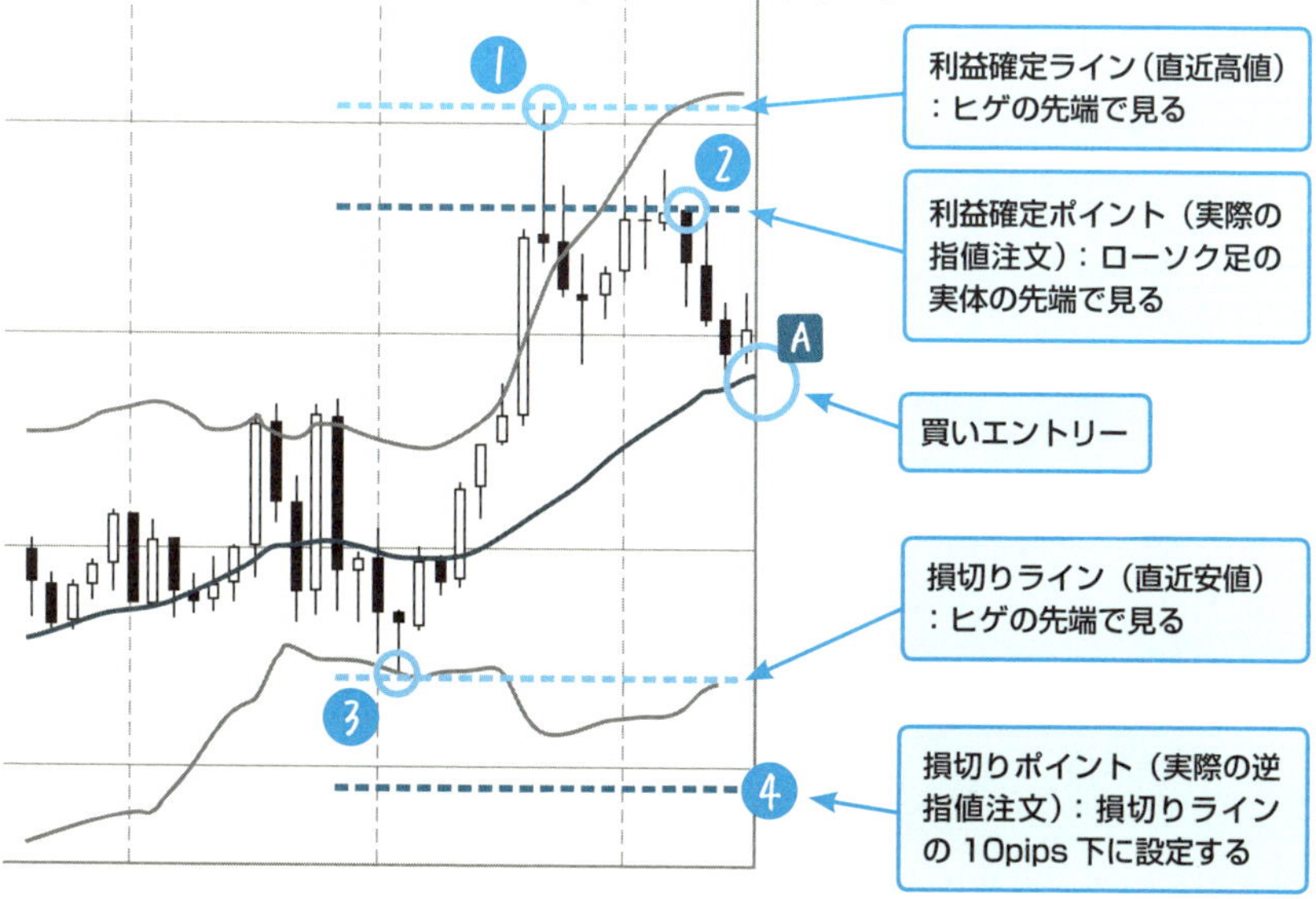
1
2
A
3
4
利益確定ライン（直近高値）
：ヒゲの先端で見る
利益確定ポイント（実際の指値注文）：ローソク足の実体の先端で見る
買いエントリー
損切りライン（直近安値）
：ヒゲの先端で見る
損切りポイント（実際の逆指値注文）：損切りラインの 10pips 下に設定する

（②）わけです。②の利益確定ポイントを具体的にどこにするかですが、直近の高値圏にあるローソク足のうち、「**最も高い位置にあるローソク足の実体の先端**」を目安にします。

3 損切りポイントの決め方

次に損切りですが、上昇トレンド中の直近の安値（ローソク足の下ヒゲの先端）である③が「**損切りライン**」になります。「損切りの目安にするライン」ととらえてください。上昇トレンド中に価格が下落しても、この損切りラインが「**サポートライン**」となって、いったん下げ止まると考えられます。もし下げ止まらずにこのラインを割り込んだら、トレンドが終了すると考えられるので、そこで損切りをします。

とはいえこの損切りラインをそのまま損切りポイントにはできません。相場には「**ノイズ**」があるからです。「**サポートラインでぴったりと止まるのではなく、何らかのはずみでサポートラインを少し割り込むものの、また上昇を**

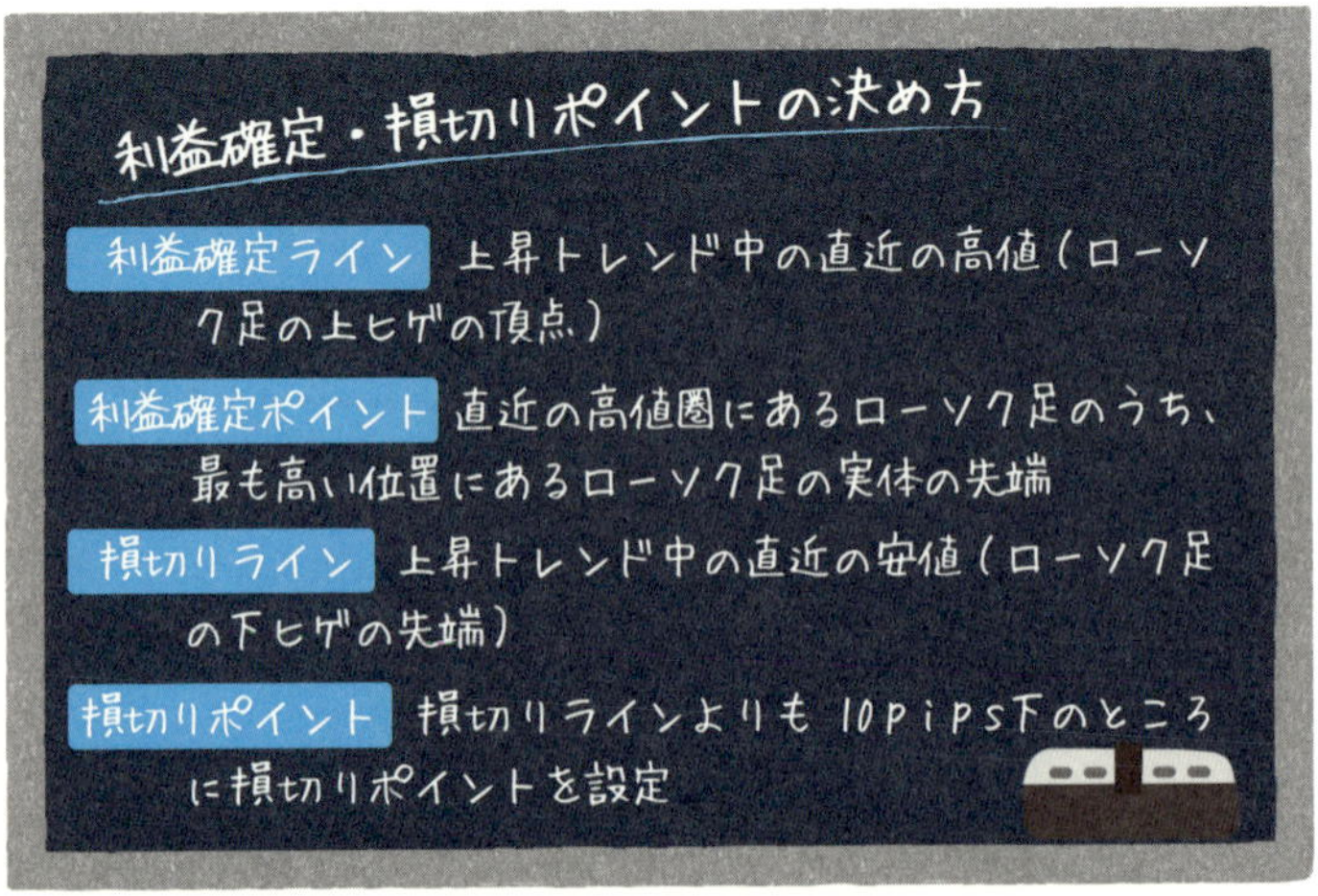

利益確定・損切りポイントの決め方
利益確定ライン　上昇トレンド中の直近の高値（ローソク足の上ヒゲの頂点）
利益確定ポイント　直近の高値圏にあるローソク足のうち、最も高い位置にあるローソク足の実体の先端
損切りライン　上昇トレンド中の直近の安値（ローソク足の下ヒゲの先端）
損切りポイント　損切りラインよりも10pips下のところに損切りポイントを設定

はじめる、という動きが〝ノイズ〟です。そこで、「**損切りラインよりも10pips下の④のところに〝損切りポイント〟を設定**」し、そのポイントに逆指値注文を入れます。こうすることで「ノイズ」に引っかかって損切りしてしまうことがなくなります。

利益確定ポイントや損切りポイントなどの数値の決め方

あまり厳密に行う必要はありません。1pips以内の誤差なら問題ありませんし、0.1pipsの単位は端折ってもかまいません。

頭と尻尾はくれてやれ

相場の格言に「頭と尻尾はくれてやれ」というのがあります。利益を魚にたとえて、頭から尻尾まで全部食べようとよくばるのではなく、頭と尻尾は他人にあげて、自分は胴体のおいしい部分だけもらっておけばいいというものです。

底値で買って高値で売るのが理想ですが、実際の相場ではそううまくはいきません。よくばりすぎれば、売買のタイミングを逃したり、逆に大きな損をしたりします。それならば、安全のためのコストだと思って、底値と高値の部分は捨ててしまえばいいわけです。そして相場の安全なところから安全なところまでを取ることで、利益を確実に自分のものにすることができるのです。

「**利益確定ラインの少し下に利益確定ポイントを設定する**」「**損切りラインの少し下に損切りポイントを設定する**」は、この「頭と尻尾はくれてやれ」を具現化するための策なのです。

04 移動平均線を使ってエントリーできるか判断する

1 移動平均線を使ったエントリー方法

ここからは実際のチャートを見ながらトレンドを判断し、エントリーポイントを探すステップをお話しししていきます。次頁下図には、期間20のボリンジャーバンドが表示されていますが、「＋2σ」と「－2σ」の間の線が移動平均線です。この移動平均線を使ってエントリーできるかどうかを判断する方法を見ていきます。

まずはトレンドを判断する

なだらかな下降トレンドを描いていたドル円が、101・400付近で上昇トレンドに転換したように見えます（❶）。本当にそうなのか、確かめてみましょう。❶の次の安値と思われるポイントは❸になります。そして、❶と❸の間の最も高いところに高値があります（❷）。ここまではわかりやすいでしょう。

ここで注意したいのは、「**この時点ではまだ下降トレンドが続いている可能性がある**」ということです。なぜなら、下降トレンドの最後のほうにつけた高値（A）と、おそらく上昇トレンドの途中にある❷の価格が、ほぼ同水準（10pips以内）にあるからです。チャートが（A）を上回ることなく下落していけば、「下降トレンドが継続している」と判断しなければなりません。あるいは、レンジ相場になると考えることもできます。

では、どうすれば下降トレンドが明確に終わったと判断できるのでしょうか。それは、下降トレンドの最後の高値である（A）を、ローソク足が10pips以上、上回ったときです。Aは102・000付近なので、102・100以上に

● 移動平均線を使ってエントリーを探る例（Buy Limit）

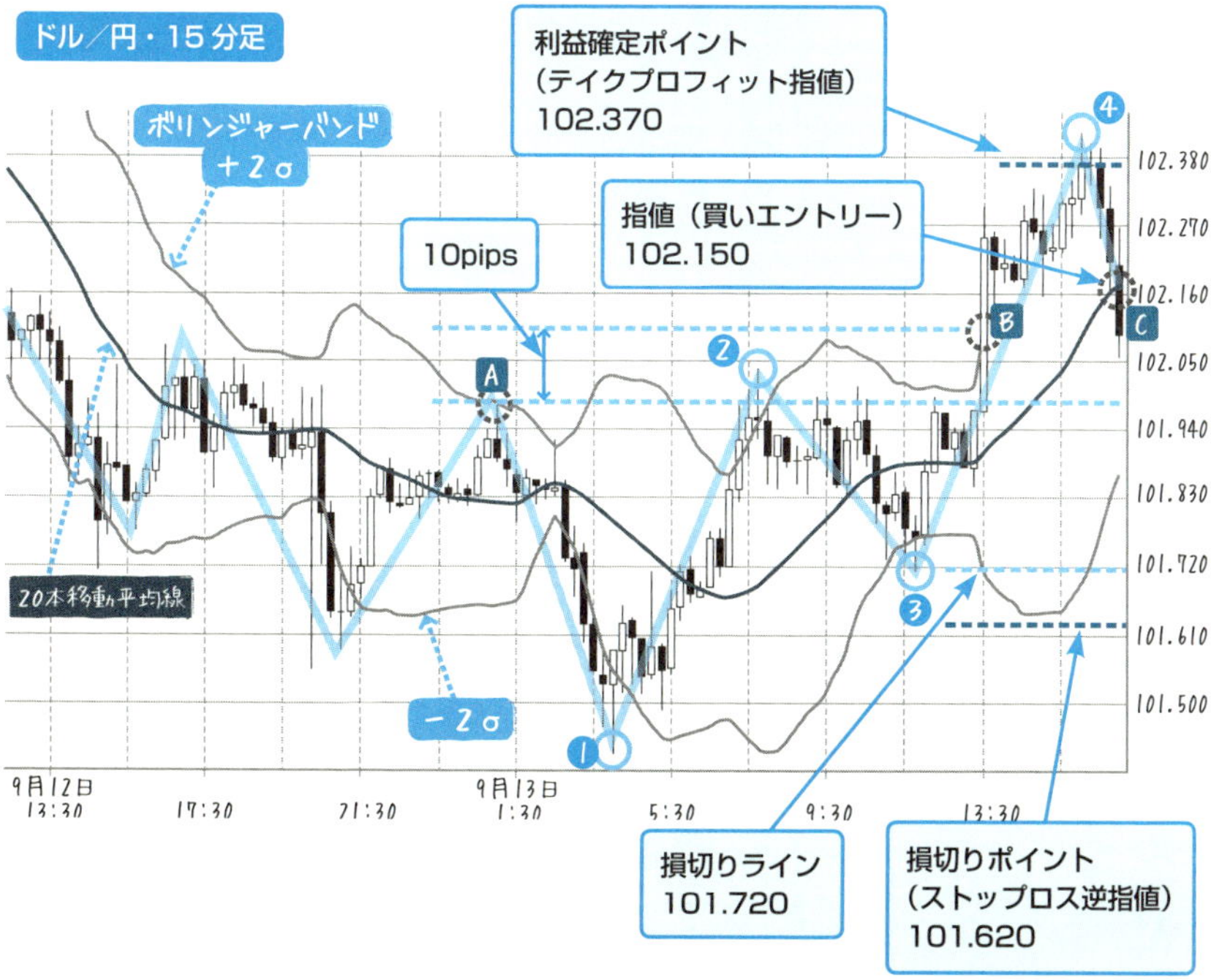

為替が動いたときにはじめて、「下降トレンドが終わりそう」と考えることができます。

このチャートでは（B）のところで、下降トレンドの最後の高値であるAを10pips以上、上回ったので、「上昇トレンドに転換した」と判断する条件をひとつクリアできたことになります。そして、次に4を高値とし、ダウ理論の4点が完成したことで、明確に「上昇トレンドに転換した」と判断できます。

移動平均線に触れたらエントリーできる!?

トレンドが判明したところで、エントリーの準備をします。移動平均線でエントリーする際のタイミングは次の2つです。

- **上昇トレンド形成中に価格が下落して、移動平均線に触れたらエントリー（＝押し目買い）**
- **下降トレンド形成中に価格が上昇して、移動平均線に触れたらエントリー（＝戻り売り）**

前頁のチャートでは、上昇トレンドが確定（4）したあと、価格は下落して移動平均線にタッチし、102・100付近に位置しているので（C）、すぐに「成行買い」をしてもかまわないということになります。

仮に現時点が、4の高値を示した直後の102・380付近にいるとしたら、どうでしょうか。ここからきっと移動平均線にタッチするだろうから「**102・150付近に指値買いの注文を入**

れよう」と考えることができます。そうすると、指値注文は次のように設定できます。

- **エントリー（Buy Limit）：102・150**
- **ストップロス：101・620**
- **テイクプロフィット：102・370**

直近安値（損切りライン）は101・720なので、損切りポイント（ストップロス）はその10pips下にある101・620に設定しました。直近高値（利益確定ライン）は102・420近辺ですが、安全策としてその少し手前で決済したいので、ローソク足の実体部分の上端である102・370に利益確定ポイント（テイクプロフィット）を設定しました。

エントリー注文・決済注文を決めたら、次は損益率の計算をする

利益幅は22・0pips、損失幅は53・0pipsなので、損益率は22・0pips÷53・0pips＝0・42となります。損益率が悪いので、ここは見送るか、もう少し価格が下がるまで待つ必要があります。

もし、価格が移動平均線を割り込んで102・100程度まで来たら（つまりこのチャートのような状況）、損益率は0・56なので、エントリーしてもいいと判断できるのです。

05 ボリンジャーバンドを使ってエントリーできるか判断する

1 ボリンジャーバンドを使ったエントリー方法

次にボリンジャーバンドを使ったエントリー方法についてお話しします。

「**ボリンジャーバンドを使う場合、移動平均線と比べて、エントリーする回数が少なくなってしまいます**」。その反面、損益率のいいタイミングでエントリーできることが多いので、「**利益率が高くなる**」メリットがあります。

ボリンジャーバンドを使ったエントリーのタイミングは次のとおりです。

- **上昇トレンド形成中に価格が下落して、〝−2σ〟に触れたらエントリー（＝押し目買い）**
- **下降トレンド形成中に価格が上昇して、〝＋2σ〟に触れたらエントリー（＝戻り売り）**

先ほどの「**移動平均線が、ボリンジャーバンドの"−2σ"、"＋2σ"に代わっただけ**」ですから、特に難しいことはありません。

ボリンジャーバンドに触れたらエントリーできる!?

では具体的に見ていきましょう。下図は、画像内には写っていませんが、チャートをさかのぼると、「**しばらく下降トレンドが続いているチャート**」です。とりあえず画面左のほうにある高値に❶の番号をつけました。

長く下落したあとに安値をつけ（❷）、いったん戻して高値をつけ（❸）、そしてまた下落して安値をつけたところで（❹）、下降トレンドは継続していると判断できました。

● ボリンジャーバンドを使ってエントリーを探る例（Sell Limit）

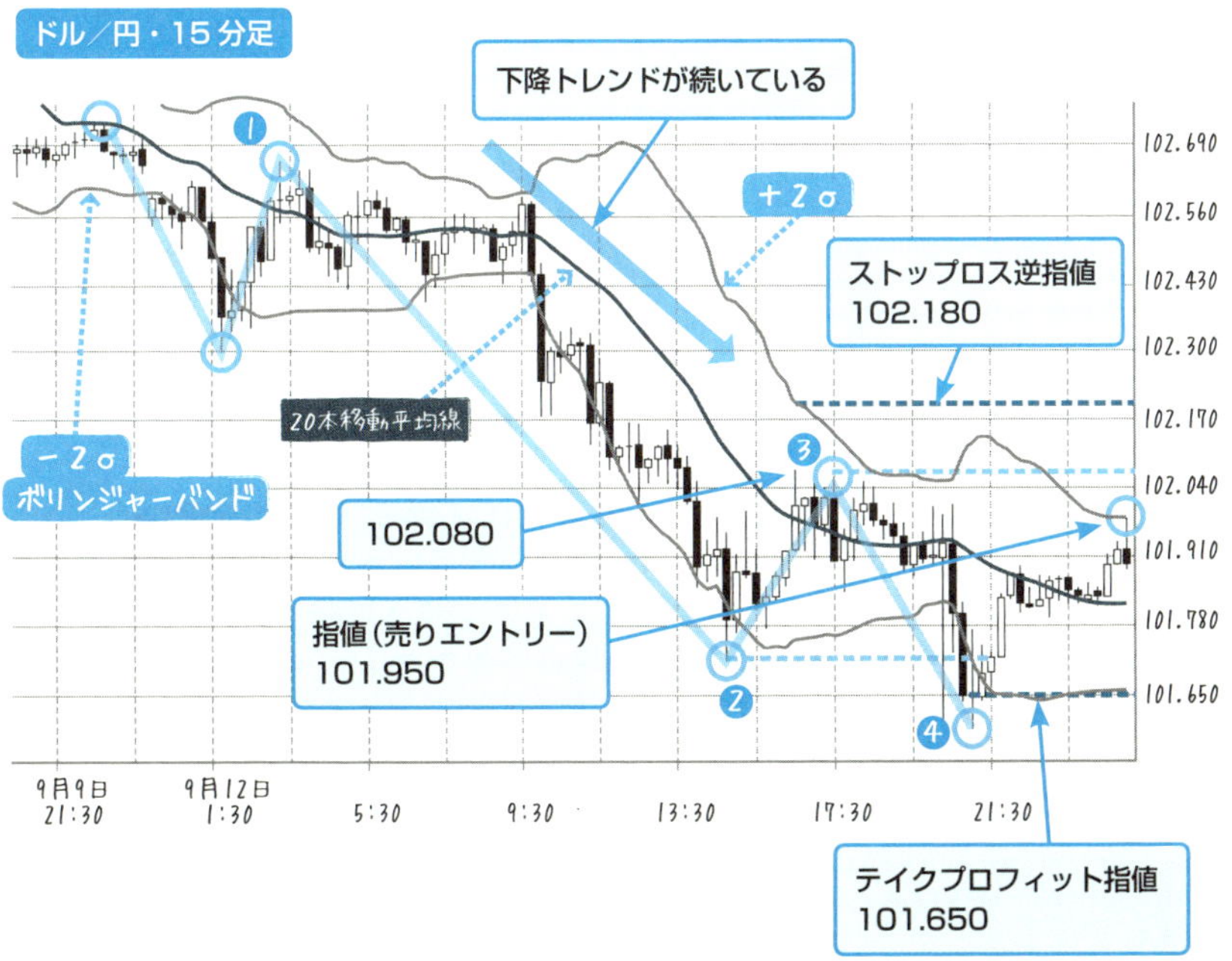

そのあと少し待っていると徐々に価格が上がってきて、ボリンジャーバンドの「＋2σ」にほぼタッチするところまで近づいてきました。成行で注文を入れてもいい状況ですが、あえて指値注文を設定することにしましょう。

- エントリー（Sell Limit）：101・950
- ストップロス：102・180
- テイクプロフィット：101・650

損益率が良好なら ロット数を決めて注文実行

直近の高値（損切りライン）が102・080なので（③）、損切りポイントはその10pips上にある102・180に設定します。利益確定ポイントは、直近安値近辺にあるローソク足の実体部分の下端にそろえて、101・650に設定します（④）。

次に損益率を計算します。このエントリーでは、利益幅は30・0pips、損失幅は23・0pipsなので、損益率は30・0÷23・

いざエントリーしようと思い、利益幅や損失幅を確認し、損益率を計算している間にも当然相場は動いています。最初のうちは焦ってしまうかもしれませんが、何度もやっていれば慣れてきます。もし相場が急に動き出してしまったら、エントリーしないで様子見すればいいだけのことです。まずは落ち着いてやれるようになりましょう。

0＝1・30となります。損益率がいいですね。エントリーしていいタイミングだとわかったところで、ロット数を決めましょう。

今回のエントリーで想定される損失幅は23pipsです。

「ロット数早見表 10万通貨単位」（79頁参照）では、23・0pipsに近い数字から、大きいほうの「25・0pips」の列を参照します。すると、最大損失額6000円の場合「0・24」とあるので、**「0・24ロットまで注文していい」**ということです。エントリー価格、決済価格、ロット数が決まったら、いよいよエントリー注文を実行します。

このトレードの結果は、下図のようになりました。101・950でエントリーしたあと、予想どおりに価格は下落し、まもなく利益確定ポイントに達しました。2・4万通貨×30pips＝7200円の利益をあげられたことになります。

● ボリンジャーバンドでエントリーしたトレードの結果

06 実際のエントリーポイントを見てみよう

1 良いトレード例

ここからはエントリーポイントの代表例をいくつか取りあげていきます。いろいろなエントリー例を見ることで、トレードの判断のしかたが身についていきます。

まずは「良いトレード例」からです。下図を見ると、❶〜❹の4点で上昇トレンドが確認できます。❺を押し目にまた上昇をはじめます。このとき、「**前回高値❷が❺のサポートライン**」になったと考えられます。

● エントリーポイントの良いトレード例（Buy Limit）

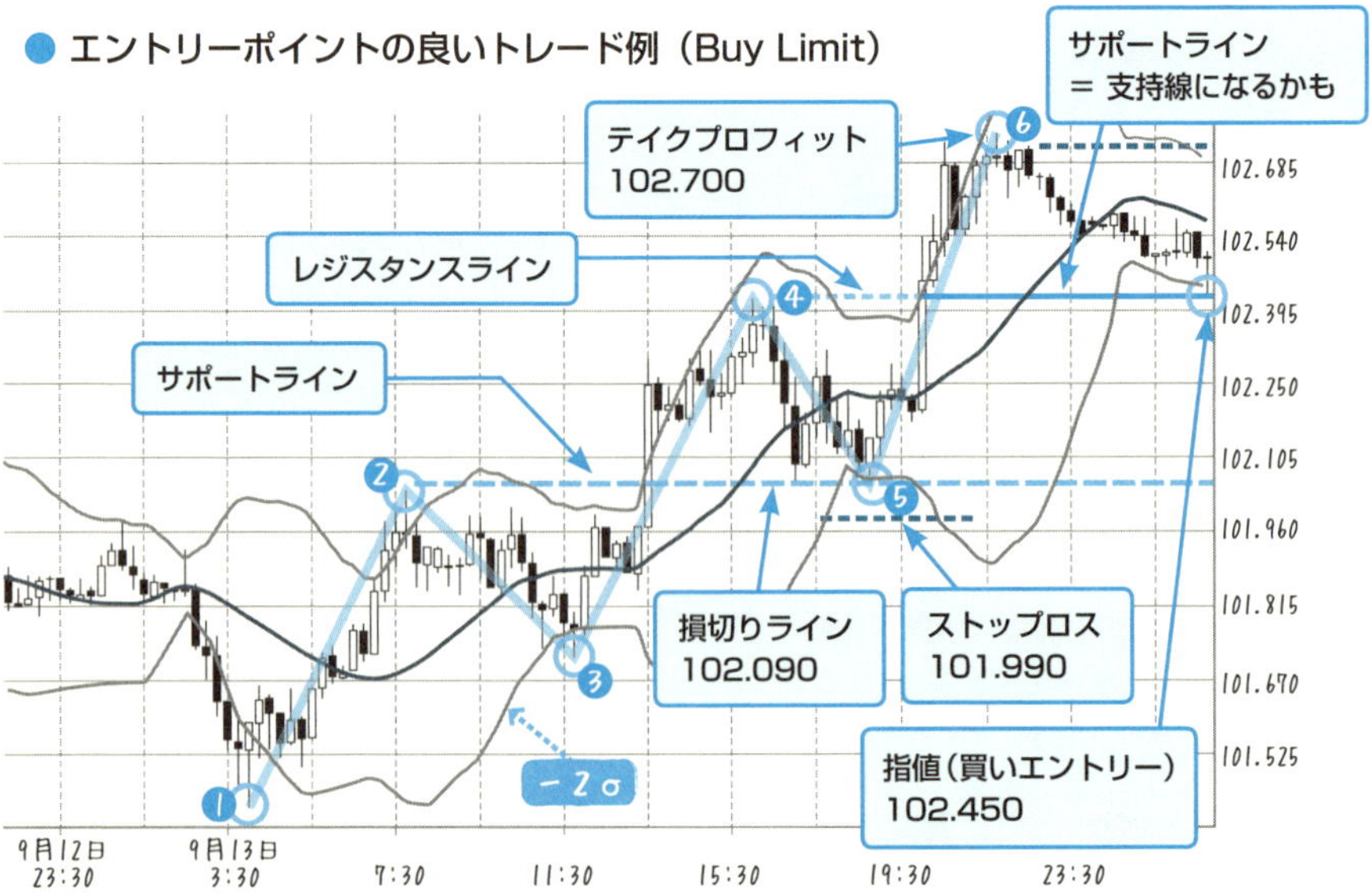

レジスタンスラインは突破されると、サポートラインに切り替わりやすいです。❻でいったん上昇が終わり、下落を開始します。102・450のあたりでボリンジャーバンドの「−2σ」にタッチしました。この場面では前回高値の❹がサポートラインになるかもしれません。「**“上昇トレンド中”と“レジスタンスライン”の2つの要因があるので、価格が上昇する確率は高い**」局面と判断できます。

- **エントリー（Buy Limit）：102・450**
- **ストップロス：101・990**
- **テイクプロフィット：102・700**

良いトレード例の結果検証

このようにエントリーした結果、想定どおりに利益確定をすることができました（下図）。

● 良いトレード例の結果を検証する

2 悪いトレード例

次は「悪いトレード例」です。

下図を見てみると、しばらく上昇トレンドが続いていましたが、⑥の高値をつけたあと、直近安値⑤（102・860付近）を割り込んだことで、上昇トレンドが終了しました。

その後、⑥〜⑨の4点を確認できたことで、下降トレンドに転換したと判断し、売りエントリーの準備に入ります。

チャート上にはボリンジャーバンドも表示しています。ここではボリンジャーバンドまで戻るのを見てもいいのですが、エントリーしやすい移動平均線でエントリーのタイミングを計ることにしました。

「**移動平均線にタッチするあたりをエントリーポイント**」にします。エントリーと決済の設定

● エントリーポイントの悪いトレード例（移動平均線でエントリー）

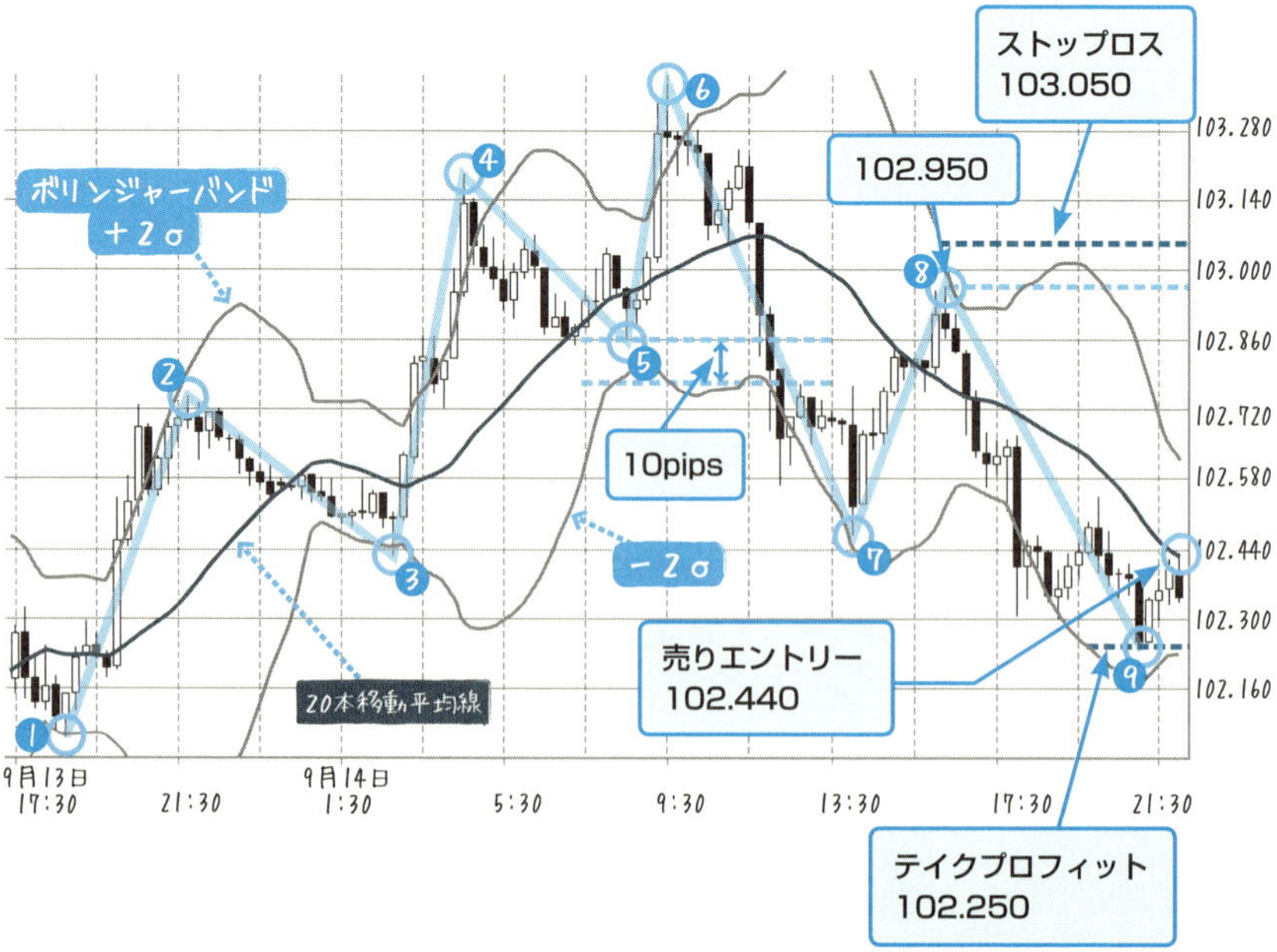

は次のようになります。

- エントリー（Sell Limit）：102・440
- ストップロス：103・050
- テイクプロフィット：102・250

損失幅61・0pipsに対し、利益幅は19・0pips。19・0pips÷61・0pips＝0・31という損益率になっています。損益率は0・50ほしいので、バランスの悪いエントリーとなってしまいました。

悪いトレード例の結果検証

損益率の悪いエントリーでしたが、結果的には利益確定となりました（下図）。ただしあくまでも結果論です。実際には、損益率の悪いところでは、絶対にエントリーするべきではありません。

● 悪いトレード例の結果を検証する

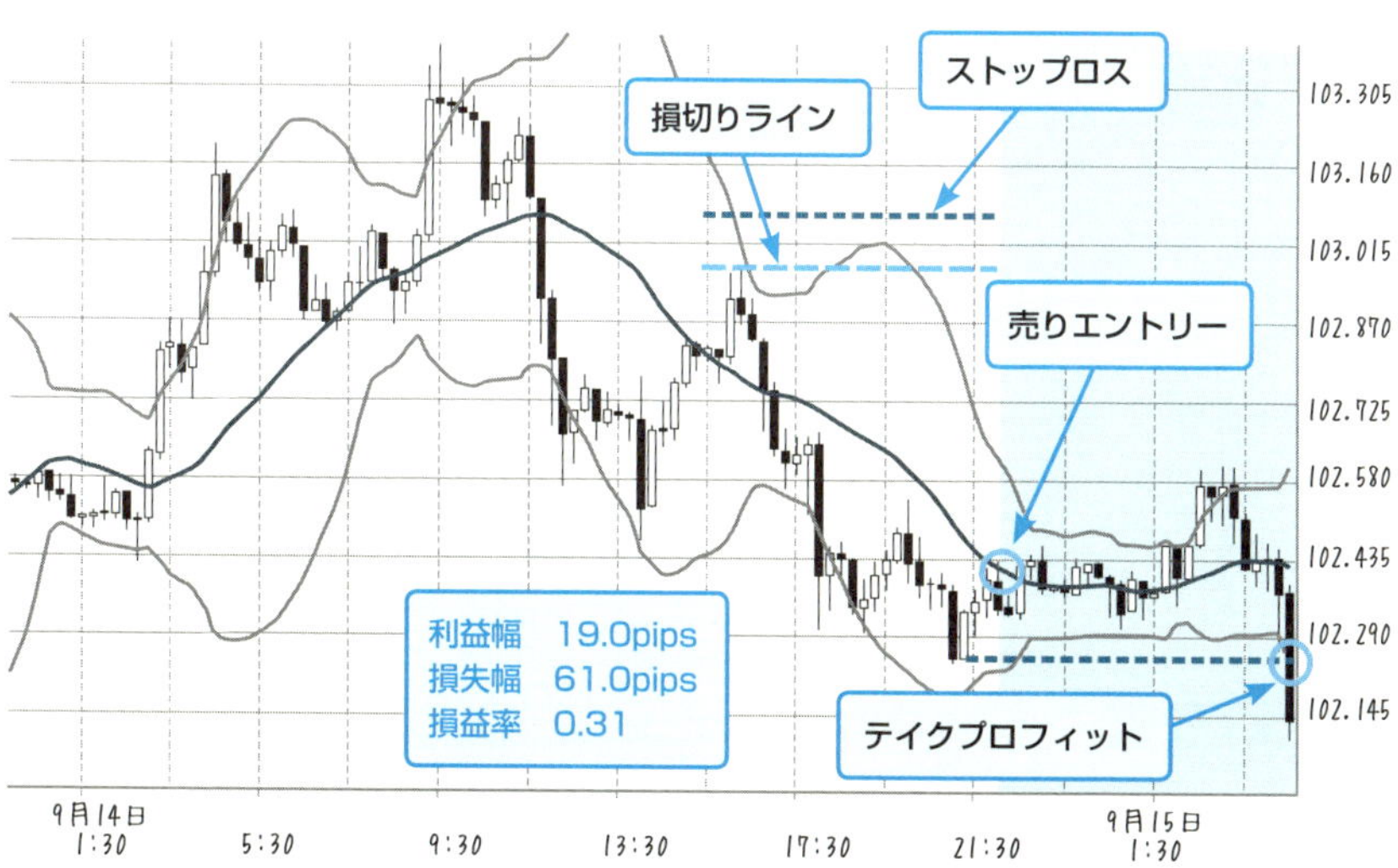

3 悪いトレード対処法

先ほどの「悪いトレード例」は、損益率が悪いのがその理由でしたが、これに対処するにはどうすればいいのでしょうか。

「移動平均線でタイミングを計る方法」と「ボリンジャーバンドでタイミングを計る方法」を比べたとき、エントリー回数が多くなるのは移動平均線ですが、損益率が高くなるのはボリンジャーバンドです。

そこで、損益率が悪いトレードであるなら、エントリーのタイミングを計る指標を移動平均線からボリンジャーバンドに変えてみましょう。

もちろん逆もまたしかりです。

● 移動平均線でタイミングを計ったときに損益率が悪いのなら、ボリンジャーバン

● 移動平均線がダメならボリンジャーバンドに変えてみる

ドでタイミングを計る方法に切り替えればいい

ローソク足がボリンジャーバンドに触れるまで引きつけて、下図の◯印のあたりでエントリーできれば損益率は最大となり、利益確定したときの利益額はより大きくなります。

「**ボリンジャーバンドまで引きつけるということは、〝下降トレンド局面において、価格が上昇するのを待つ〟ということ**」になります。

価格が上昇しても怖がらなくていい

価格が上昇している様子を見て、「下降トレンドが終わってしまうのではないか？」と不安になるかもしれませんが、怖がることはありません。「**ダウ理論では〝トレンドは転換するまで継続する〟のが原則**」です。トレンドが崩れていないかぎりは引き続き「**売りが正しい**」のです。

● 悪い例をボリンジャーバンドでエントリーして検証してみる

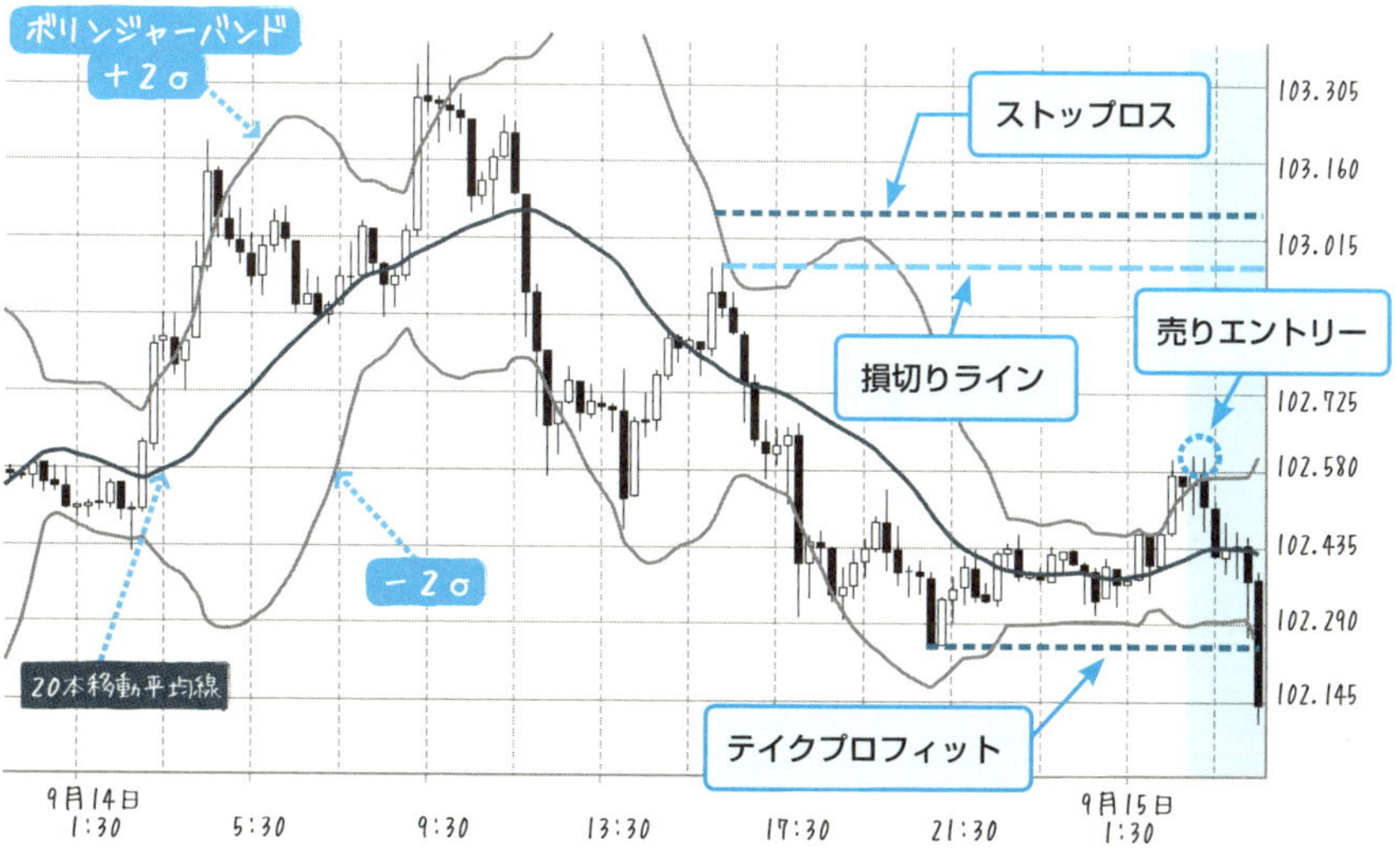

4 おいしいトレード例

次に、絶対に見逃したくない「おいしいトレード例」を見ていきましょう。

下図を見てみると、それまで上昇トレンドが続いていた相場ですが、❶の高値を起点に下落に転じ、前回安値の100・500（A）を10pips下回った（B）ことで「上昇トレンドは終了した」と判断しました。

さらに❹の安値をつけたところで、❶〜❹の4点が完成し、下降トレンドに転換したことが確認できました。

現在、❻の安値から切り返して価格が上昇し、ボリンジャーバンドに触れようとしています（C）。ここで、エントリーと決済の注文を入れることにします。

● おいしいトレード例をボリンジャーバンドでエントリーして検証してみる

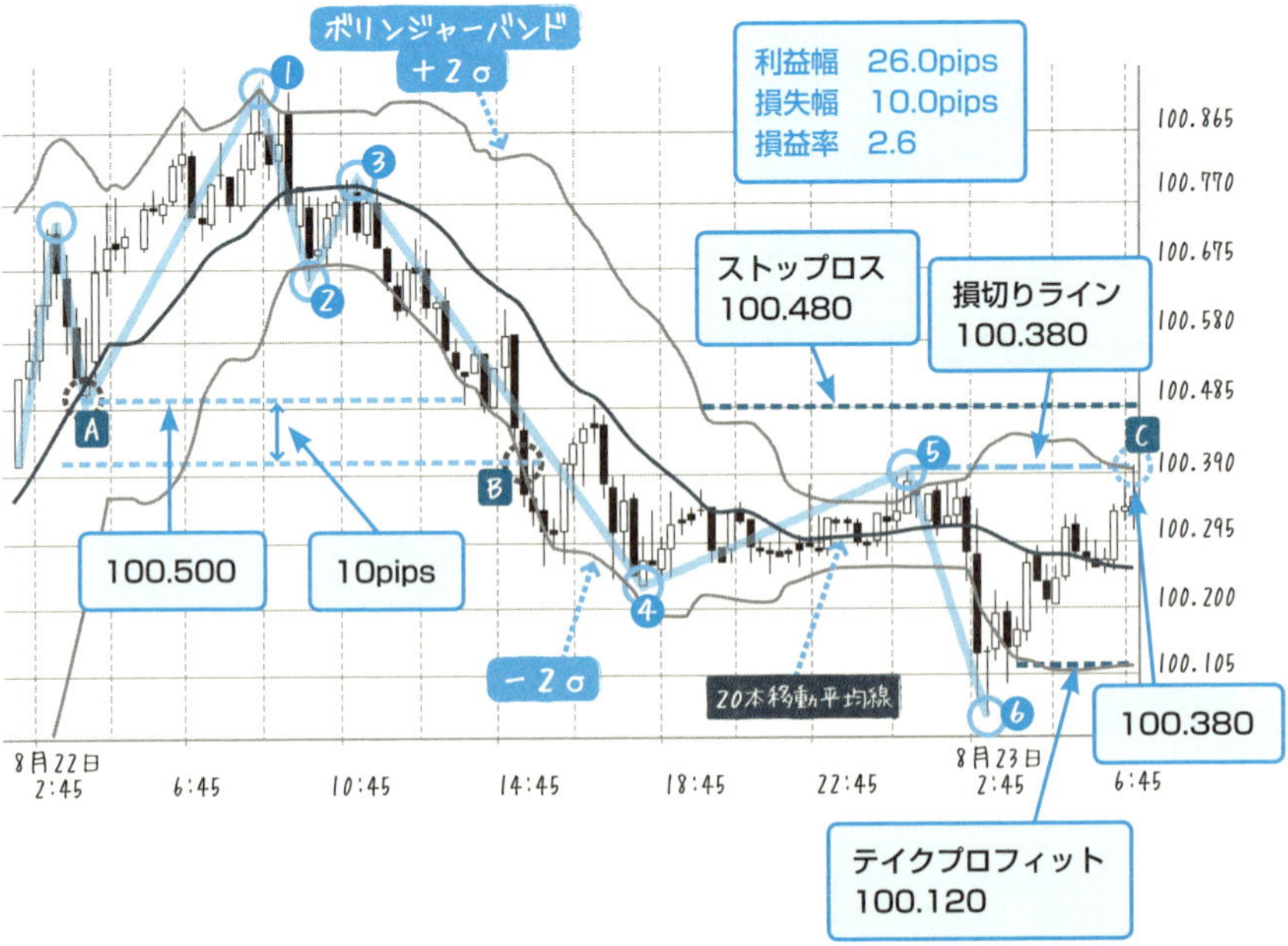

- **エントリー（Sell Limit）：100・380**
- **ストップロス：100・480**
- **テイクプロフィット：100・120**

利益幅が26・0pipsあるのに対して、損失幅が10・0pips。損益率は26・0÷10・0＝2・6となり、バランスは非常に良好です。損失幅が少ないのでロット数も多く設定できます。

実は、このトレードは損益率がいいだけではありません。損切りポイント（ストップロス）に設定した100・480は、前回上昇トレンドで設定した損切りライン（A）と同水準にあります。このAがサポートラインとなって、価格の上昇を抑えてくれる可能性があります。

「**損益率がいい**」ということに加えて、「**エントリーポイントとサポートラインがほぼ同水準にある**」というのも、非常に安心して取り組めるわかりやすいトレードといえます。このように、複数の観点から「おいしいトレード」といえるトレードを見逃さないように、しっかり覚えておいてください。

トレードの結果は 次頁下図のようになり、無事に利益確定できました。

おいしいトレードを移動平均線でエントリーしてみる

ところで、もしボリンジャーバンドではなく、移動平均線でタイミングを計っていたらどうなったでしょうか？ 次頁下図を見てみると、移動平均線にタッチした100・270付近でエントリーしていたら、利益幅15・0pipsに対して損失幅は21・0pips、損益率は15・0÷21・0＝0・71。

トレードしてはいけない水準ではありませんが、特別いい状況でもありません。やはり「**移動平均線よりもボリンジャーバンドまで引きつけたほうが利益率は高くなる**」ということがわかります。

5 手を出してはいけないトレード例

最後に「手を出してはいけないトレード」を見ていきましょう。

次頁下図を見てみると、下降トレンドが続いています。❺の高値をすぎたあと大幅に下落し、❻の安値をつけたあたりから移動平均線に触れるのを待って「**戻り売り**」をねらってみます。

● おいしいトレード例を移動平均線でエントリーして検証してみる

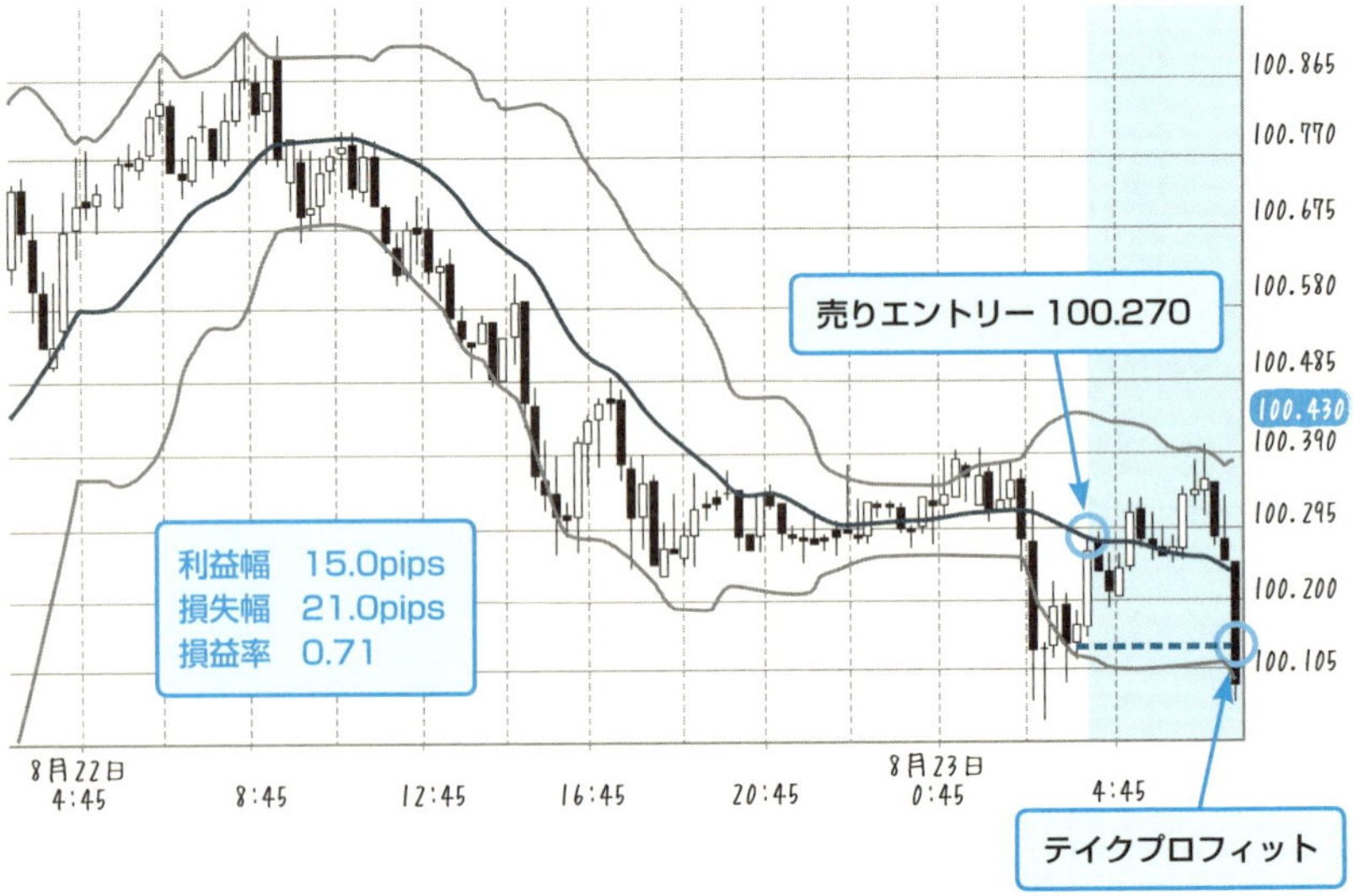

- **エントリー（Sell Limit）：102・150**
- **ストップロス：103・500**
- **テイクプロフィット：102・060**

もうおわかりになりましたか？　損益率が非常に悪いのです。利益幅が9・0pipsに対して、損失幅は135・0pips、損益率は9・0÷135・0＝0・07となっています。これは手を出すべきではありません。

実は、損益率が悪いだけではありません。チャート中央より少し右に、大陰線のローソク足を伴って相場が下落しています。「**これほどまでの大陰線ができるということは〝ショック相場〟**」です。138頁で相場には4種類あるとお話ししましたが、その中の「ショック相場」のときは絶対にトレードしてはいけません。

結果を見てみましょう（次頁下図）。利益確定できましたが、あくまでも結果論です。大きく

● 手を出してはいけないトレード例

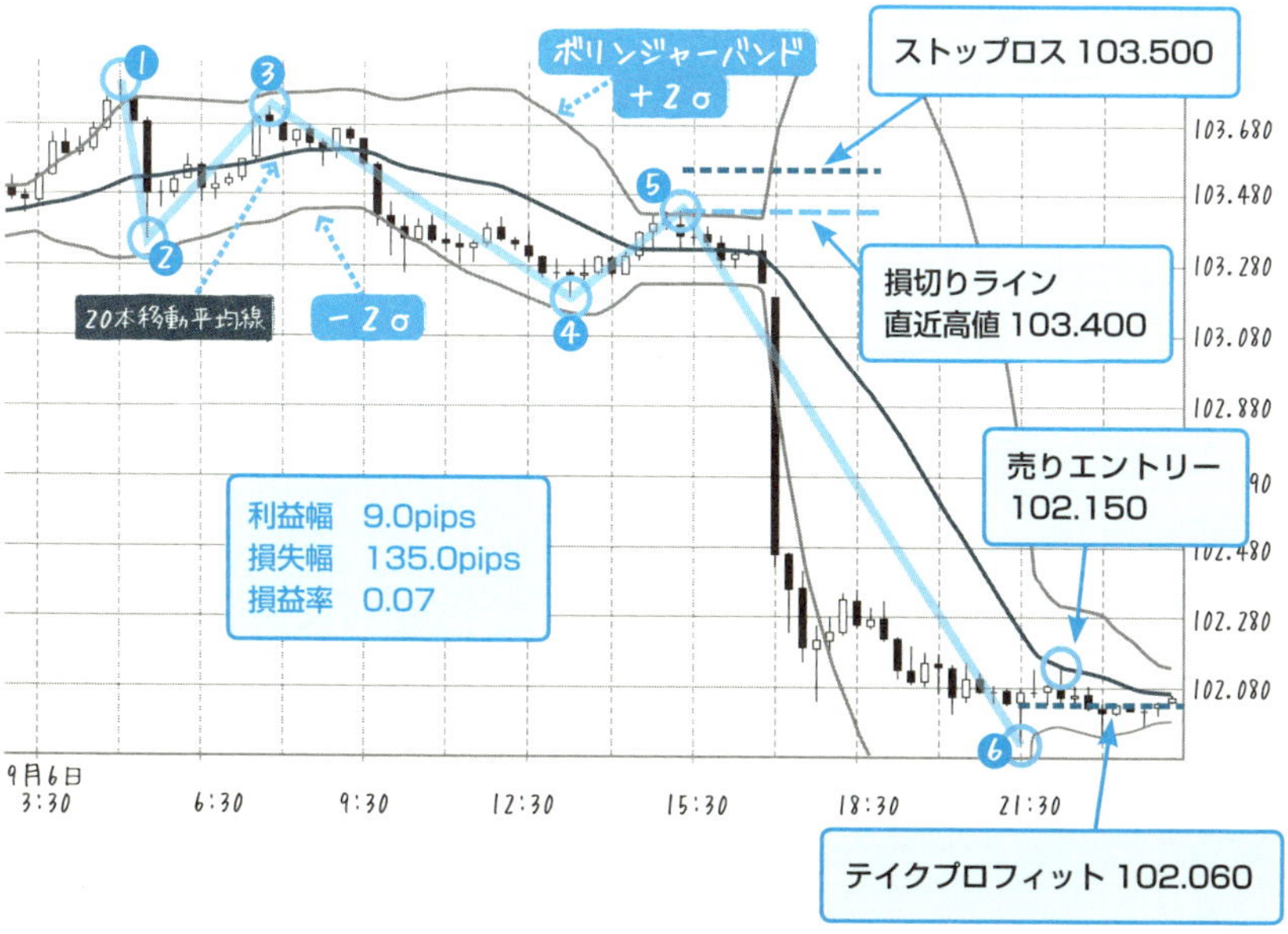

下がったあとですから、反動で急上昇して損切りになった可能性も否定できません。

実際にこのとき何が起こっていたかというと、米国の**「ＩＳＭ非製造業景況指数」**の発表がありました。普段は相場に大きな影響を与えるような指数ではありません。しかし、当時は米ドルの利上げ期待が高まり、雇用統計などの主要指標はすべて良い結果が出ていたので、「ＩＳＭ非製造業景況指数」のネガティブな数値がドル／円の上昇に冷や水を浴びせるかたちとなり、リスク回避のドル売りが膨らみました。このようなときは、やはり**「しばらく様子見が正解」**です。

「**15分足で見て、1本で20pips以上の大きな動きがあるようなら、ショック相場**」の可能性があると判断して様子見するようにしましょう。

● 手を出してはいけないトレード例の結果を検証する

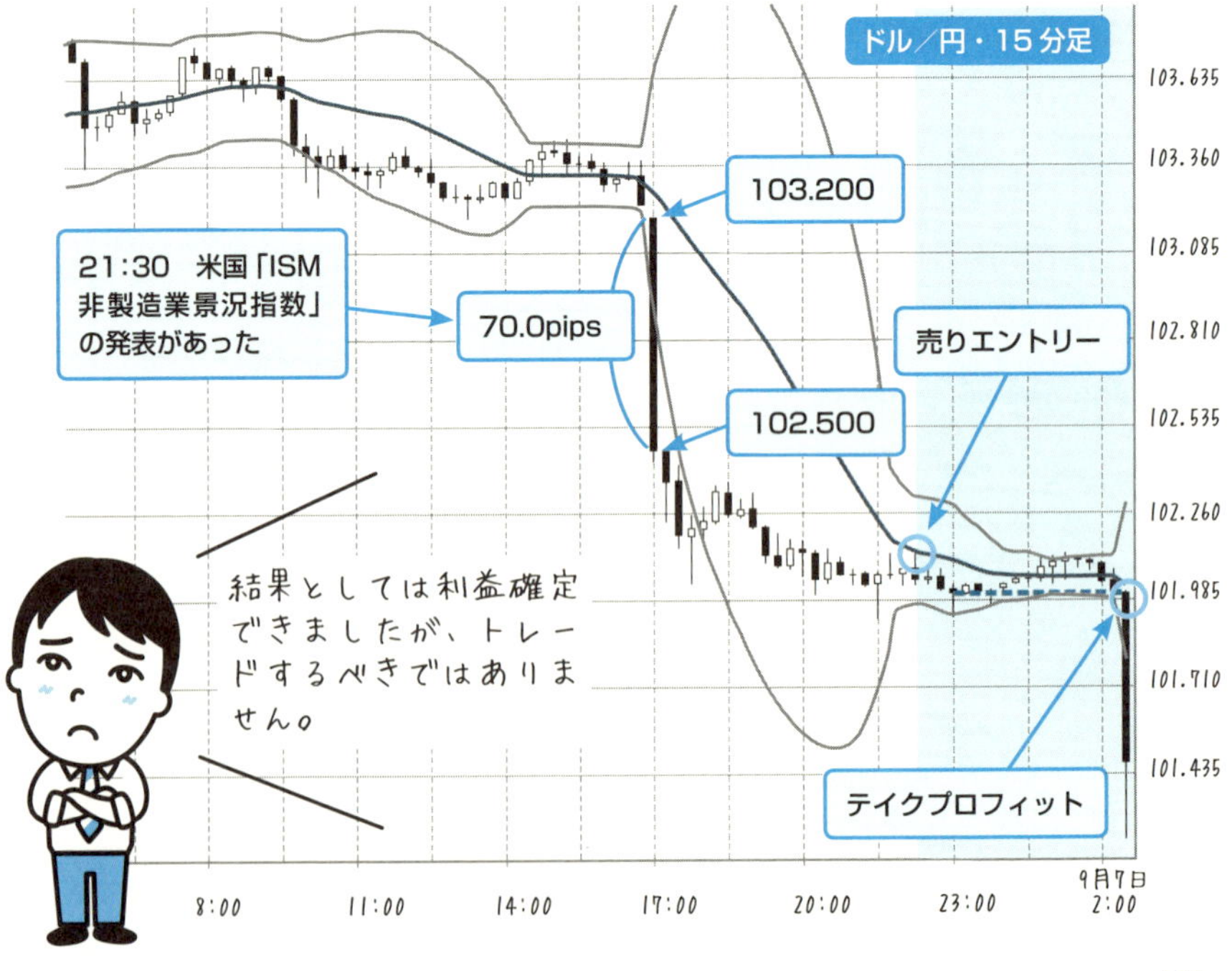

5時限目

勝てるエントリーのための練習チャート10選

ついエントリーしたくなりますが、エントリーしていい条件がそろわなければ、エントリーしてはいけないんです。

01 高値・安値をちゃんと見つけられるようにする①

1 高値・安値は、移動平均線を超えるまで待てるようになろう

次頁下図を見てみると、❶〜❻まで上昇トレンドが続いています。❹の手前にあるAを高値の❹、Bを安値の❺と勘違いしてしまいがちですが、4時限目でお話ししたように、**「高値か安値といえるのは、移動平均線を超えて（またいで）から」**です。

この場合、AからBまでの間にローソク足が移動平均線をまたいでいないので、Aが高値、Bが安値とはなりません。その後、❹から❺の間で移動平均線をまたいだので、❹が高値となります。

では、Cはどうでしょうか。❺からCまでの間に移動平均線をまたいでいるので、Cは上昇トレンドの❻のように思えますが、これも間違いです。

なぜかというと、直近高値❹とCの間は10ｐｉｐｓ以上離れていないからです。**「前回の高値から10ｐｉｐｓ以上の値幅を伴って上昇している」**が上昇トレンドの判断基準です。前回の高値近

辺にはレジスタンスラインがあり、そこから「**10pips程度の幅はノイズ幅**」です。ノイズ幅を抜けないかぎりは、上昇トレンドとはいえません。このようなポイントは「**高値もどき**」「**安値もどき**」と考えてください。

エントリー戦略としては、本当の高値である⑥をつけたあと下落に転じて、移動平均線まで下がったところでエントリーするのが妥当です。

- **エントリー（Buy Limit）：103・910**
- **ストップロス：103・234**
- **テイクプロフィット：104・060**

以上のような注文内容にすると、利益幅は15・0pipsに対し、損失幅は67・6pips。損益率は15・0÷67・6＝0・22。目安である0・50を大幅に下回っているので、エントリーは見送りと判断します。

● 高値・安値を見つける練習例 ①

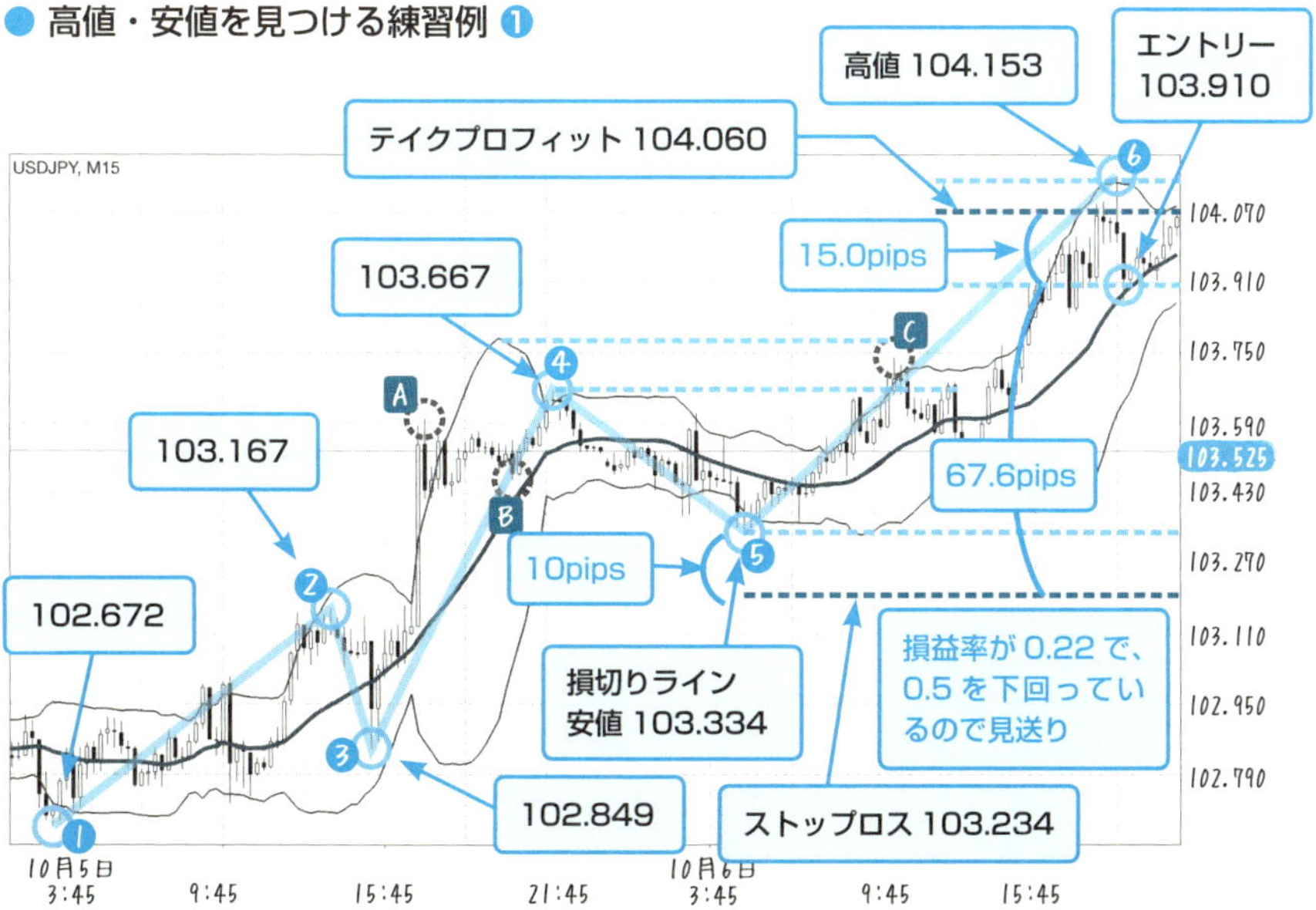

02 高値・安値をちゃんと見つけられるようにする❷

1 高値もどき・安値もどきにダマされないようになろう

次頁下図を見てみると、少し前から上昇トレンドを続けているのがわかります。ひとまず、チャートの左端にある❶から、上昇トレンドの確定ポイントを数えてみましょう。

❶～❸を経て、Ａ（１０１・６０４）で４点目となる高値となったように見えますが、これは「**高値もどき**」です。❷の１０１・４４５からは10ｐｉｐｓ以上の値幅を伴って上昇しているのに、なぜでしょうか。問題は次の安値にあります。

仮にＡを４点目の高値とすると、Ｂが５点目の安値となります。しかしＢ（１０１・３０６）は、直近安値の❸（１０１・３５０）から10ｐｉｐｓ以上の値幅を伴って上昇していません。それどころか少し下落しています。そのため❸は、上昇トレンドの過程にある安値とはいえない「**安値もどき**」になるのです。

❸が安値でないなら、❷が高値とはいえなくなります。そこでⒷのあとは❷、❸をスルーして、次の高値を探すことになります。すると、❹（102・392）に行き着きます。

エントリー戦略としては、❹の高値をつけて上昇トレンドを確認したあと、移動平均線まで下がったところでエントリーするのが妥当です。

- **エントリー（Buy Limit）：102・107**
- **ストップロス：101・206**
- **テイクプロフィット：102・369**

以上のような注文内容にすると、利益幅は26・2pips、損失幅は90・1pips、損益率は26・2÷90・1＝0・29。目安である0・50を大幅に下回っているので、エントリーは見送りと判断します。

● 高値・安値を見つける練習例❷

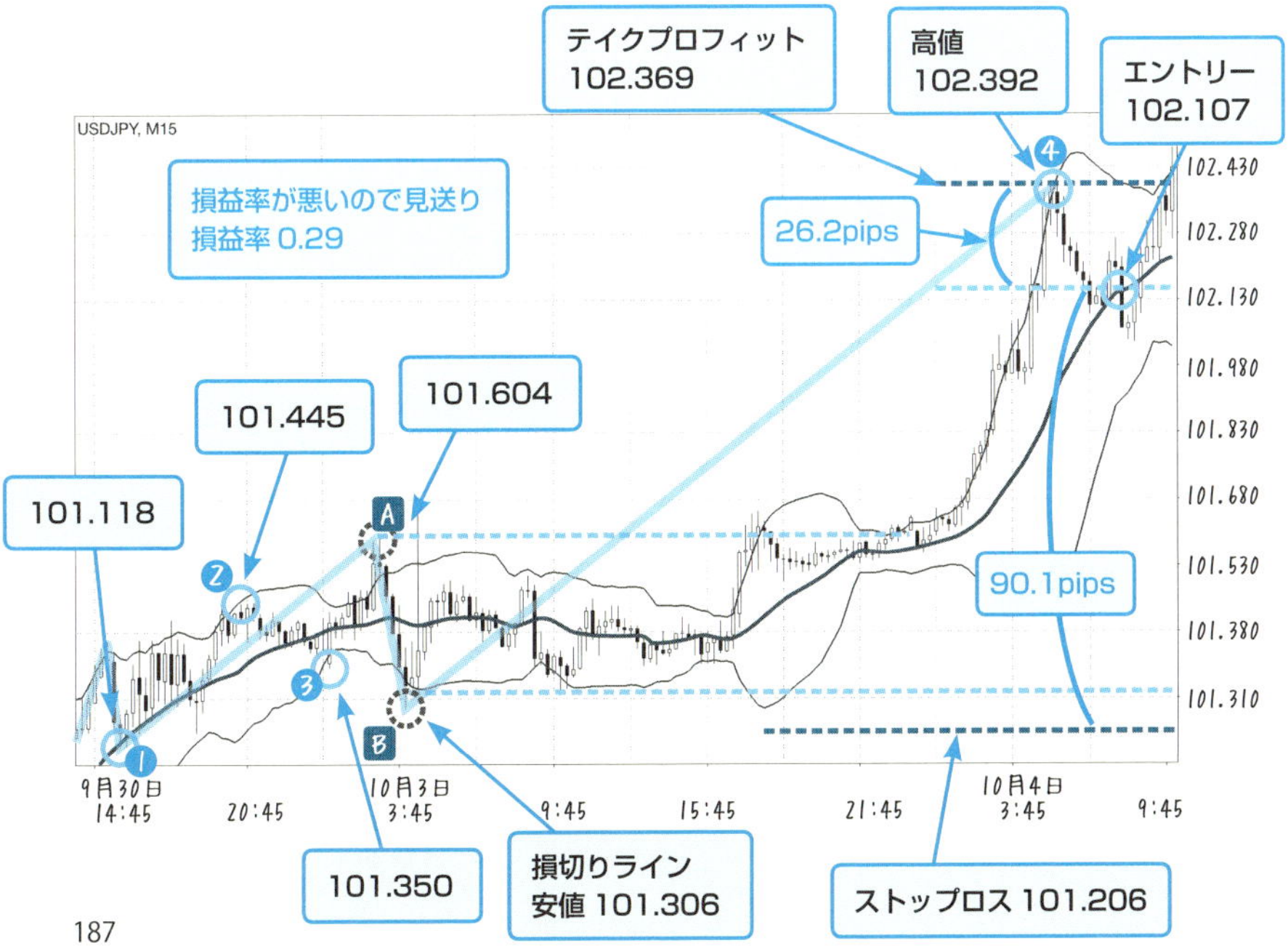

03 「シナリオどおりに損切り」だから勝ちトレード

1 注文段階で損切りを設定できるようになろう

次はトレンドが少々わかりづらい例です。

次頁下図を見てみると、❶（102・786）のあと、A（100・542）↓B（100・954）↓❷（100・353）↓❸（100・954）の順に高値・安値をつけてトレンドが続いているかのように見えますが、実際には違います。

なぜならば、Bは移動平均線をまたいでいないので、❸が高値であると考えます。

すると、Aの「**安値もどき**」、Bの「**高値もどき**」はスルーし、高値❶と高値❸の間の最も安いところ、❷のポイントが安値になるわけです。

このように❶〜❹の4点を確認したところで下降トレンドだと判断できました。

エントリー戦略としては、移動平均線でエントリーすると損益率が悪そうなので、ボリンジャーバンドまで戻ってきたところでエントリーするのが妥当です。

- **エントリー（Sell Limit）：100・519**
- **ストップロス：101・054**
- **テイクプロフィット：100・092**

以上のような注文内容にすると、利益幅が42・7pipsに対して、損失幅は53・5pips。損益率は42・7÷53・5＝0・80。

この結果、画面の右端付近でストップロス注文に引っかかって損切りとなりました。

このような損切りはまったく悔しくありません。「**自分の立てたシナリオどおりにやって損切りとなったなら、むしろ勝ちトレード**」と考えてください。

シナリオどおりに損切りする例

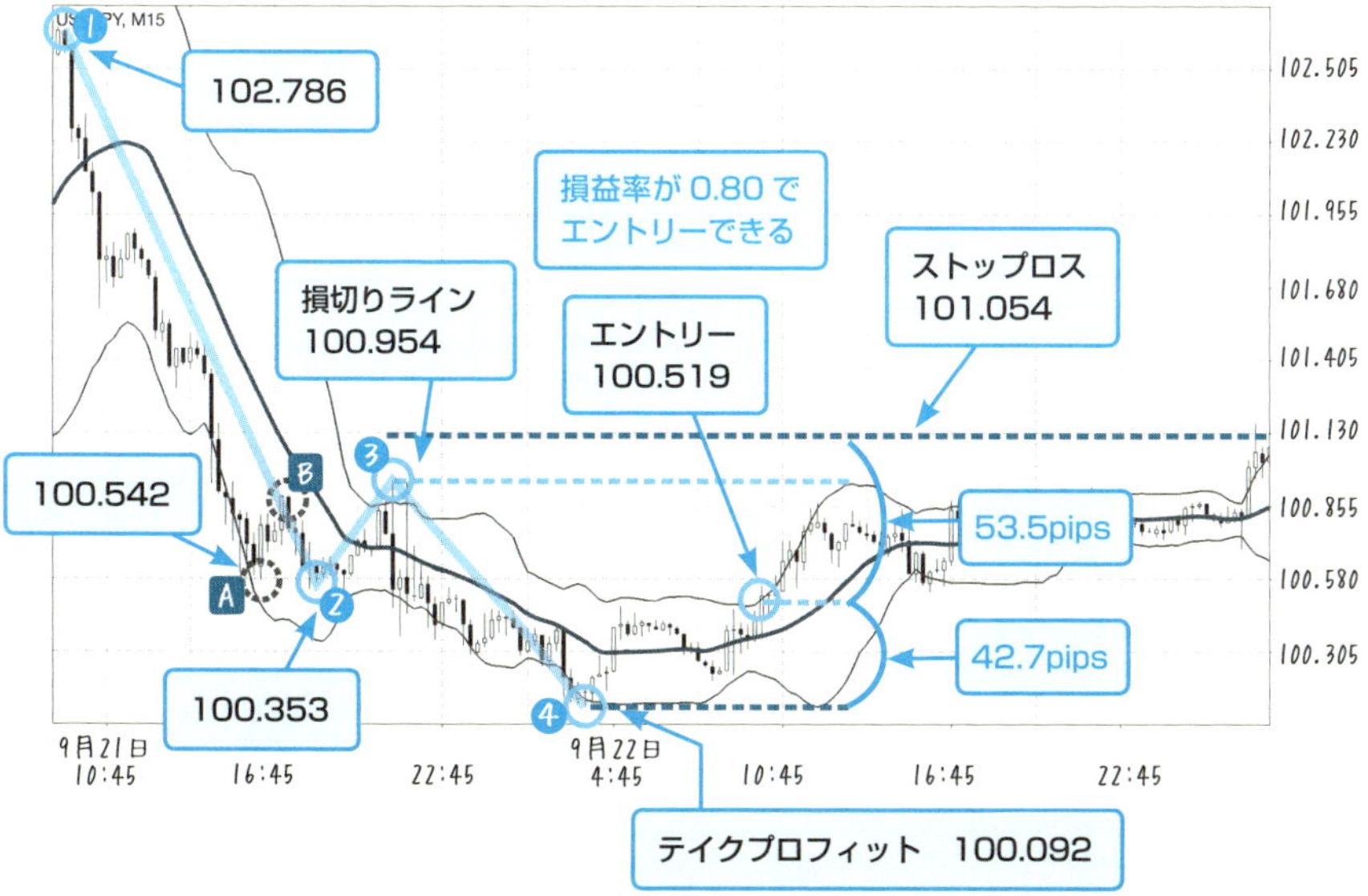

04 損益率ギリギリでも、0・50を超えていればエントリーする

1 損益率ギリギリでもエントリーできるようになろう

今回は利益確定できたケースです。

次頁下図を見てみると、❶から下降トレンドがはじまっているように見えるチャートです。❶の次に、ちゃんと移動平均線をまたいで、Aで安値、Bで高値をつけているかのように見えますが、これらは「**安値もどき**」「**高値もどき**」です。理由は、❶とBが10pips以内の幅に収まってしまっているからです。実際にはAとBはスルーして❷が安値となります。また❸の高値を経て、次の安値をCとするか❹とするかは迷うところですが、Cの安値のあと、移動平均線を上回っていないので、❹が本当の安値となります。

さて❶〜❹の4点が完成し、下降トレンドを確認できたところでエントリーの準備に入ります。

今回はボリンジャーバンドを基準にしましょう。

- エントリー（Sell Limit）：101・839
- ストップロス：102・255
- テイクプロフィット：101・600

以上のような注文内容にすると、利益幅は23・9pipsに対して、損失幅は41・6pips。損益率は23・9÷41・6＝0・57となり、ギリギリ基準をクリアしているので、エントリーできます。

エントリー後、価格が少し上昇して含み損が出ましたが、その後は予想どおりに下落して利益確定ができました。

ただし、利益確定できたといっても、損益率がいいトレードではありませんでした。もう少し我慢して、102・000付近までの戻りを待ってからエントリーしていれば損益率が改善され、より良いトレードになりました。

● 損益率ギリギリの例

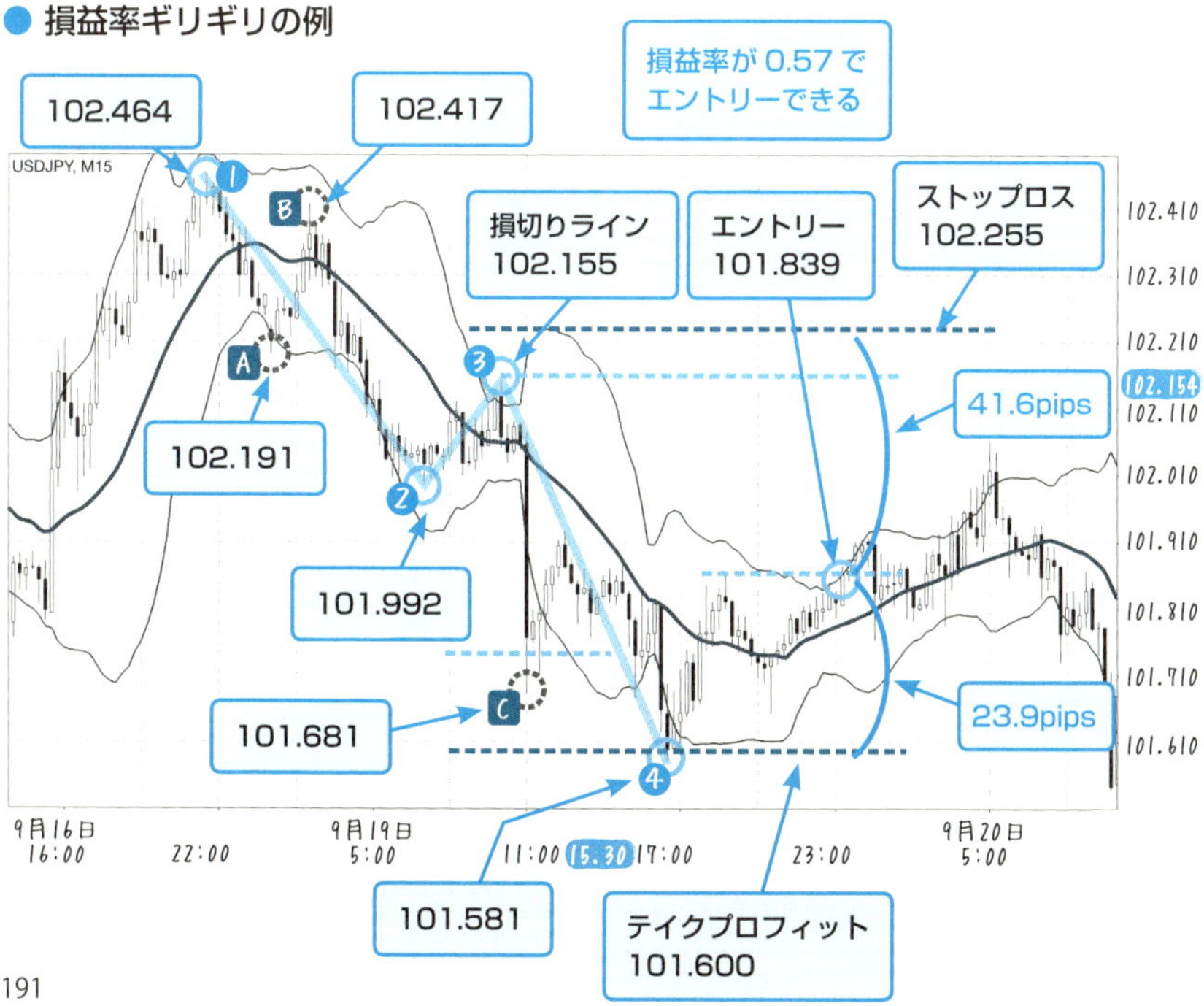
102.464
102.417
損益率が 0.57 で
エントリーできる
USDJPY, M15
損切りライン
102.155
エントリー
101.839
ストップロス
102.255
102.191
41.6pips
101.992
101.681
23.9pips
101.581
テイクプロフィット
101.600
102.410
102.310
102.210
102.154
102.110
102.010
101.910
101.810
101.710
101.610
9月16日
16:00
22:00
9月19日
5:00
11:00
15:30
17:00
23:00
9月20日
5:00

05 損益率のいい理想のトレード

1 ボリンジャーバンドでも移動平均線でもエントリーできるようになろう

次も利益確定できたケースです。

次頁下図を見てみると、❶～❻を確認して下降トレンドが続いていると判断できました。

エントリー戦略としては、安値である❻をつけたあと上昇に転じたのを確認したのち、ボリンジャーバンドまで引きつけて売りでエントリーするのが妥当です。

このチャートの形だけでもいいので、とにかく覚えておいてください。
バランスのいい勝ちパターンです！

- エントリー（Sell Limit）：102・431
- ストップロス：102・712
- テイクプロフィット：102・000

以上のような注文内容にすると、利益幅が43・1pipsであるのに対し、損失幅は28・1pipsとなります。損益率は43・1÷28・1＝1・53と良好なので、エントリーできます。

エントリー後、価格が少し上昇して含み損が出ましたが、その後は予想どおりに下落して利益確定ができました。このトレードは非常にわかりやすく、勝ちやすいトレードだったといえます。**「このようなチャートが現れたら、見逃さずにトレード」**しましょう。

この例ではボリンジャーバンドでエントリーしましたが、移動平均線で見て早めにエントリーしたとしても、利益確定はできたことになります。

● 損益率が優れた理想的なトレード例

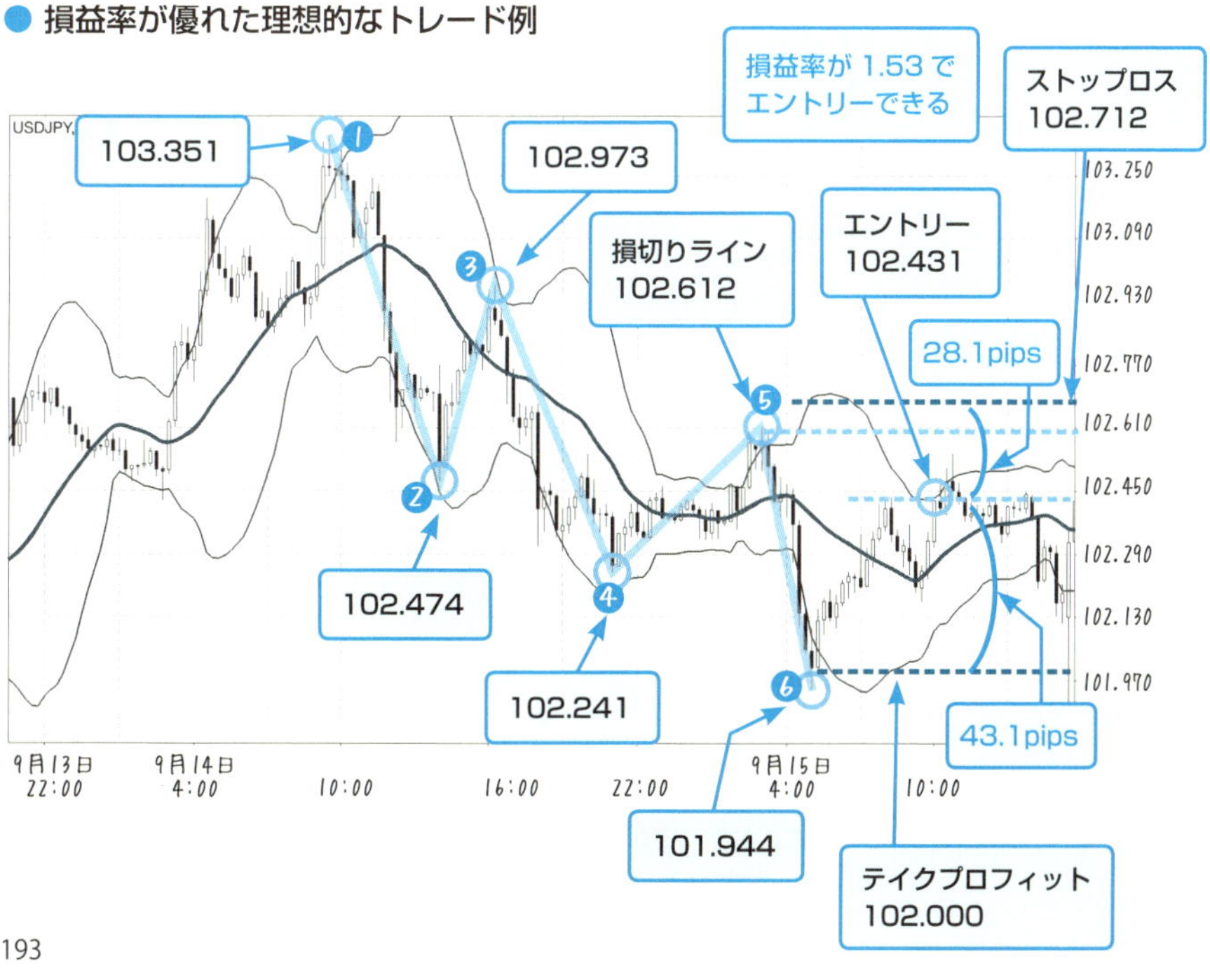

06 ルールにのっとって見送ったのなら それは正しいトレード

1 ルールにのっとった正しい見送り方ができるようになろう

初心者の人は、チャートを見ればエントリーしたくなってしまうものです。でも、エントリーしてはいけないタイミングがあります。そんなときは、しっかり根拠を持って見送れるようになりましょう。次頁下図を見てみると、❶〜❹までの4点が確認できたことで、下降トレンドと判断したチャートです。非常にわかりやすい下降トレンドのチャートですね。ボリンジャーバンドまで引きつけてからエントリーすることにしました（A）。

- エントリー（Sell Limit）：102・463
- ストップロス：103・073
- テイクプロフィット：102・260

以上のような注文内容にすると、利益幅が20・3pipsであるのに対して、損失幅は61・0pipsとなります。損益率は20・3÷61・0＝0・33で、バランスが悪いので見送りとしました。

エントリー後のチャートの推移を見てもわかるとおり、仮にエントリーしていたら利益確定できていたことになります。でも、そんなことはまったく気にする必要はありません。「**悔しいなどと思ってもいけません**」。あくまでも、自分のルールに基づいたトレードをすることが大切です。

「**損益率が悪いときは、ルールをねじ曲げてまでエントリーすることは絶対にしてはいけない**」のです。相場は明日も明後日も開いています。チャンスはいくらでもあるのです。

● 損益率が悪いので見送ったトレード例

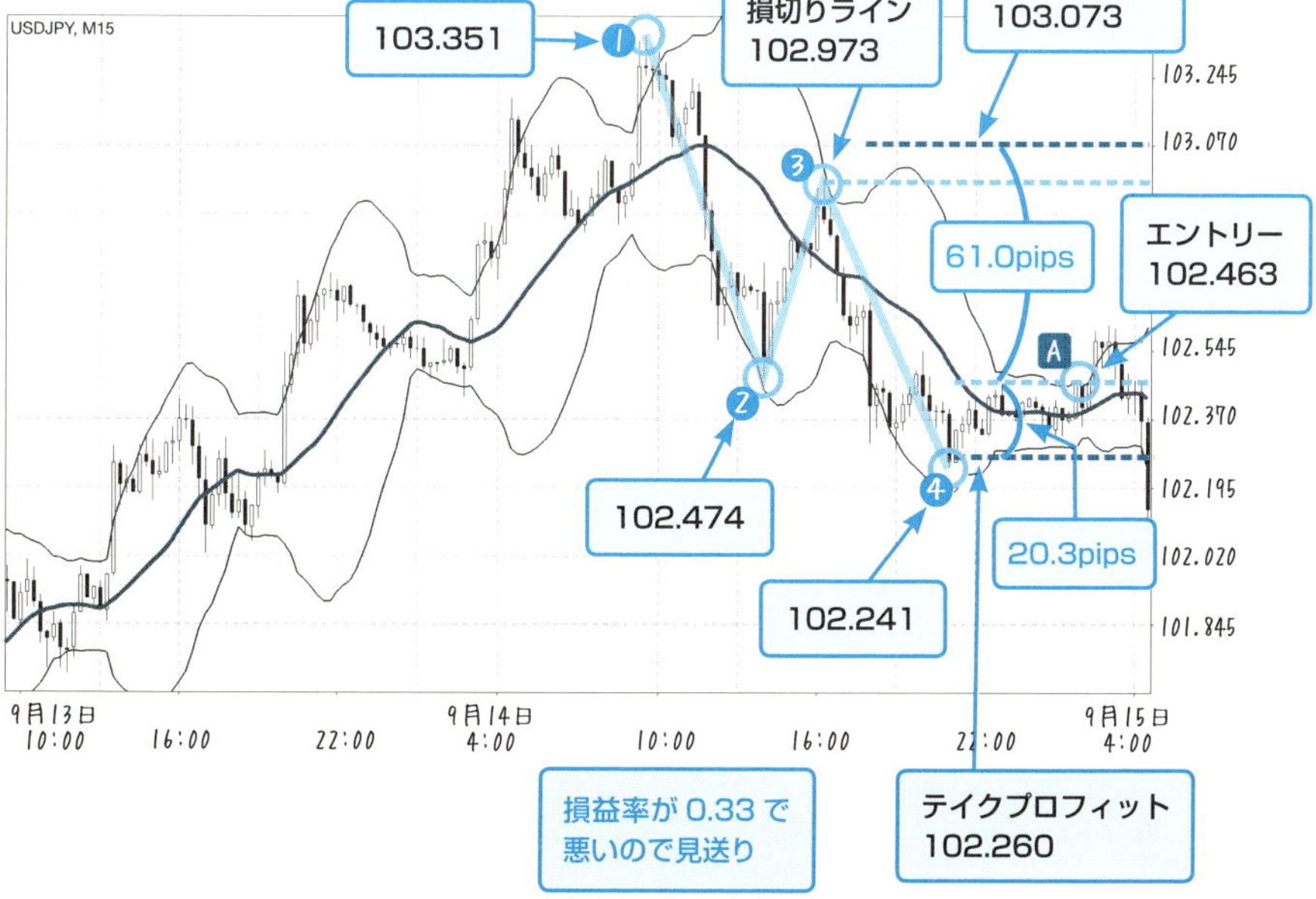

07 トレンドが続くかぎり、エントリーと利益確定を繰り返す

1 トレンドが続いているかぎり何度もエントリーできるようになろう

今回はユーロ／円をトレードします。

次頁下図を見てみると、画面には表示されていませんが、だいぶ下から上昇トレンドが続いているチャートです。❶の安値から番号を振っています。❽の高値まで来て、価格はいったん下がり、すでにローソク足が移動平均線（MA）を下回っている状況です。

ボリンジャーバンドまであと少しのところですが、この時点でエントリーしても損益バランスは良好なので問題ありません。あえてボリンジャーバンドまで待たなくてもエントリーすることができます。もちろん、損益バランスがよくない場合はエントリーを見送り、ボリンジャーバンドまでチャートが動いた時点で再度損益バランスを計算し、問題なければエントリーすることにします。

- エントリー（Buy Limit）：115・368
- ストップロス：115・143
- テイクプロフィット：115・618

以上のような注文内容にすると、利益幅は25・0pips、損失幅は22・5pips、損益率は25・0÷22・5＝1・11となります。損益率はかなりいいのでエントリーしました。

長く続いた上昇トレンドのときは、そろそろトレンドが終わって反転してしまうかもしれないと不安になるかもしれませんが、トレンド転換のサインが出るまで恐れずにエントリーして、利益確定できたらまた次のチャンスをねらいながら、何度もエントリーしましょう。

● 何度も何度もエントリーできるトレード例

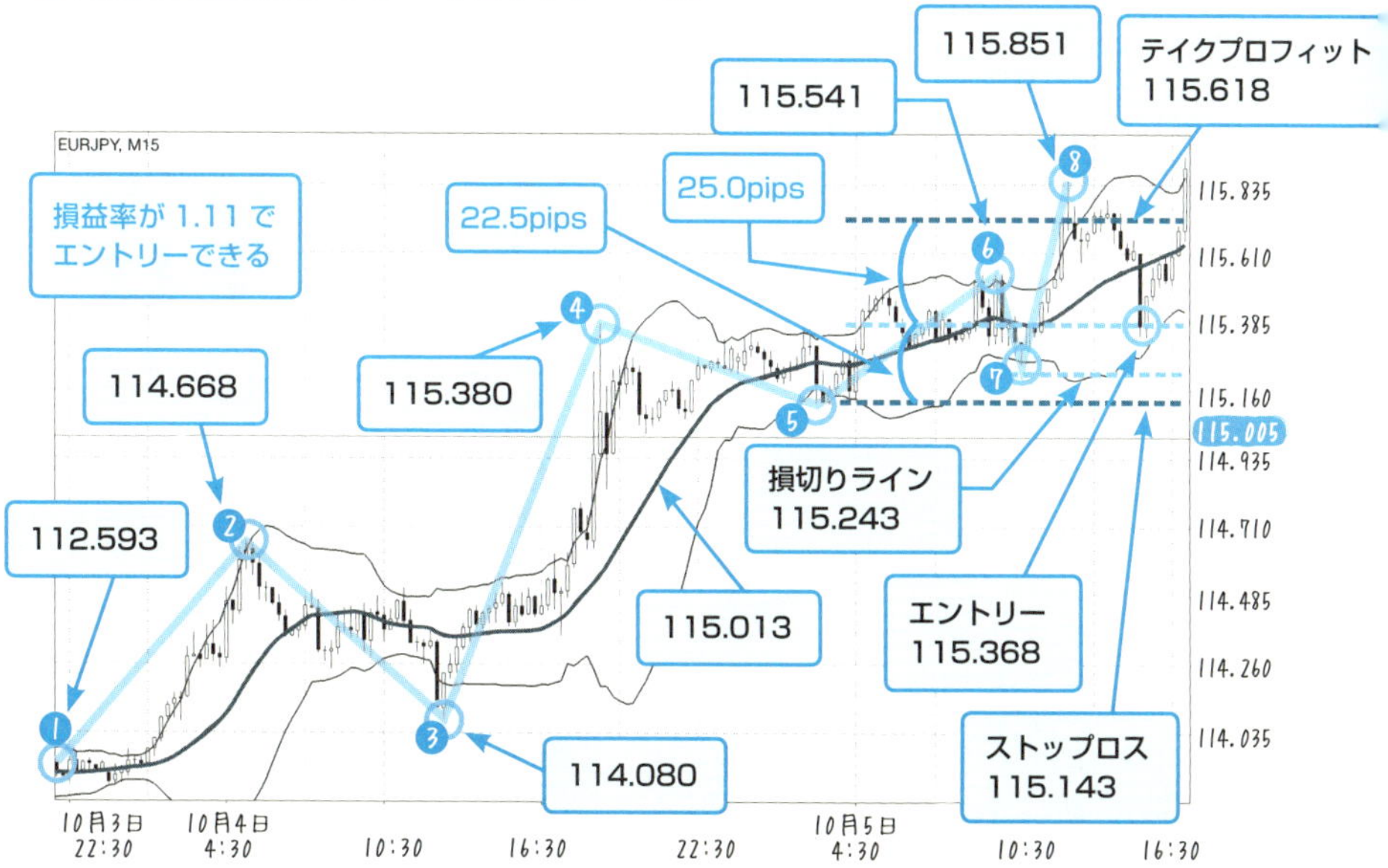

08 ボリンジャーバンドではなく移動平均線でエントリーしてみる

1 トレンドが見えているなら、すぐにエントリーできるようになろう

今回もユーロ／円のチャートです。次頁下図を見てみると、❶～❹の４点を確認したところで、下降トレンドだと判断しました。❸と❹の間にある（Ⓐ）と（Ⓑ）は「**安値もどき**」「**高値もどき**」なので、トレンドのポイントとしてはカウントしません。

さてこの状況なら、移動平均線を少し超えた時点（あ）で、まず利益確定ポイント、損切りポイントを考えます。利益確定ポイントは直近の安値❹１１４・６３９の少し手前１１４・６９８。損切りポイントは直近の高値❸１１５・５４１にノイズ幅10ｐｉｐｓを加えた１１５・６４１。

次に、現在の価格から利益幅と損切り幅がわかります。損益バランスを計算すると０・50を超えていて問題なさそうなので、すぐにエントリーすることにします。最初は考えるのに時間がかかるかもしれませんが、回数をこなすうちに慣れてくるので、損益バランスがいいのか悪いのか、

すぐに判断できるようになります。

- **エントリー（Sell Limit）：115・059**
- **ストップロス：115・641**
- **テイクプロフィット：114・698**

以上のような注文内容にすると、利益幅は36・1pips、損失幅は58・2pips、損益率は36・1÷58・2＝0・62となります。基準はクリアしているのでエントリーしました。エントリー後のチャートの推移を見ると、下げたあと上昇していきましたが、しばらくして下落に転じ、無事利益確定となりました。

ボリンジャーバンドまで引き寄せていから、エントリーしてもよかったのですが、それはあくまで結果論です。今回は移動平均線でエントリーしてみました。

● トレンドにすぐに乗りたいトレード例

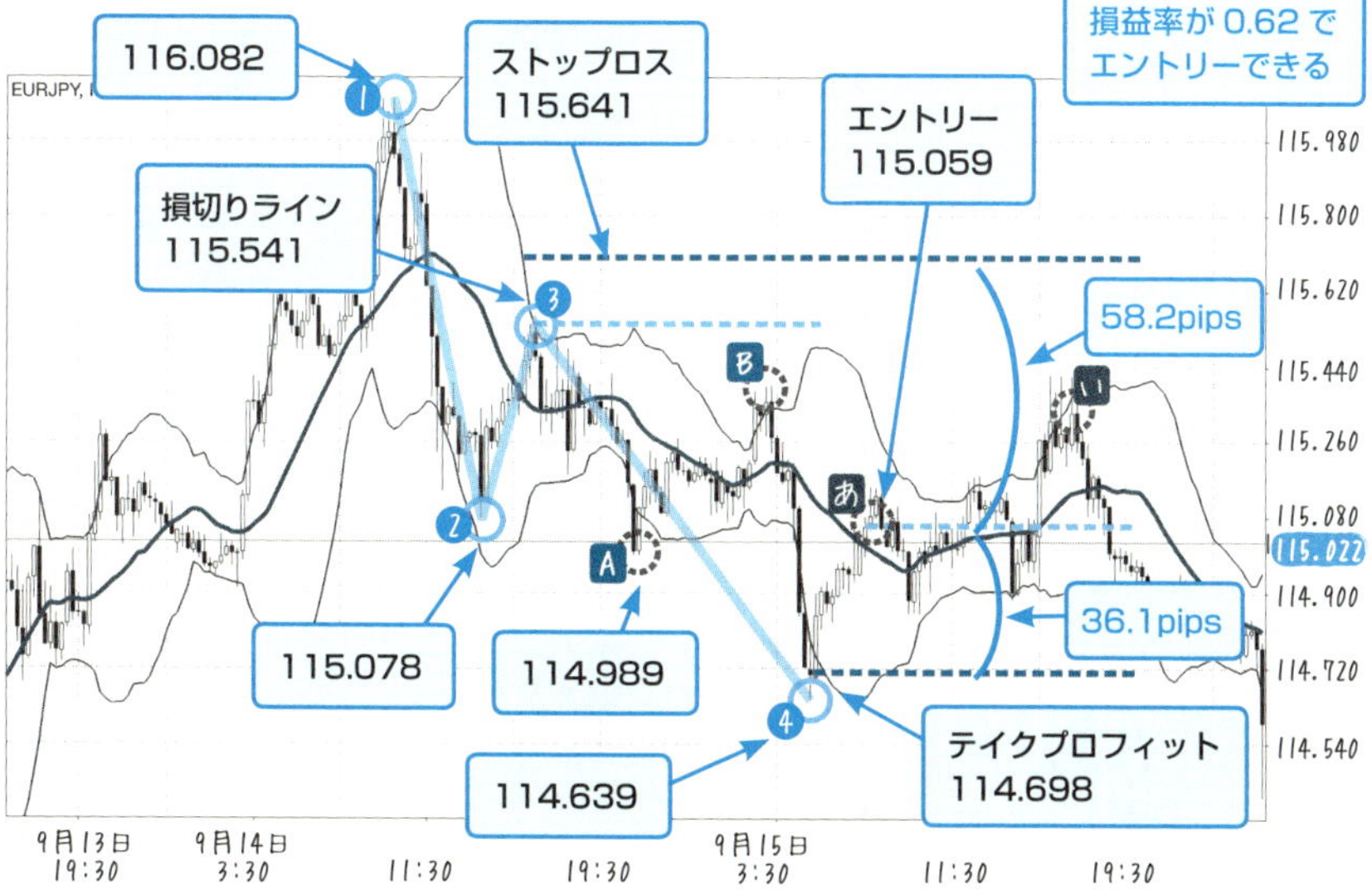
EURJPY,
116.082
ストップロス 115.641
損益率が0.62でエントリーできる
エントリー 115.059
損切りライン 115.541
58.2pips
36.1pips
115.078
114.989
114.639
テイクプロフィット 114.698
1
2
3
4
A
B
あ
い
115.980
115.800
115.620
115.440
115.260
115.080
115.022
114.900
114.720
114.540
9月13日 19:30
9月14日 3:30
11:30
19:30
9月15日 3:30
11:30
19:30

09 トレンドを決める4点目は「高値もどき」でもかまわない

1 4点目が「高値もどき」でもエントリーできるようになろう

今回は、しばらく下降トレンドが続いたあと、上昇トレンドに転換したチャートです。

次頁下図を見てみると、❶～❹の4点を確認し、加えて下降トレンドの最後の高値（114・640付近）を10pips以上上回ったことで、上昇トレンドと判断しました。

この状況では、ボリンジャーバンドに触れるところでエントリーすることにします。

- エントリー（Buy Limit）：114・957
- ストップロス：114・624
- テイクプロフィット：115・275

以上のような注文内容にすると、利益幅は31・8pips、損失幅は33・3pips、損益率は31・8÷33・3＝0・95。バランスがいいのでエントリーしました。その結果、利益確定できました。

ところで、❸の安値と❹の高値の間には、A（115・058）やB（114・724）がありますが、これは10pipsの値幅内にある**「高値もどき」「安値もどき」**です。ただしそれは、エントリーする時点になってやっと判断できるわけで、リアルタイムでAの価格をつけた時点では、Aが4点目であると判断したとしても問題ありません。上昇トレンドの最終判断の基準となる4点目は、その後に5点目、6点目をつけてからでないと正確な数値が確定しないからです。したがって、4点目をつけた時点では「**〝高値〟なのか〝高値もどき〟かはわからないし、気にする必要はない**」のです。

● 高値もどきはあとになってわかるので気にしないでいい例

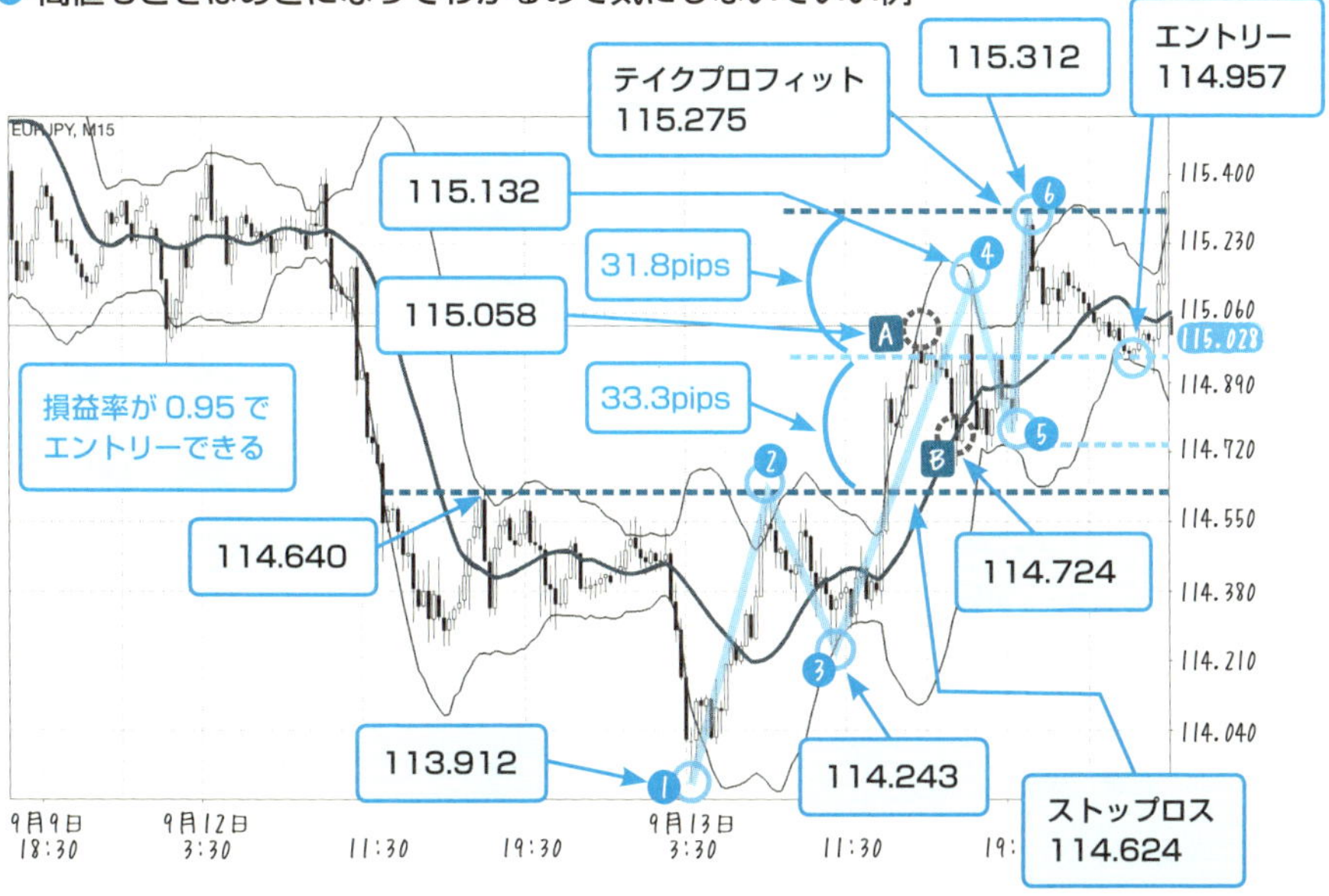

10 要人発言のショック相場は取引せずその後のトレンドをとらえる

1 要人発言後にトレンドをとらえてエントリーできるようになろう

今回はユーロ/円で取引してみます。

次頁下図を見てみると、上ヒゲを伴う大きな陰線ができた❶を起点に、❹まで確認できたので、下降トレンドが発生したと判断できます。❻をつけたあとに、移動平均線まで戻ってきたのであでエントリーすることにします。

- エントリー（Sell Limit）：109・015
- ストップロス：109・219
- テイクプロフィット：108・775

以上のような注文内容にすると、利益幅は24・0pips、損失幅は20・4pips、損益率は24・0÷20・4＝1・18。損益率はいいのでエントリーしました。その結果、利益確定できました。

ショック相場のあとなのにエントリーしていいの？

なお「❶の大陰線が現れたところはショック相場ではないのか？」と疑問に思ったなら、完璧です。この大陰線が現れたタイミングはショック相場です。何があったかというと、このときドラギECB総裁の記者会見による発言によって、一時的にユーロ／ドルが大幅な高値をつけました。その影響でドル売り円買いとなりました。

「**ショック相場ではトレードしないのが鉄則**」ですから、当然、この記者会見の前後にはト

● ショック相場のあとでもしっかりトレンドを見つけられる例

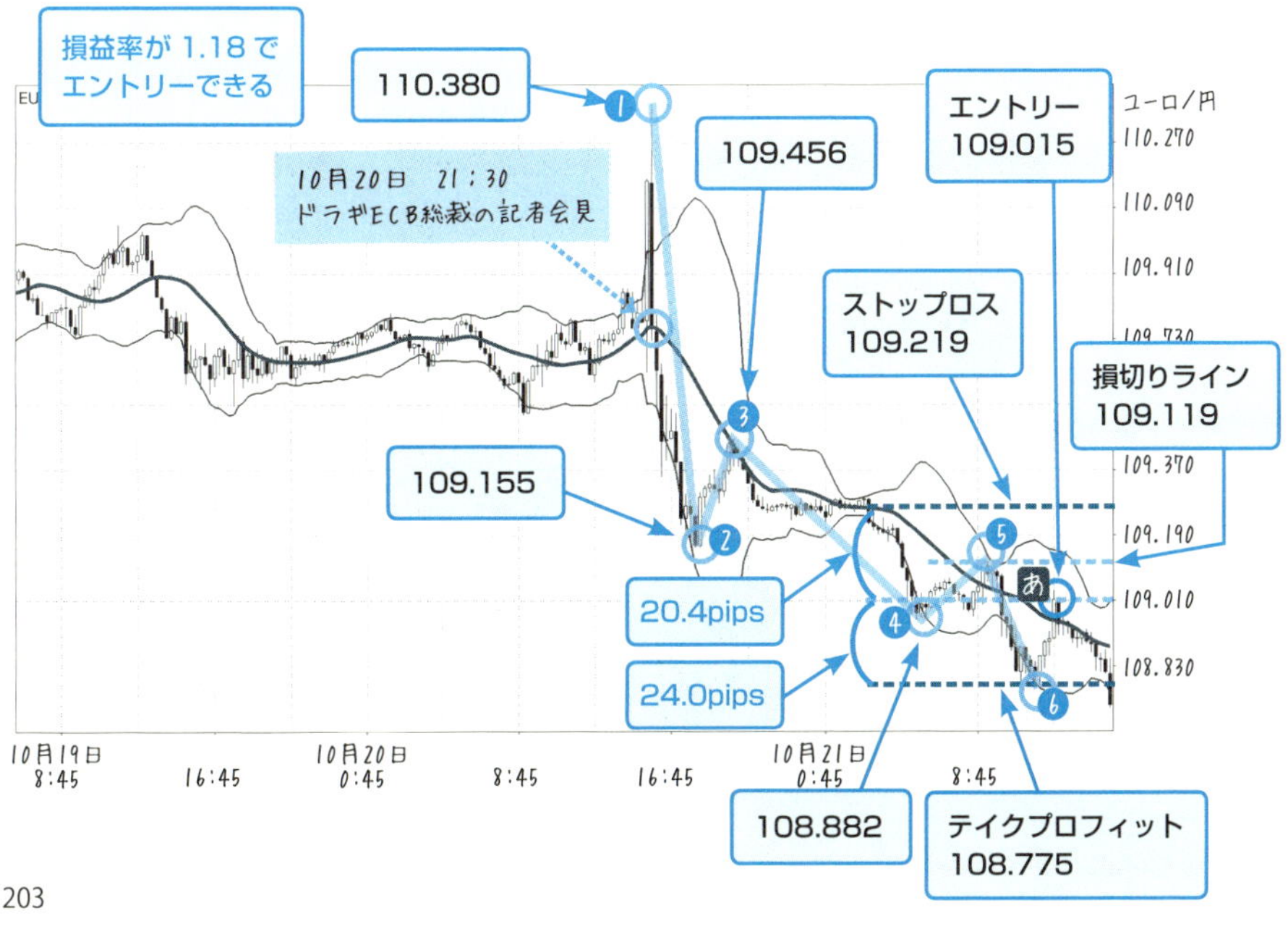

レードしてはいけません。特に、ユーロ／ドルがどーんと上がったところで「よしチャンスだ！」と憶測で売りエントリーするようなトレードは絶対にやってはいけません。もしそのまま上抜けしたとしたら、大きな損失を抱えることになります。

ショック相場のあとは、チャートが落ち着くまでしばらく待つことが1番です。それは数時間かもしれないし、一晩かもしれません。今日は要人発言があるから、ゆっくりチャートを観察してみようでもいいし、今日くらい早めに寝ようでもかまいません。

もしくは、前頁の例のチャートのように、明らかな下降トレンドが確認できたならエントリーしても問題ないということを覚えておきましょう。

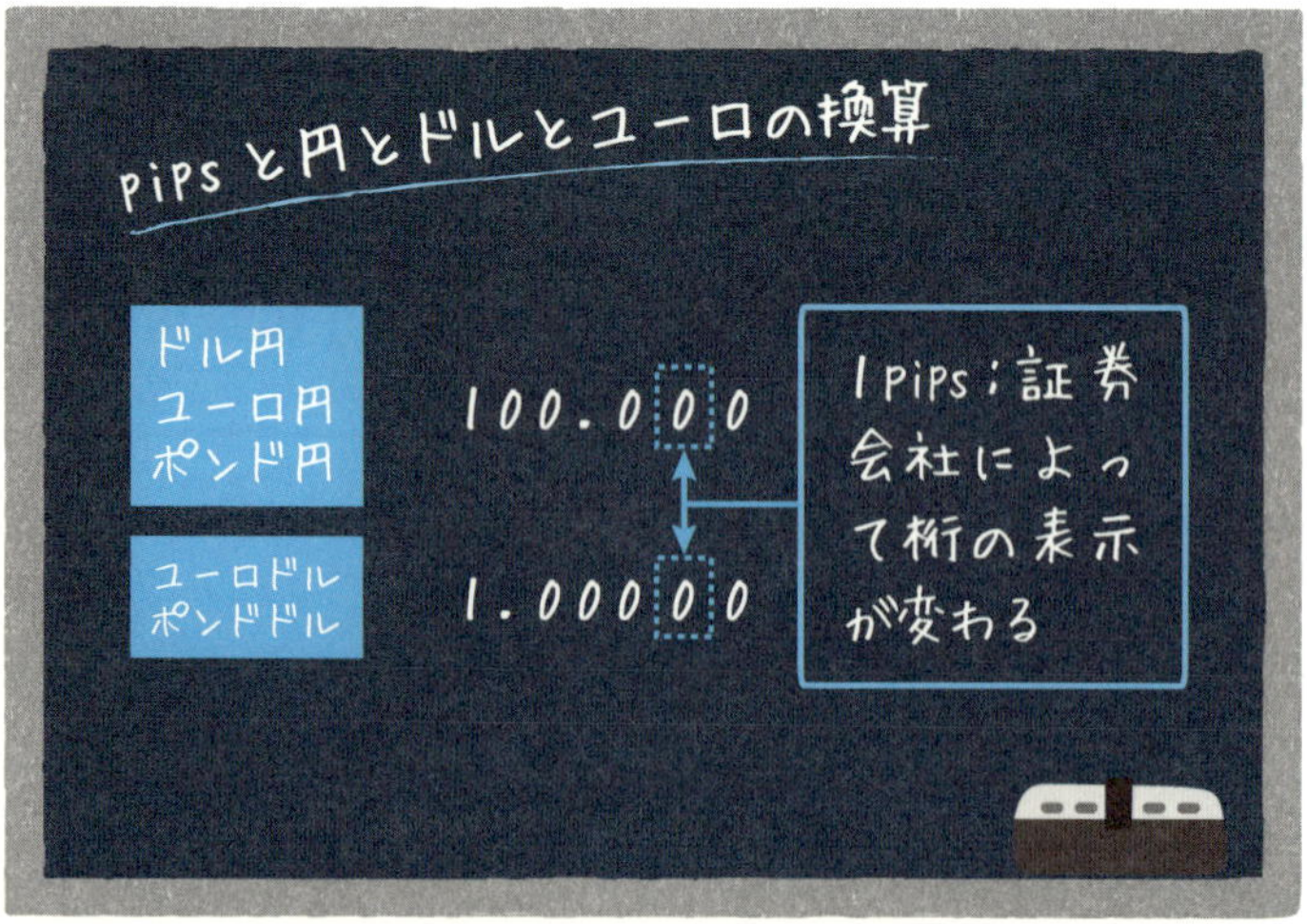

6時限目

必ず勝てるメンタルの鍛え方

初心者がかかりやすい病気を知ったうえで、メンタルを鍛えましょう！
そうすれば、FXで勝てる体質になっていきます。

01 初心者がかかりやすい10のトレード病と治療法

FXをはじめて間もない初心者は、メンタル面でいろいろな「**トレード病**」にかかりがちです。「**トレード病にかかってしまうと、待ち受けているのは大損**」。そして「**相場からの退場**」です。

トレード病で最もかかりやすい10の症状とその対処法を知っておくことは、これから本格的にトレードに取り組み、勝ち続けていくうえでとても大切です。

1 チキン利食い病 利益が乗ったらすぐ利食いしたくなる

「**持っているポジションに含み益が出ていると、利益確定の目標数値があるにもかかわらず、目標を無視してすぐに利益確定したくなってしまう症状**」です。エントリー後、チャートを眺めていて、こんな感情になることはないでしょうか。

「お、利益が少し出てるぞ!」

「でも反対方向に動いてこの利益がなくなったら、どうしよう……」

「もういいや、損するよりもマシだ。利確しちゃえ！」

こうして最初の決済注文を変更してまで利益確定をしてしまうのが、チキン利食いです。

「**トレードで勝つために重要なことは〝勝率と損益率のバランス〟**」。それはわかっているのに、このような行動を取ってしまうのはなぜでしょうか。実はこの行動、人間心理としてはごくあたりまえの本能的な行動で、行動経済学では不確実性下における意思決定モデルのひとつ、「プロスペクト理論」として実証されていることなのです。

ここで次の質問に答えてください。

質問 今あなたは、1万円の含み益のあるポジションを持っているとします。AとB、どちらを選びますか？

A すぐ決済したら100％の確率で1万円の利益が得られる

B もう少し待ったら、50％の確率で利益は2万円になるが、50％の確率で利益は0円になる

このような状況では、多くの人が堅実性の高いAを選択します。つまり、「**目の前の利益は少額でも確実に自分のものにしたい**」という心理が働き、それを行動に移してしまうということです。

対処法 チキン利食い病にかからない方法

「チキン利食い」は人間が本来持っている心理なので、なかなか制御することはできません。心理は制御できませんが、行動は制御できますよね。行動を制御するには、チャートから離れればよいのです。

　つまり対処法は、「**注文を入れたら、あとは放置すること**」です。チャートを常に監視していれば、目の前の価格変動に一喜一憂してしまいます。利益がちょっと乗ったら決済したくなります。

　そのような行動を抑えるためにも、エントリー時に決済指値・逆指値注文を入れたら、チャートを閉じて（アプリを終了して）ください。決済注文が約定したら、通知メールが飛んでくるように設定しておけばいいのです。通知が来るまでは、仕事でも散歩でもしていてください。

2 もったいない病 損切りラインに達しても損切りできない

「**目標の損切り基準があり、ポジションがその基準に達しているにもかかわらず、資金が減ってしまうのをためらって損切りできない症状**」のことです。この症状にかかっているとき、あなたはこんな感情と戦っています。

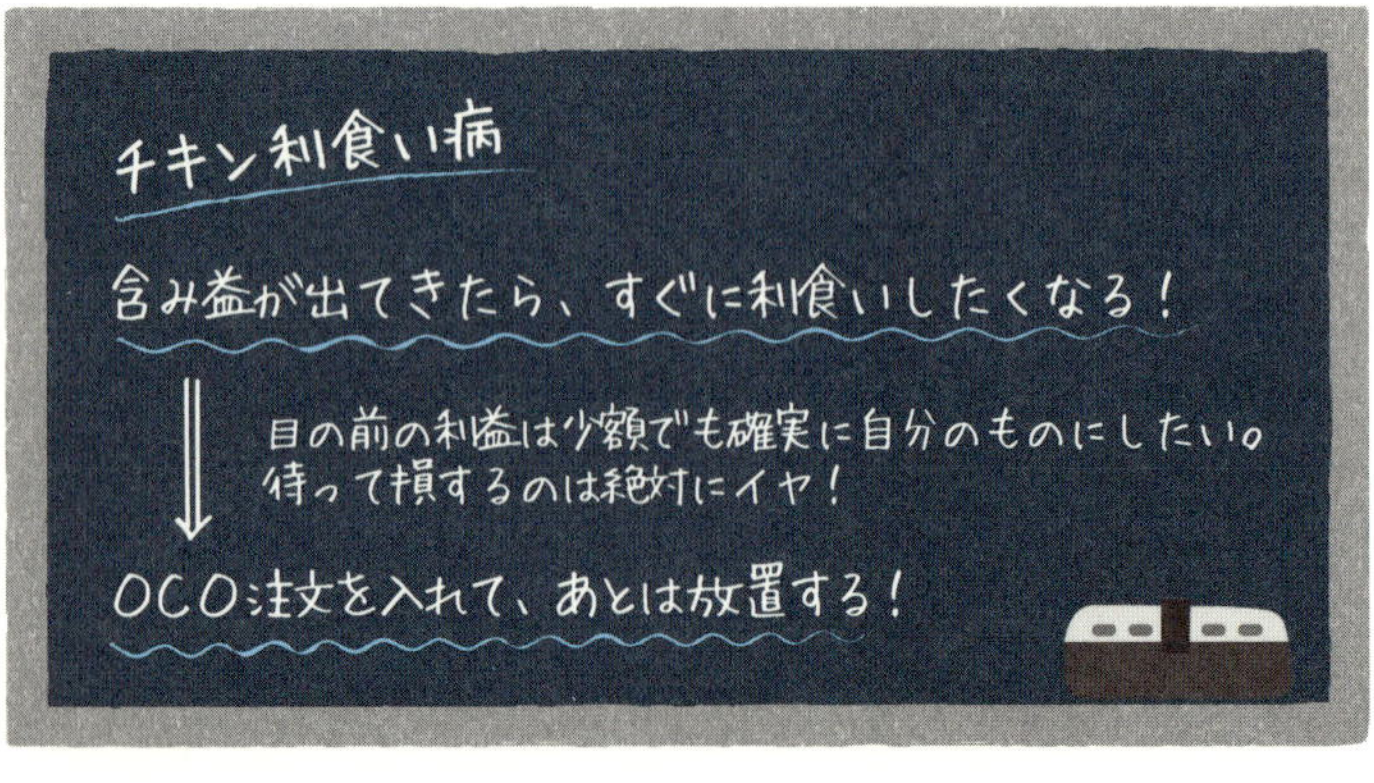
チキン利食い病
含み益が出てきたら、すぐに利食いしたくなる！
目の前の利益は少額でも確実に自分のものにしたい。
待って損するのは絶対にイヤ！
OCO注文を入れて、あとは放置する！

「損切りの水準だけど、ここまで下がったんだからもうそろそろ戻るだろう」

「損切りはしかたがないけど、少しだけでも値が戻れば、損失は少なくてすむ」

「この前だって、損切りした途端に反対に動いたし……」

このような考えで、ズルズルと損切りを先延ばしにしてしまうのが「もったいない病」です。

ではもう一度、質問に答えてください。

質問 今あなたは、1万円の含み損のあるポジションを持っているとします。AとB、どちらを選びますか?

A すぐ決済したら100%の確率で1万円の損失が決まる

B もう少し待つと、50%の確率で損失は0円になるが、50%の確率で損失は2万円になる

先ほどのように、利益について考えるときは堅実性の高い選択肢を選ぶ人がほとんどです。

一方、今回のような「**損失について考えるときは、ギャンブル性の高いBを選ぶ人が多くなる**」ということも「プロスペクト理論」によって実証されています。

対処法 もったいない病にかからない方法

そもそも、なぜそこに損切りの決済注文を設定したのでしょうか。本書では「このラインを割ったらトレンドが転換し、逆方向に大きく動く可能性が高い」という場所を損切りのポイントに設定しています。したがって損失の拡大を最小限に食い止めるためにも、一度決めた損切り注文は変更せずに、確実に実行されなければなりません。「もったいない」と損失を先延ばしにしてしまえば、もっともったいない事態になってしまうのです。

自分の心理に左右されず、確実に損切りしてください。そのためには、「**エントリー時に決済の指値・逆指値も含めて注文を実行したら、チャートを閉じて放置しておく**」、それだけです。

3 トレード恐怖症 損切りが続いてトレードすることが怖くなる

「**損切りが数回続いたために、トレードすることが怖くなり、エントリーできなくなってしまう**」。気が小さい人に起こりやすい症状です。原因は損切りによるストレスにあります。損切りすれば誰だっていい気分ではいられません。損切りのストレスが積み重なれば、「また損切りになるんじゃないか」「どうせ勝てない」という感情に支配されるようになってしまい、やがてＦＸをやめたくなります。

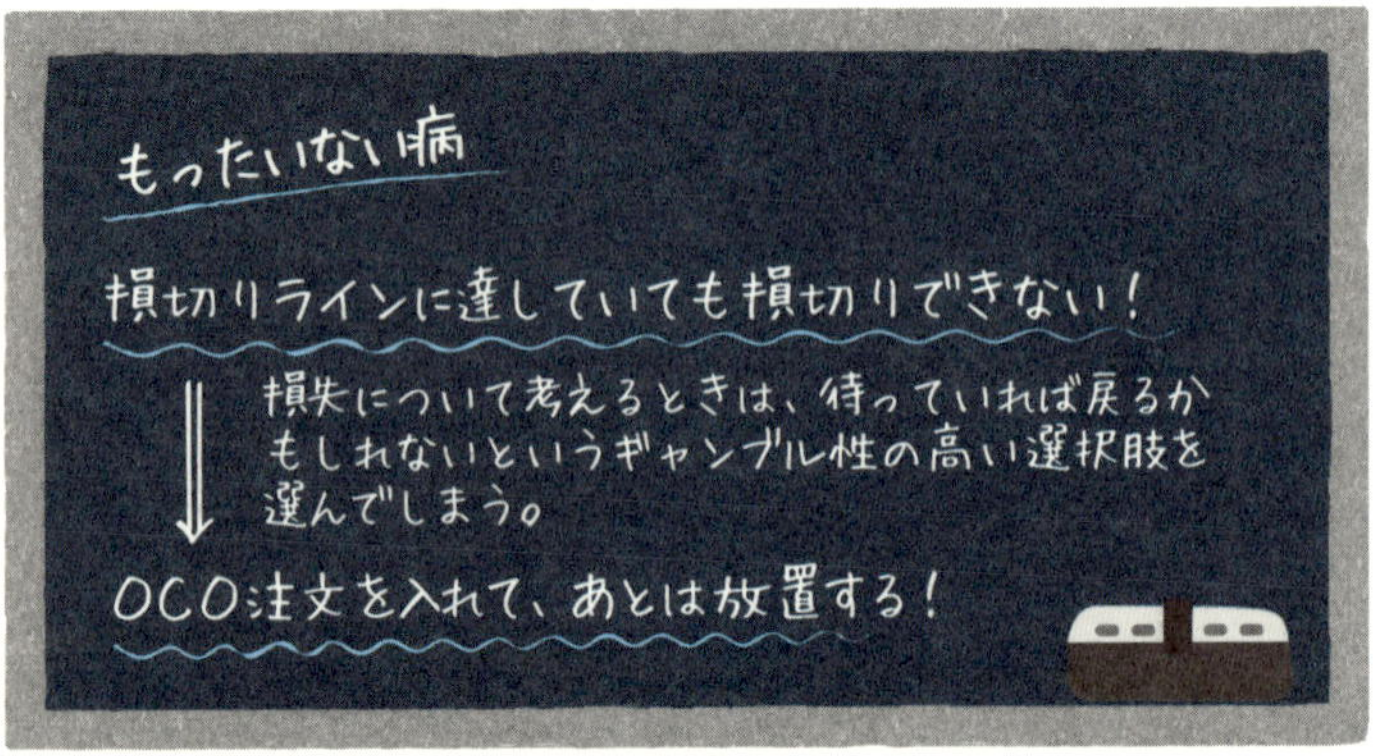
もったいない病
損切りラインに達していても損切りできない！
損失について考えるときは、待っていれば戻るかもしれないというギャンブル性の高い選択肢を選んでしまう。
OCO注文を入れて、あとは放置する！

また、「**手法が間違っているんじゃないか**」という迷いが生じて、別の手法に手を出しはじめる人もいます。最初に取り組んだ手法が正しいかどうかもまだわからないうちから、別の手法に手を出しても、勝てるようになるとはかぎりません。延々と負けながら、手法変更を繰り返すハメになってしまいます。

対処法 トレード恐怖症にかからない方法

トレード恐怖症の対処法は、「**デモ口座で損切りに慣れるしかありません**」。デモ口座であれば本物のお金ではないので、何回損切りになっても、いくら損失が出ても怖くはありませんよね。納得するまで手法を試すことができます。

もちろんデモトレードだからといって、適当にやってはいけません。本書のトレード手法にしたがって、リアル（実際の）トレードと同じように計画的にエントリー・決済をしてください。

デモトレードでも怖いという人は、想像の世界だけでトレードする「**エアトレード**」でもいいですよ。デモトレードで利益をあげられるようになってからリアルトレードをはじめましょう。その際も、ロット数を少なめに設定することをお勧めします。

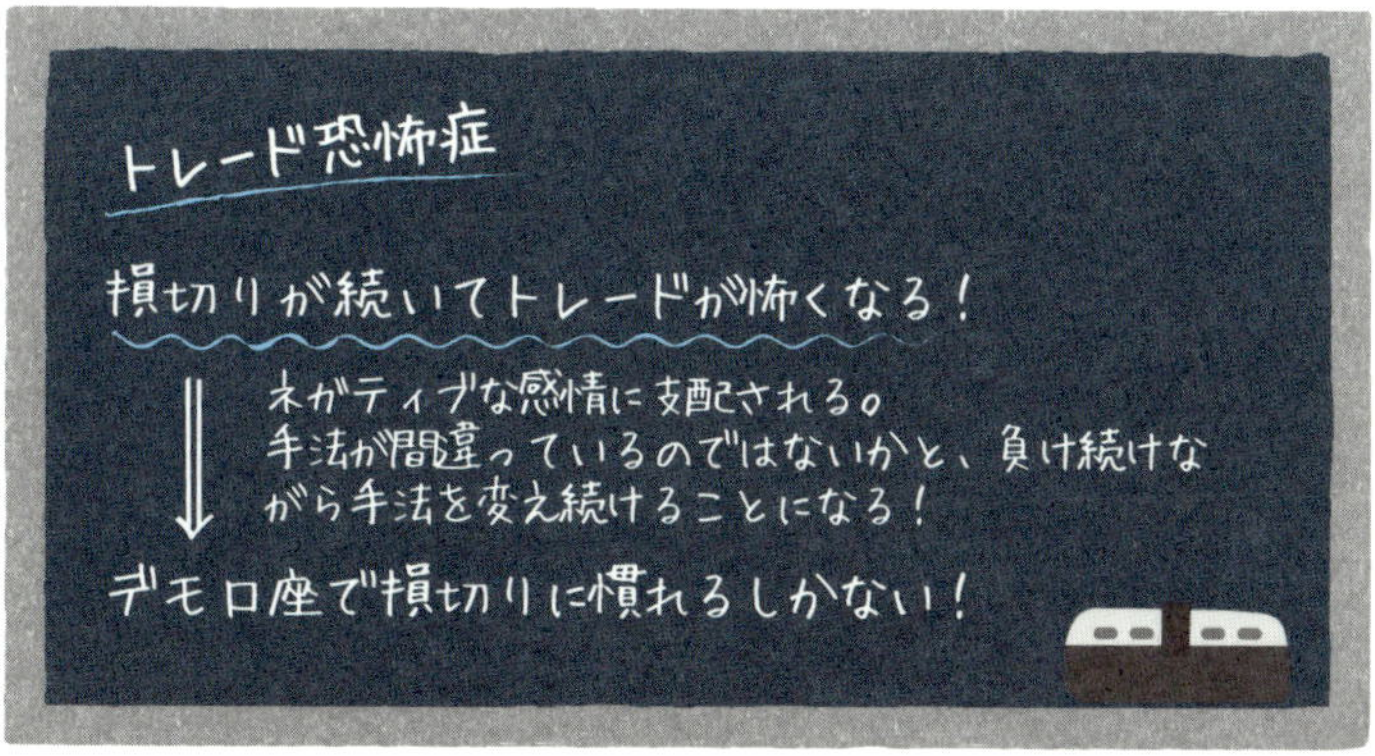

本書では「**総資金の2・0%**」を最大損失額にすることを推奨していますが、これを1・0%や0・5%に設定してやってみてください。

4 ポジポジ病 常にポジションを持っていないと落ち着かない

トレード恐怖症と正反対なのが「ポジポジ病」です。「**トレードをすることが楽しくて、常にポジションを持っていないと落ち着かないという症状**」です。FXにちょっと慣れてきた人にありがちです。

ポジポジ病にかかると、「**トレードしていない＝損**」というような心理になってしまい、いつどんな状況でもエントリーしたくなります。そのため、現在のチャートから無理やりにでもエントリーする理由を探します。15分足でエントリーポイントが見あたらなかったら、5分足や1分足を見て……。さらにダウ理論だけでなく、サイクル理論、グランビルの法則など、別の理論でもチャートを見てしまいます。いろいろな視点でチャートを眺めれば、エントリーポイントなんて必ず見つかるものです。そのようにして無理やりエントリーする理由をつくってしまうのです。

このような「**ポジポジ病にかかった人はトータルでマイナスになることが多い**」のです。利益が出せる手法を使っていればいいのですが、実際には反対で、とにかくトレードをしたいだけなので勝率が低く、損益率も悪くなりがちです。ほとんどの人は手法の検証すらしていません。利益を出すためには勝率と損益率のバランスが大切です。

対処法 ポジポジ病にかからない方法

「**FXでトータルに利益をあげるためには、優位な状況でのみエントリーすることが大切**」です。本書でいえば、「**ダウ理論上で明確なトレンドを確認したときだけ、そのトレンドに乗るかたちでエントリー**」します。優位な状況にないところでエントリーをするなんて、お金をドブに捨てるようなものです。

ポジポジ病の対処法としては、「**手法をひとつに絞ること**」です。本書で紹介する手法に絞ったら、ひとまず、それ以外には手を出さないでください。そして、「**最初に決めたルールを決して曲げずに、初心に返ってルールどおりのトレードを積み重ねていくことが大事**」です。

5 コツコツドカン病 ルール違反の大きなロットでついつい……

「**着実なトレードでコツコツと利益を積み重ねていたと思ったら、あるとき、ドカンと大きな損失を出してしまう症状**」です。

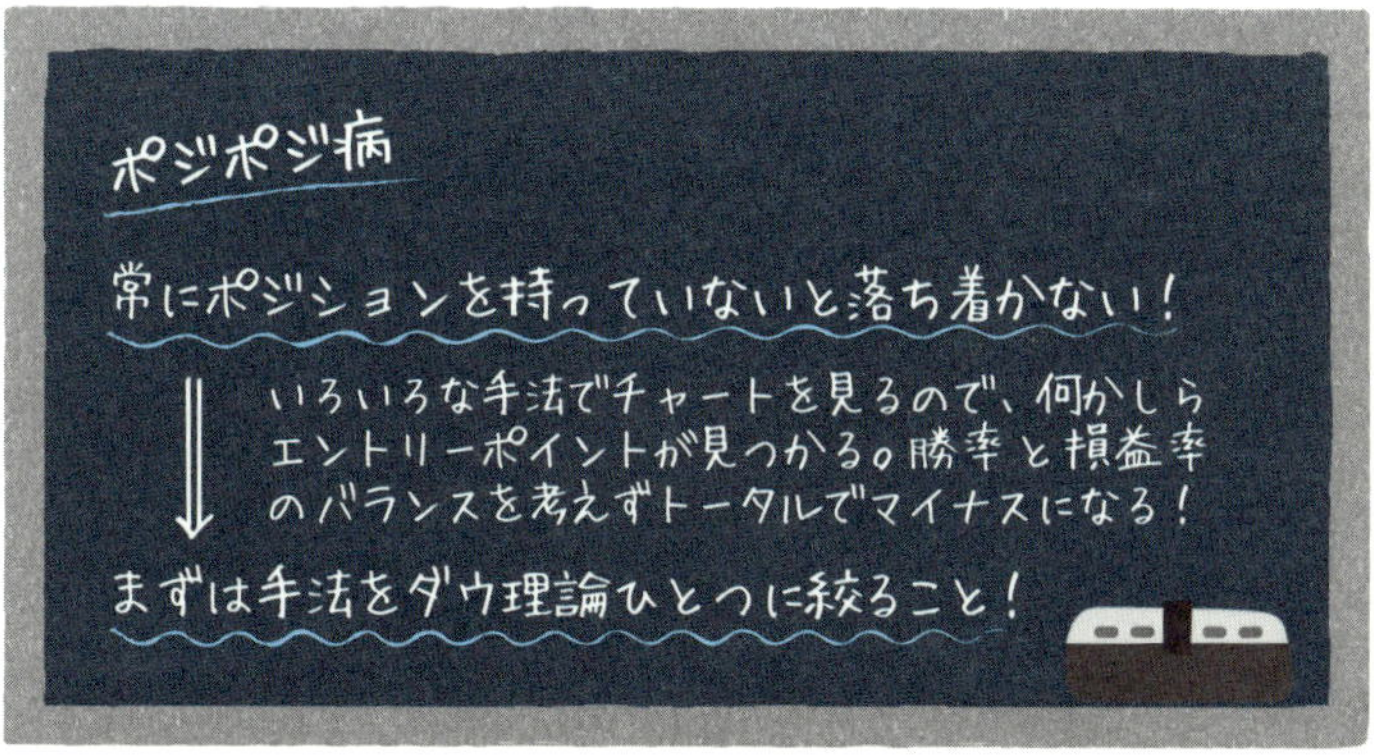

私も昔何度かやりました。当然ですが、いつもはきちんとルールを守ってトレードしています。それが1週間、1カ月、3カ月と続き、利益が膨らんでいきます。次第に自信がつき、こう思うようになります。

「俺って天才かも……」

そんな自信がいつしか慢心に変わります。そしてあるとき、気が大きくなっていたのか、心理状態が不安定だったのか、いつものルールを守らずに「**大きなロットでエントリー**」してしまいます。なぜか損切りの注文も忘れています。そんなときにかぎって、現実は残酷になります。相場が想定とは反対方向に動き、みるみるうちに損失が拡大してしまいます。そして、泣く泣く損切りするハメになり、数カ月間積み重ねてきたものがパーなんてことに。

ある程度トレードに慣れて、自信がついてきた人や、精神的に浮き沈みの激しい人によくありがちな症状です。

対処法 コツコツドカン病にかからない方法

自信がついてきたら気を引き締められればいいのですが、自覚しづらいものです。事前に対処するのは難しいというのが実際の

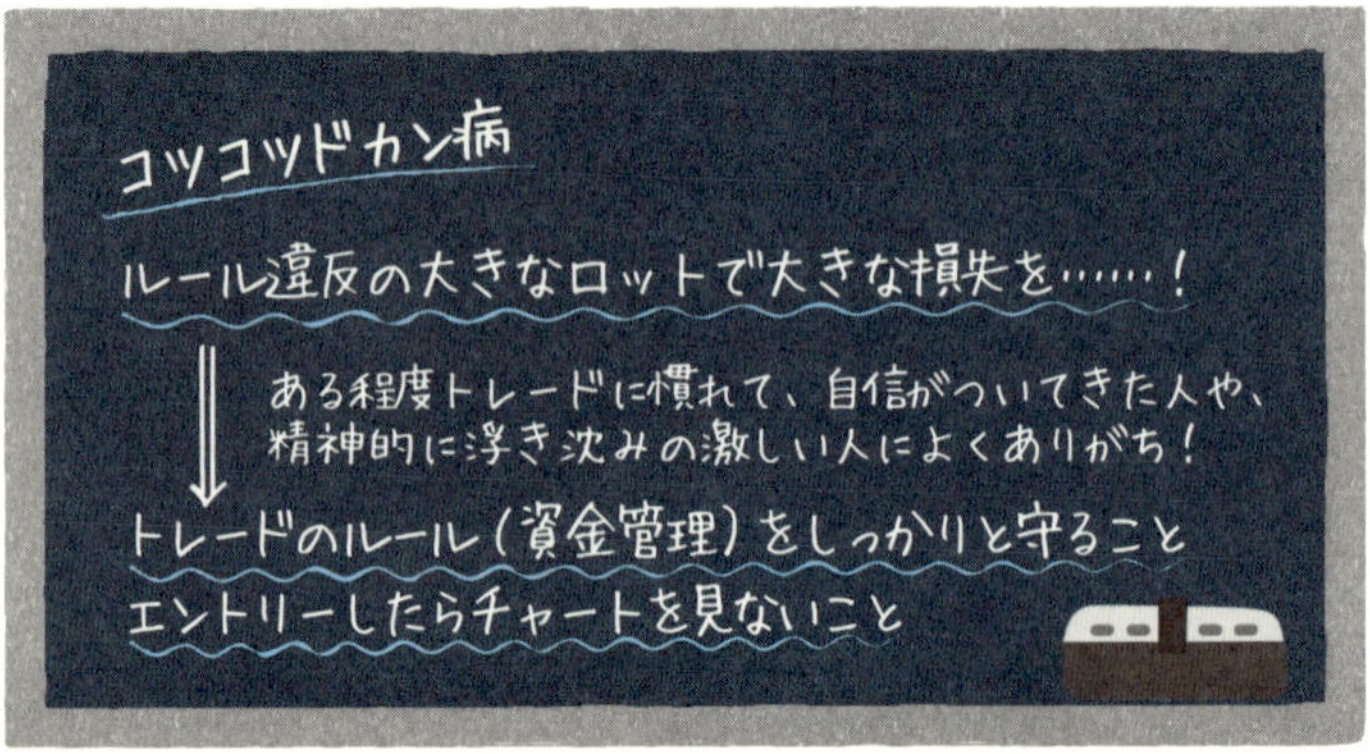
コツコツドカン病
ルール違反の大きなロットで大きな損失を……！
ある程度トレードに慣れて、自信がついてきた人や、
精神的に浮き沈みの激しい人によくありがち！
トレードのルール（資金管理）をしっかりと守ること
エントリーしたらチャートを見ないこと

ところです。1度痛い目に遭えば、この症状の怖さが身にしみてよくわかるのですが……。

対処法としては、基本的なことをするしかありません。「**トレードのルール（資金管理）をしっかりと守ること**」「**エントリーしたらチャートを見ないこと**」この2つです。

6 ギャンブル病 今日の負けは今日中に取り戻す

これも慣れてきた人にありがちな症状です。「**損失が出る可能性を忘れ、〝どうせ勝つのだから〟と利益にばかり目を向けて、大きなロットで勝負をしてしまう**」気質のこと。また「**損切りしたあとに、その損失を取り戻そうとして大きな勝負をしてしまう**」というパターンもあります。いずれにしても、「**今日の負けは今日中に取り戻す**」といった熱くなりやすい人が起こす症状です。

この症状にかかった人の末路は、いくら勝率の高い手法を使っていても、大きな額でのトレードを繰り返すうちに連敗に見舞われて、大きな損失を被って相場から退場します。

対処法 ギャンブル病にかからない方法

この気質の人がまず自覚しなければならないのは、「**どんな手法にも連敗する可能性はある**」ということです。私は勝率75％の手法を使って、23連勝したあとに5連敗したことがあります。ということは、最初に5連敗する可能性もあるということ。「**大きなロットで勝負していきなり5連敗もしたら、総資金が半分になったり、ゼロに**」なることもあります。連敗リスクを常に念頭に置いて、資金管理を忘れず慎重なトレードを心がけてください。

また、**「短期間での収支を気にしない」**ことも重要です。**「今日負けた分は今日中に取り戻そう」**とか、**「1週間のトータルは絶対にプラスにしたい」**などと考えてしまうから、焦ってしまうのです。**「1カ月のトータルでプラスになればいい」**くらいに考えていれば、1回1回の収支はそれほど気にならなくなり、落ち着いた気分でトレードができるようになります。

7 神頼み病 損切りできずに、値が戻ってくれるのを神様にお願いする

「損失が膨らんだときに損切りができずに、値が戻ってくれるのを神様にお願いするしか手立てがなくなる」そんな症状です。

「決済は自分のタイミングでしたいから、成行でいいや」とエントリーしたら、思惑とは逆方向に動いてしまいました。そして、

「こんなに含み損が膨らんでしまった……」

「でももう少ししたら値を戻すかもしれない」

「やっぱりさらに損失が広がってしまった。神様お願い……な

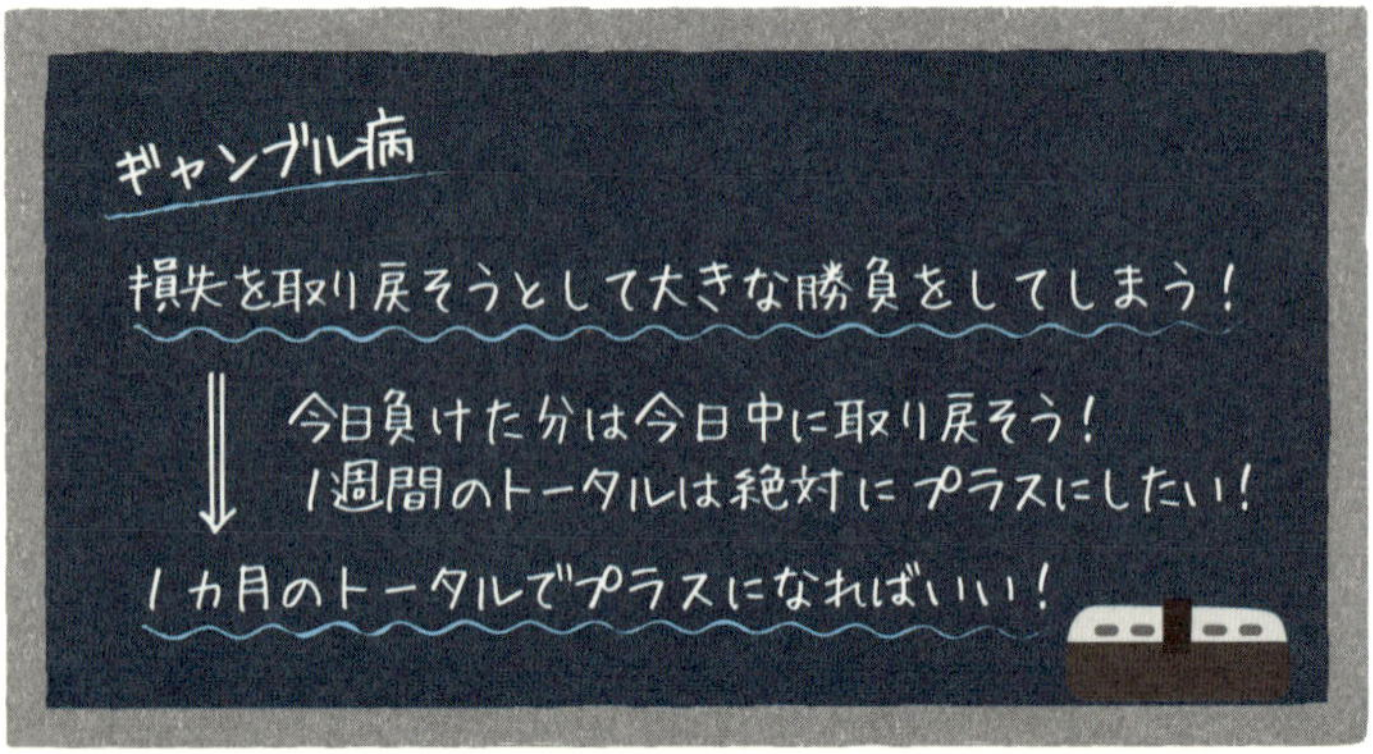
ギャンブル病
損失を取り戻そうとして大きな勝負をしてしまう!
今日負けた分は今日中に取り戻そう!
1週間のトータルは絶対にプラスにしたい!
1カ月のトータルでプラスになればいい!

かったことにして！（涙）」

こうなるともう居ても立ってもいられない焦燥感に見舞われます。あきらめて損失を確定したころには、立ち直れないほどの精神的ショックを受けることになるでしょう。

「調子に乗るタイプ、少しでも損することを嫌うタイプの人がかかりやすい」症状です。また、「ギャンブル病」「コツコツドカン病」と併発しやすい症状でもあります。

対処法 神頼み病にかからない方法

対処法はこれまでに何度もお話ししていることと同じですが、**「とにかく資金管理を徹底すること」**です。資金管理とは、正しいロット設定と損切りすべきところできちんと損切りすること。本書で解説した損切りの方法を見直して、必ず実行してください。

損切りすることは、悪いことではありません。あくまでも、勝つためのひとつの過程にすぎません。想定どおりに損切りできたら**「ナイストレード！」**と自分を褒めてあげましょう。

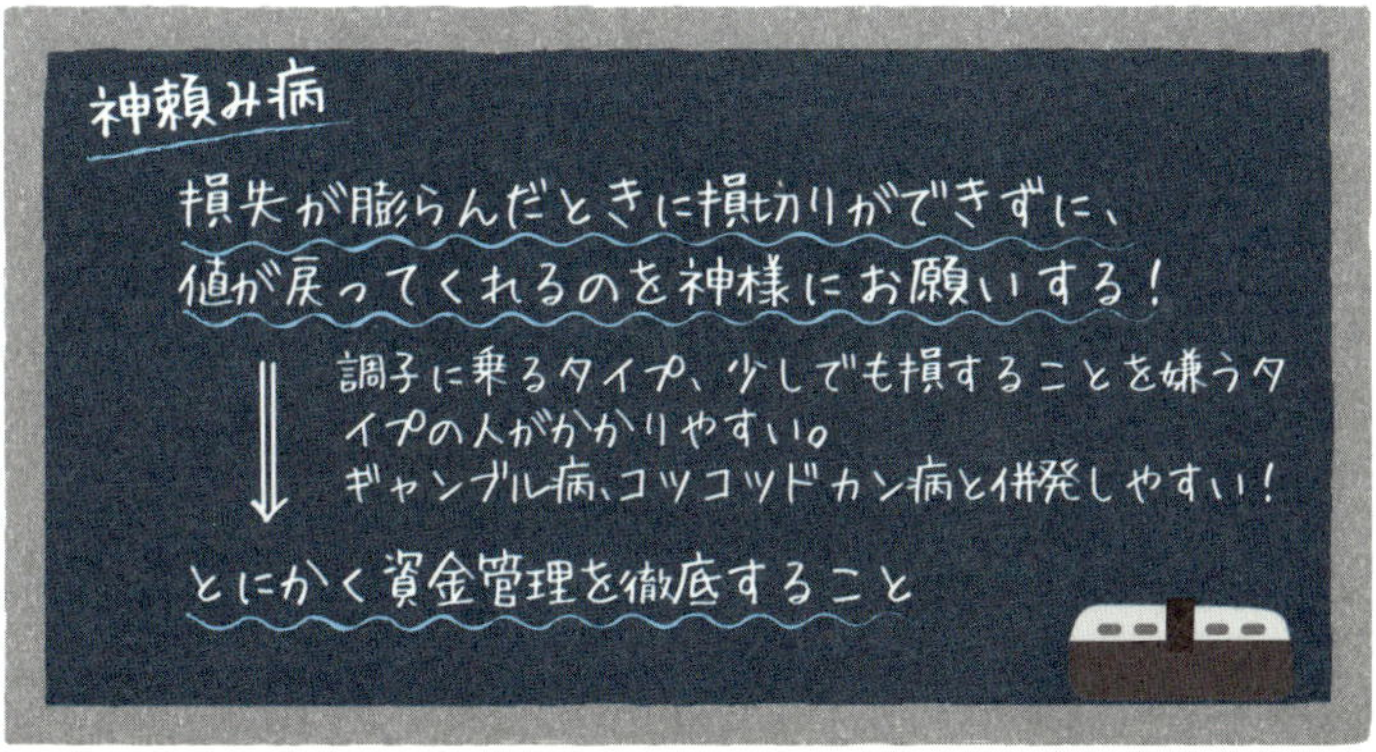
神頼み病
損失が膨らんだときに損切りができずに、
値が戻ってくれるのを神様にお願いする！
調子に乗るタイプ、少しでも損することを嫌うタイプの人がかかりやすい。
ギャンブル病、コツコツドカン病と併発しやすい！
とにかく資金管理を徹底すること

8 中二病
デモトレードなしでいきなりリアルトレードをしてしまう

中二病とはネットスラングで**「中学2年生ごろの思春期に見られる、背伸びしがちな言動」**のことを指します。FXの中二病は、**「デモトレードをすっ飛ばしていきなり本物の口座でリアルトレードをしてしまう」**症状のことです。「自分は損するはずがない」という自信満々の人や、お金儲け意識の強すぎる人が陥りがちです。

デモトレードで練習してもいないのに、背伸びしてリアルトレードをやってもうまくいくはずがありません。仮にうまくいったとしても、それはたまたまです。たった数回の成功体験で「FXなんて簡単！」と中二病をさらに加速させてしまいます。

そして調子に乗って大きなロットで勝負した結果、多額の損失を出す……そんな結末になるのは目に見えています。

対処法 中二病にかからない方法

FXでも株式でも、投資では8割の人が負けて、2割の人しか

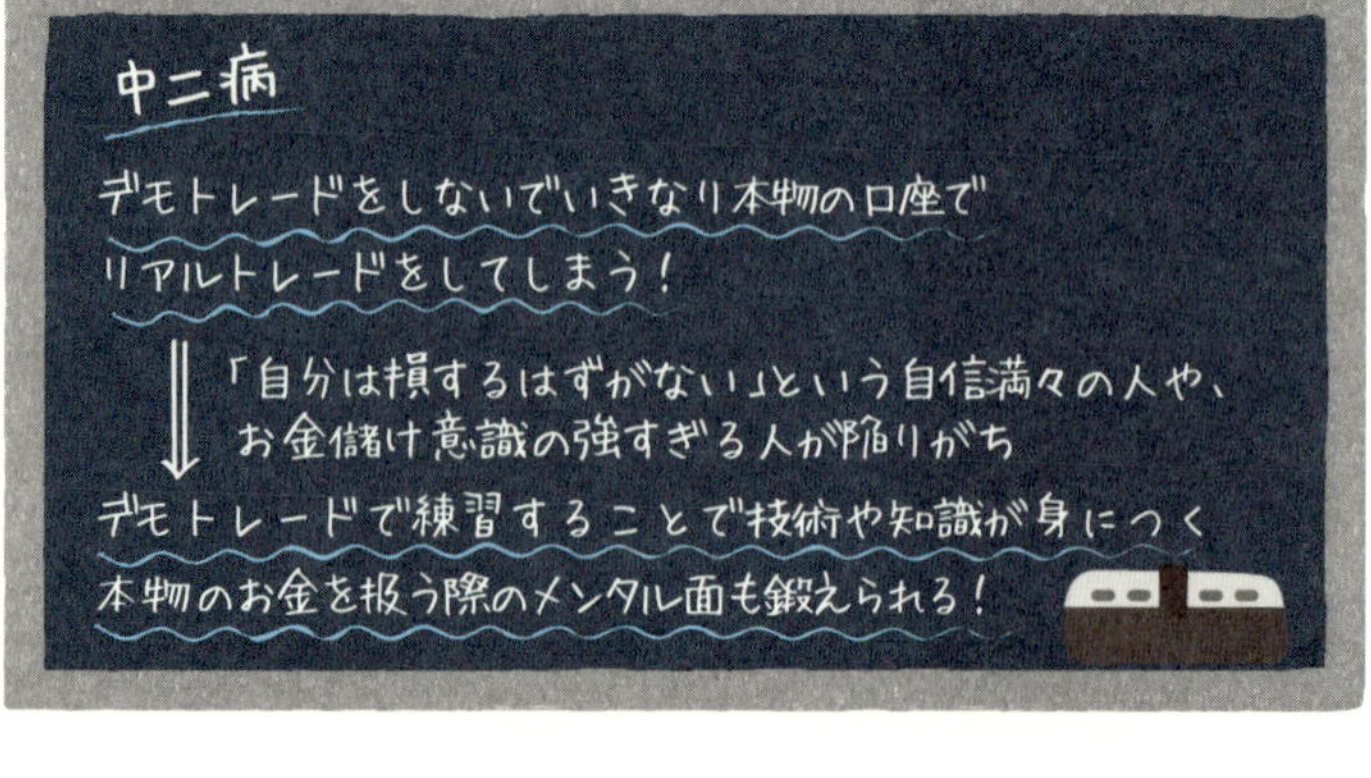

勝てないといわれています「**8割の人はなぜ負けるかというと、勉強を怠っているから**」です。勉強の中には知識を身につけるだけでなく、練習することも含まれます。

つまり、「**FXで勝ちたいならまずはデモトレードで練習してから**」、それが大原則なのです。資金管理やトレードの手法を勉強したら、まずは実戦と同じ環境にあるデモトレードで練習してください。練習することで技術や知識が身について、本物のお金を扱ううえで重要になるメンタル面の支えになります。

9 ノルマ病 ノルマを課して相場に入る

「**〝1日3回以上エントリーする〟〝1回のトレードで○pips以上の利益を取る〟といったノルマを課して相場に入ってしまう**」症状のことです。ノルマを守ろうとすると、結局、相場を無視して無理なトレードをすることになります。自分が決めたルールから逸脱してしまい、勝率や損益率の悪いエントリーが増えてしまいます。そうなると、トレード回数が多くてもそれが利益につながらなくなってしまいます。

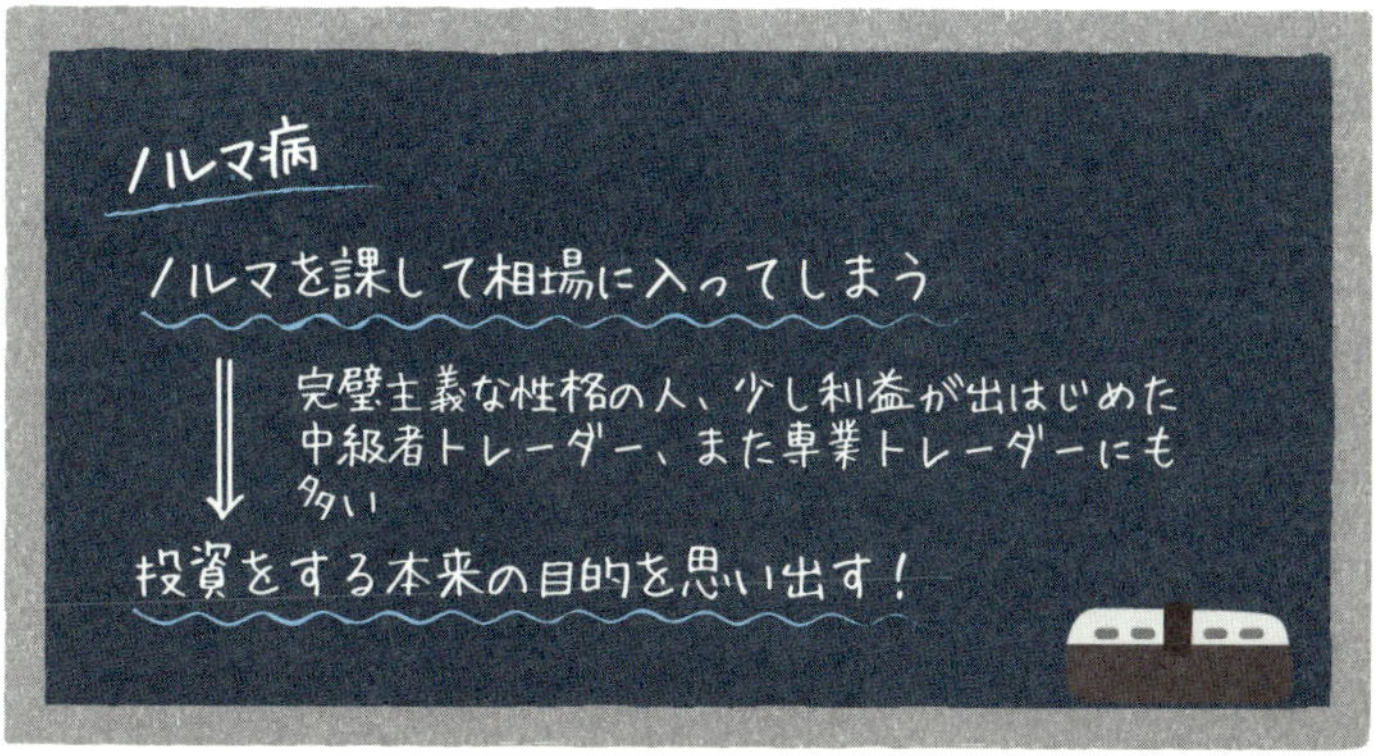
ノルマ病
ノルマを課して相場に入ってしまう
完璧主義な性格の人、少し利益が出はじめた中級者トレーダー、また専業トレーダーにも多い
投資をする本来の目的を思い出す！

完璧主義な性格の人、少し利益が出はじめた中級者トレーダー、また専業トレーダーにも多い症状です。

対処法　ノルマ病にかからない方法

相場はあなたのノルマにあわせて動くわけではありません。あなたが相場にあわせたトレードをする必要があります。ときにはトレードしない、という選択も重要です。ノルマ病にかかっている人は、投資をする本来の目的を思い出してください。FXをする本来の目的は儲けることです。最終的にトータルで利益があげられればOKです。「**1日に何回トレードするとか、何pips取るとかは、どうでもいい**」ことです。「**長期のスパンで利益をあげようとしたときに、ノルマを設定することは決していい影響を与えない**」と肝に銘じてください。

10 よくばり病　欲が出て、利益確定の指値注文を変更してしまう

所定の利益目標があるにもかかわらず、「**含み益が増えてくると〝もっと稼ぎたい〟という欲が出てきて、利益確定の指値注文を変更してしまう**」症状です。初心者なら誰もがかかるかもしれません。利益確定の決済注文を変更した結果、当初のシナリオよりも大きな利益が取れたとします。すると、その1度の成功に味を占めて、利益目標を変更するのがクセになってしまいます。

もちろん、自分のルールに忠実ではないトレードが毎回うまくいくはずはありません。利益確

定で終われたトレードが、損切りになってしまうことも増えてしまい、トータルでは結局マイナスということになるはずです。

対処法 よくばり病にかからない方法

ＦＸのいろいろな手法の中には、利益目標を途中で変更して、利益を伸ばすことをねらうものもあります。その手法を使うなら使うでもいいのですが、「**ひとつの口座で2つの手法を混在させてはいけません**」。トレード全体のバランスが崩れてしまいますし、調子を崩して利益があげられなくなったときに、不調の原因を究明するのが困難になってしまうからです。

「**初心者のうちは、手法はひとつに絞ってトレードする**」ことをお勧めします。

「**中級者で、異なる手法を同時に試してみたいのであれば、複数の口座をつくって別々にトレードするのがいい**」でしょう。口座を使い分ければ、どの手法がうまくいくのか、結果が出ていないのかを検証することができます。

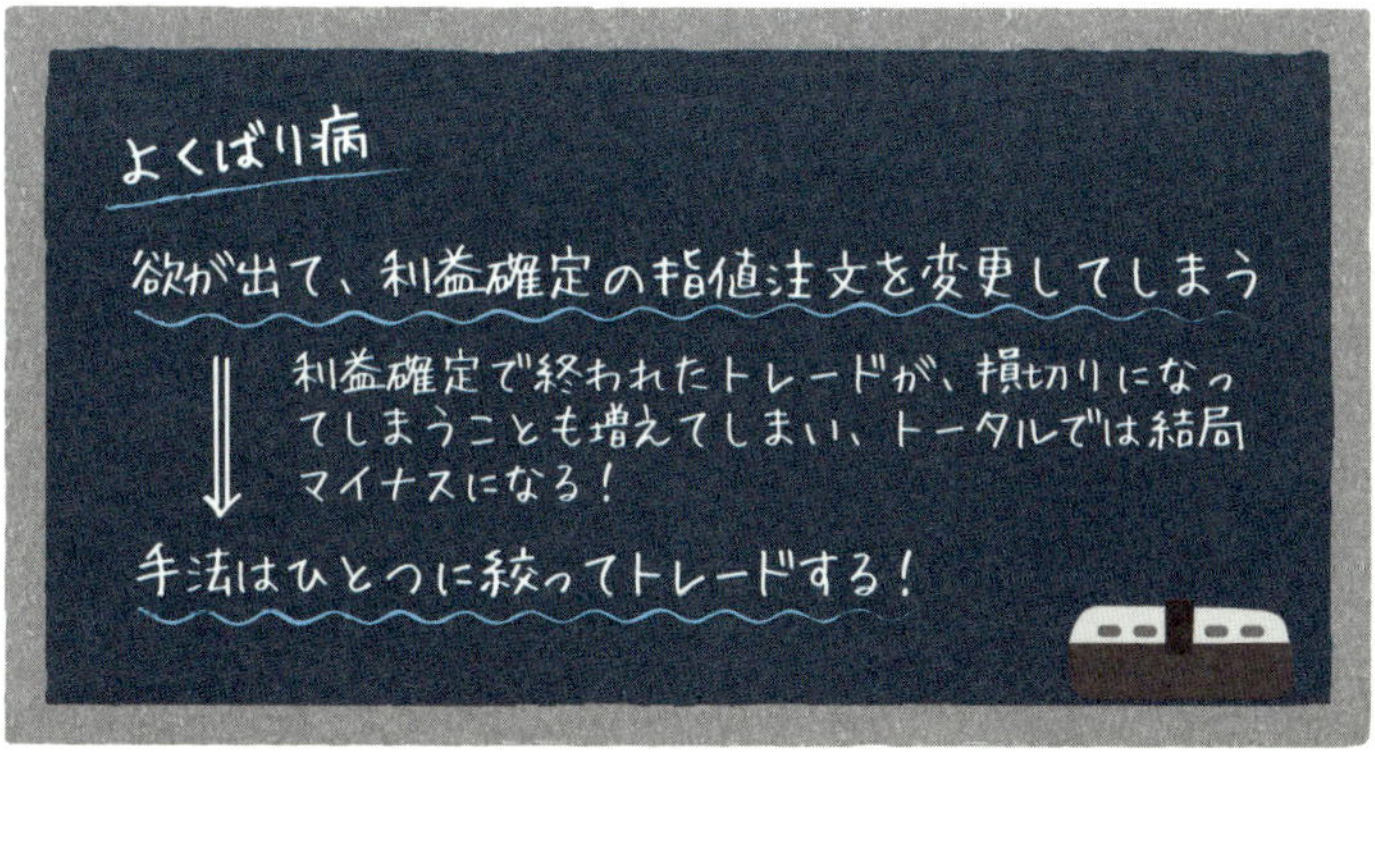
よくばり病
欲が出て、利益確定の指値注文を変更してしまう
利益確定で終われたトレードが、損切りになってしまうことも増えてしまい、トータルでは結局マイナスになる！
手法はひとつに絞ってトレードする！

02 投資で勝てるメンタルの鍛え方

1 デモ口座からはじめる

これまでにも何度か取りあげてきましたが、**「初心者のうちは〝デモ口座〟での取引を強くお勧めします」**。

多くのＦＸ会社ではデモトレードやバーチャルトレードのサービスを提供していますし、本書で紹介しているＭＴ４も、デモトレード専用のアカウントをつくることができます。

デモとはその名のとおり、ＦＸトレードの体験シミュレーションができる口座です。10万円や５００万円といった仮想のお金を入金したことにしてくれて、本物のシステムを使い、実際に動いている相場でトレードができます。**「ＦＸの練習が無料でできる」**のですから、やらない手はありません。

勝つべくして勝つために

初心者ほどデモトレードではなく、いきなりリアルトレードからはじめがちです。手法を身につけてもいないので、運を天に任せたトレードをして、損切りを繰り返します。その結果、「FXは儲からない」と恐怖感を覚えて、トレードをやめてしまいます。これが初心者の典型的な失敗です。

FXにかぎらず、投資で勝っている人は運がいい人ではありません。むしろ、**「絶対に運任せにしたりはしない人」**です。確率的に勝率が高いといえる状況のときだけ、失ってもいい金額を投入して、手堅いトレードを実践しています。そして、あるときは利益を出し、あるときは損切りをしながら、利益を積み重ねていきます。そこに、うれしいとか悲しいとか感じることはありません。むしろ、**「淡々とした単純作業の繰り返し」**です。でもその背景には必ず、**「トータルで勝てる」**という確証があります。これが常に勝っている人のメンタルです。

どのようにして「トータルで勝てる」という確証を持つことができるのか。それには、**「デモ口座でトレードの練習をするしかあ**

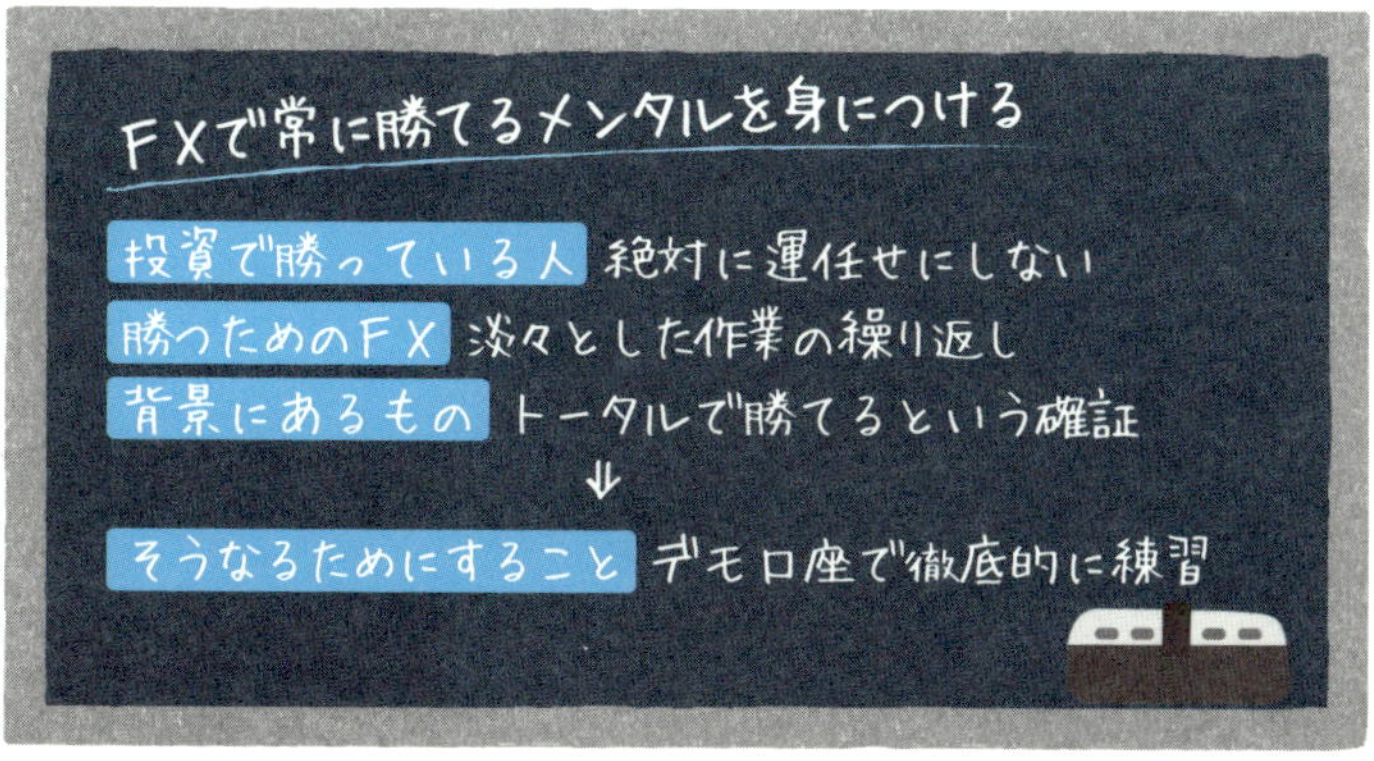

りません」。デモ口座で1カ月、2カ月と納得のいくまで練習して、手法を自分のものにし、勝てるようになってからリアルトレードに臨んでください。スポーツでも自動車の運転でも、最初は練習が必要です。野球の試合に出るなら、まずは素振りやキャッチボールなどの基礎から身につけますよね。車の運転だって、まずは教習所で運転技術を習うところからはじめなければなりません。

FXでもそれは同じ。まずはデモトレードでしっかりと練習してから本番に臨みましょう。

2 バックテストをやって利益が出るか確認する

デモ口座でトレードをはじめたとしても、相場がいつもエントリーできるような状況にあるとはかぎりません。本書の手法でトレードをする場合は、エントリーできるタイミングが訪れるのは1日のうち1〜5回程度です。値動きが少ないと1日に1回もエントリーできないこともあります。

あまりエントリーできない状況が続くと練習になりません。そんなときはどうすればいいかというと、「**過去にさかのぼって適当なチャートを表示して、〝トレードしたつもり〟で練習すればいい**」のです。「このチャートのときならこうする」と、エントリーポイント、決済ポイントを決めます。そして、その後のチャートを見て、利益確定できたのか損切りになったのかを確認します。このとき、いくらの利益・損失が出たのかを記録します。これを繰り返して、1カ月間のトータル収支を計算します。これにより自分の手法が間違っていないか、どれくらいの利益が出るものなのかがわかります。
このように手法を検証することを「**バックテスト**」と呼びます。手法を実戦で使う前には、必ずバックテストをしっかりやって、ちゃんと利益が出るか検証してからにしましょう。

フォレックステスターを使って バックテストをもっと簡単にやる

デモ口座でのバックテストは無料でできる検証方法ですが、「トレードをしたつもり」で記録をつけたり、トータルの収支を計算したりといったことが少々面倒くさいですよね。また、ＭＴ４の場合、15分足なら３カ月程度しかさかのぼれないという難点もあります。そこで、有償にはなりますが、検証するのにいいツールがあります。「**フォレックステスター3**」です。

フォレックステスター3を販売するG・SHOPのホームページ
http://www.forextester.biz/

デモ口座だけだと、どうしてもエントリーできる回数が少ないので、「バックテスト」をしっかりやってみましょう。
必ず血となり肉となって成果が出ます！

フォレックステスターでは、過去20年以上のチャートを表示して、あたかもリアルタイムに相場に触れているような環境をつくってトレードを行うことができます。資金はデモトレードと同じように仮想資金を設定できます。

過去のチャートを使い、デモトレードのように、本物に近いトレードを行うことができるわけです。トレードの履歴は記録され、その結果で資金は変動します。勝率や損益率を表示してくれる機能もあります。過去20年のチャートを表示できるので、リーマンショックや東日本大震災など、為替が一気に動いた歴史的なショック相場を体験することもできます。数年に1度必ず起こるような波乱を体験しておくことも大切な勉強です。

価格は3万円強程度です。時々キャンペーンでセールをやっているので、2万円台半ばで買えることもあります。高いと思う人もいるかもしれませんが、「**根拠のない運頼みのトレードをすれば、すぐに3万円くらい負けてしまいます**」。それならば先に3万円払って、勝てるスキルをきちんと身につけてから実際のトレードをはじめたほうがいいと思いませんか？　勉強代だと思ってぜひ購入してください。

3 詳しいトレード記録を必ずつける

「**デモトレードでもリアルトレードでも、トレードを行ったらその度に、必ず記録をつける**」ようにしてください。何の通貨ペアをいくらでエントリーして、いくらで決済された、という記録ではありません。それくらいならMT4の履歴を見ればいいだけです。**「ここでいう記録はもっと詳しい、〝判断した理由〟までも含めた記録」**です。

トレード記録のつけ方

では記録のつけ方を見ていきましょう。**Evernote**や**OneNote**といったメモソフトを使ってもいいのですが、私はアナログに**「紙のノートを使う」**のが好きです。パラパラとめくって簡単に振り返ることができますし、手で書き込んだほうが学習効果が高まる気もします。

まず、パソコンでもスマホでもかまいませんが、エントリーした時点のチャートを画面キャプチャ（スクリーンショット）して残します。それをプリントして、ノートのページ上半分に貼りつけます。そしてノートの下半分には次のような内容を書き込んでいきます（232頁参照）。

❶ 使った指標（MAまたはBB）、通貨ペア、チャートの時間足（15分足など）、買い（L）か売り（S）か、トレードに総資金の何%を投入したか、注文ロット数
❷ エントリーの日付、時間、価格
❸ 決済の日付、時間、価格
❹ 損切りライン（損切りの目安とした価格）
❺ 損切りポイント（実際に損切り注文を入れた価格）
❻ 利確ライン（利益確定の目安とした価格）

7. 利確ポイント（利益確定注文を入れた価格）
8. 損切りpips
9. 利確pips
10. 損益率
11. エントリーの状況
- どのような指標を使い、どのような条件になったからエントリーしたのか？
- どのようなトレンドラインを引いたのか？
- どのような条件で決済するのか？
- 予定どおりにやれたか？

これは一例なので、書き方はあなた自身でいかようにもカスタマイズしてください。ただし、トレードのたびに必ず記録すること。相場が予想どおりに動いた場合でも損切りになった場合でも、絶対に記録してください。また、エントリー時の判断内容についても詳細に記入してください。たとえば、**「前回の122・300付近のレジスタンスラインで、移動平均線にタッチしたため122・400でエントリー」**などです。

トレード記録の効果

「記録に残す」ということを決めておくと、**「なんとなくでエントリーすることがなくなり、1**

回1回のトレードに対する意識が明確に」なります。思いつきやいい加減な気持ちでトレードすることを減らす効果があります。

しばらくしてから、もう一度トレード記録ノートを振り返り、反省点を書き込むのも効果的です。自分がどのようなところでミスや勘違いを起こしているのか、どのような相場だと損しやすいのか、どんな感情でエントリーしたのかなど、気づいたことを書き込み、トレードを振り返ることで、改善し勝率を高めていくことができます。

また、「**エントリーに使った手法、通貨ペア、収支だけを抜き**

● Kさんのトレード記録（あとから振り返って反省点を青字で追記している）

Ｎｏ２２　15/9/15/19:17　残高 115,509　ＵＳＤ／ＪＰＹ　売　１５分足

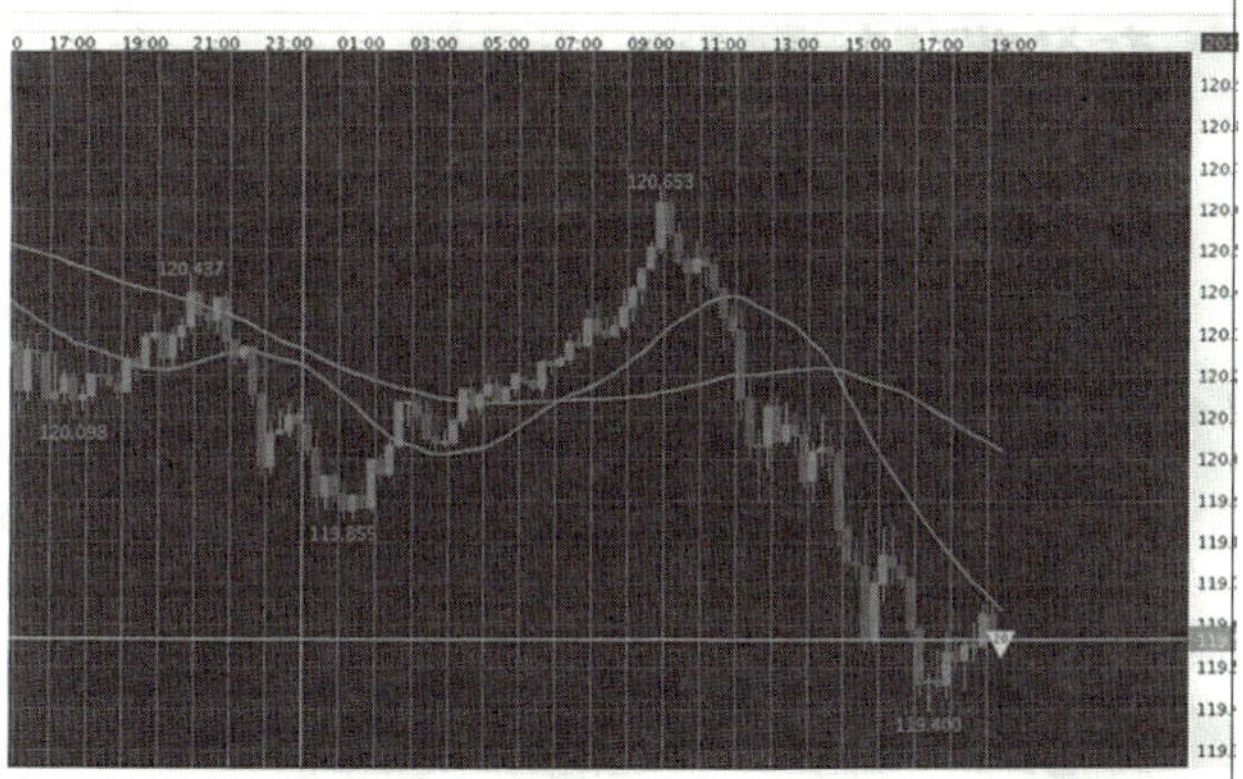

エントリー　１１９．５６７

指値	利確 pips	利益額	パーセンテージ
119.426	14.1	２８２０円	２．４４１％

ストップ	損失 pips	損失額	パーセンテージ
119.750	18.3	３６６０円	３．１６８％

エントリー時にレジサポを割っているので、直近高値にストップを置いたほうがいい

ＬＯＴ数　2万通貨

エントリー理由
下降トレンド。レジサポ反転。２０ＭＡタッチ。細かいピップスだけど、積み重ねが大事

エントリー時の自分の状況
ちゃんと冷静にトレードできている。でもどっかで負けを取り返そうと思っている節がある。

結果、負け。読みはあっているんだけど、タイミング合わず。淡々と損切り。

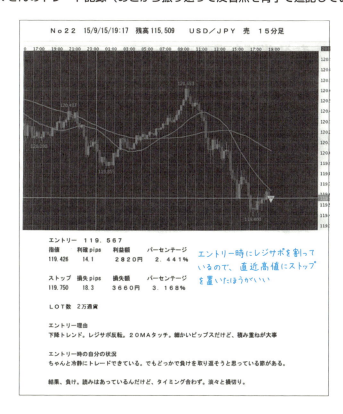

出して、1カ月ごと、3カ月ごとなどに集計すると、自分の得意・不得意なトレードなど、傾向がだんだんと見えてきます」。

トレード記録を見せあおう

友人や投資家仲間などとトレード記録を見せあうのも、とても効果があります。**「他人にトレード記録を見せることを前提にしていれば、恥ずかしいトレード、ギャンブル的なトレードは控えるようになる」**はずです。

私に見せていただいてもかまいませんよ。多くの人に読んでいただいた前著『確実に稼げるFX副業入門』（ソーテック社刊）でもトレード記録の大切さをお話ししましたが、私にトレード記録を見せてくれた読者は1人しかいませんでした。

今回はその1人、Kさんのトレード記録を本人にお断りしたうえで掲載しました（229頁参照）。あとから振り返って、青字で反省点を書き込んでいるところがいいですね。みなさんもぜひこのように記録をつけてみてください。

4 ルールを破ったら自分に罰を与える

これまで、エントリーのルール、資金投入のルール、損切りのルールなど、たくさんのルールについてお話ししてきました。そして、それらのルールを守ることの大切さも、口が酸っぱくなるほど繰り返しお話ししてきました。

しかしFXでルールを守らなくても誰かから罰を受けるわけではありません。ときには自分に負けて、ルールを破ったトレードをしてしまうこともあるでしょう。そこで、どうしてもルールを守れないという人は、自分にルールを守らせるしくみを設定してはどうでしょうか？

たとえば、「**1カ月間ルールを守れたときの〝ご褒美〟と、ルールを破ったときにやらなければならない〝罰〟を決めておく**」のです。ご褒美は、高級焼き肉を食べに行くとか、趣味のものにお金を使うとか、豪勢にいきましょう。ルールを守らないがために出すことになる損失に比べれば安いものです。

罰は「絶対にやりたくない！」と思うくらいの、厳しいものにしましょう。たとえば、

- **頭を丸める**
- **友だちに10万円分焼き肉をおごる**
- **カレー屋でものすごく辛いカレーを食べる**
- **大嫌いなトマトを丸かじりする**
- **高所恐怖症なのにバンジージャンプをする**

などなど。トレード仲間をつくってルールを共有するのもいいですね。「**仲間がいることで強制力が働き、ルールを守れるようになる**」から楽しいですよ。

● 11 項目を記録するトレード記録のつけ方例

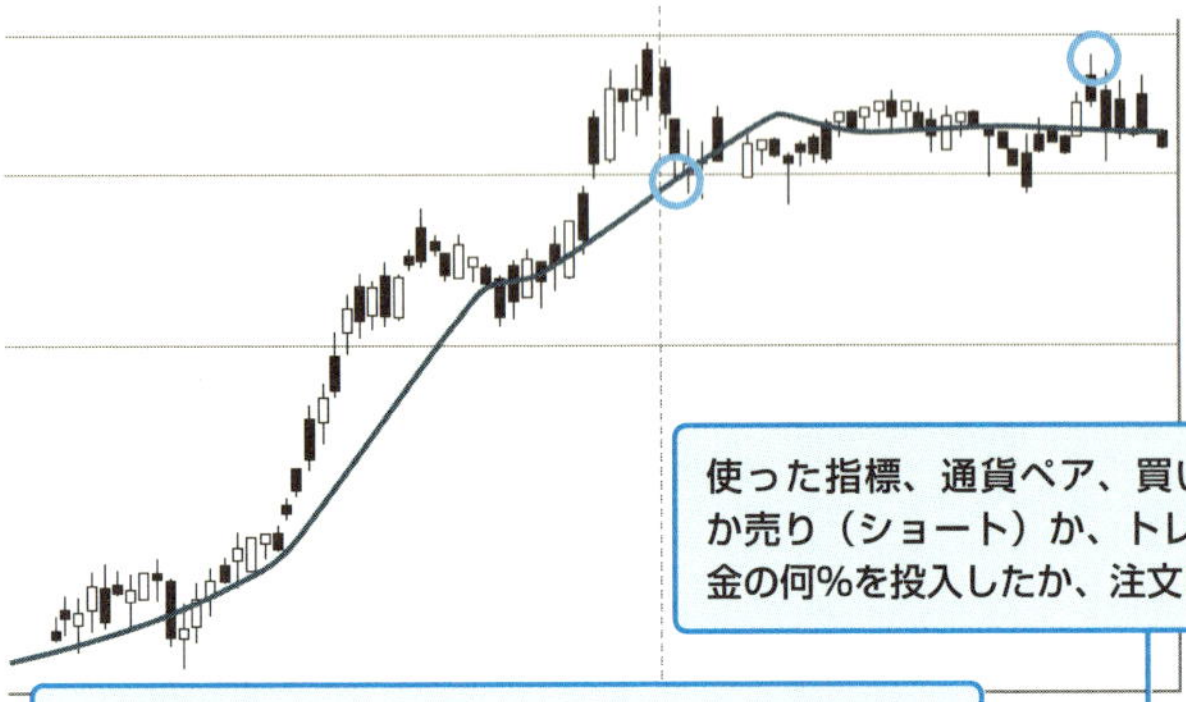

使った指標、通貨ペア、買い（ロング）か売り（ショート）か、トレードに総資金の何%を投入したか、注文ロット数

プロが勝率が高いと判断した場面でも、総資金の 5%までです。みなさんは 2%までにしましょう！

❶ MA　ドル／円　15分足　L　5%　10.8万通貨

❷ エントリー；5/26　18：00　122.890

エントリーの日付、時間、価格

❸ 決済；5/27　10：15　123.296

決済の日付、時間、価格

❹ 損切りライン；122.482

❺ 損切りポイント；122.382

❻ 利確ライン；123.305

❼ 利確ポイント；123.296

損切りライン、損切りポイント、利確ライン、利確ポイント

❽ 損切りPIPS；50.8

❾ 利確PIPS；40.6

❿ 損益率；0.80

⓫ ドル円　15分足　上昇トレンドを形成
上昇トレンドなので買いで入りたい場面
20MAにタッチしたところでエントリー
勝率が高い場面なので5%リスクに設定
総資金100万円　5万円は許容する
予定どおり利益確定　＋4.0万円

どのような指標を使い、どのような条件になったからエントリーしたのか？ 勝率からリスクの許容範囲をどう決めたのかなど

結果

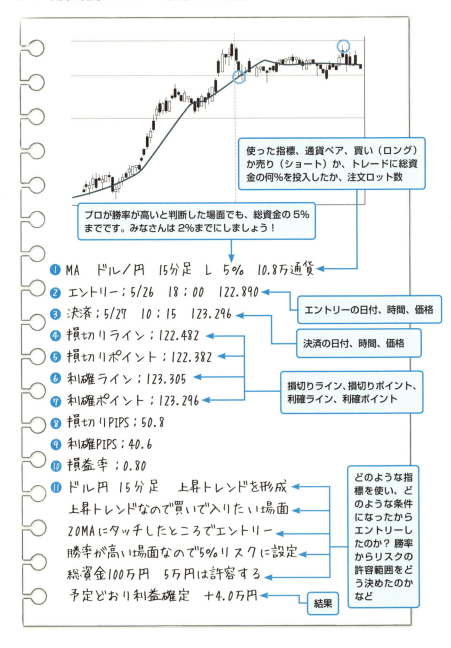

7時限目

ニュースはどこで仕入れてどう活かすか

プロは一般の人が見聞きできない情報を得ているのでは？ 安心してください。あなたと同じニュースを見ています。

01 ファンダメンタルズ分析だけではやはり勝てない

1 アナリストの予想が当たる確率は4割以下

7時限目は、指標の発表や要人発言などのニュースをトレードに活かしていく方法を考えます。0時限目でもお話ししましたが、私はファンダメンタルズ分析をトレードの判断基準に使うことはありません。その理由は簡単です。「**ファンダメンタルズ分析だけでは勝てない**」からです。

ファンダメンタルズ分析だけではなぜ勝てないのか？

たとえば、あるとき「○○○」という経済指標においてポジティブな内容が発表され、その影響で円安ドル高になることがあったとします。次回も同じように「○○○」の指標がポジティブな内容だったからといって、為替が同様の値動きをするとはかぎりません。市場関係者の間ではすでに「**織り込み済み**」と考えられて、前回とはまったく正反対の値動きをすることもあります。

為替相場は、金利、株式市場、各国の金融政策、政治状況、需給要因など、実にさまざまな事象が複雑に絡みあって動いています。ひとえに経済指標や要人発言といっても、重いものから軽いものまでいろいろです。「これが起きたらこうなる」という定石はまったく通用しません。だから「**ファンダメンタルズ分析だけで勝っているトレーダーは存在しない**」のです。

長期スパンでもファンダメンタルズ分析は当たらない

「長期で見れば、ファンダメンタルズ分析は有効だ」と反論する人もいるかもしれません。本当にそうなのでしょうか。ちょっといじわるですが、アナリストの分析を検証してみましょう。

下表は、２０１５年の年末に某証券会社が発表した「２０１６年の為替予想」と実際のドル円レートです。

名誉のために氏名は伏せていますが、「**A～E氏はいずれもメディアでよく見る著名なアナリストばかりです。そんな人たちの予想でも、ほぼ当たっていません**」よね。だいぶ幅を持たせた予想をしているのに、大きくずれてしまっています。

● アナリストによる2016年のドル円レートの予想（左）と実際のドル円レート（右）

予想	
A氏	119円～137円50銭
B氏	118円～130円
C氏	118円～130円20銭
D氏	121円～128円
E氏	115円～127円

→

実際	
	99円16銭～121円69銭
始値	120円21銭
高値	121円69銭
安値	99円16銭
終値	116円89銭

アナリストが、ファンダメンタルズ分析だけで為替相場を分析しているといっているわけではありません。ただ、「景気がこうなるから為替はこう動く」的なファンダメンタルズ分析に基づいてコメントをするのが彼らの仕事です。「**経済指標や要人発言、各国のニュースと毎日にらめっこしていても、為替相場を正確に予想することはできない**」ということです。

2 ファンダメンタルズ分析に頼っている人は損切りできない

「**ファンダメンタルズ分析のデメリットは、エントリーするにしても、決済するにしても、明確な根拠というものがないところ**」にあります。テクニカルなら根拠は明確ですよね。「上昇トレンド中の押し目で、ボリンジャーバンドにタッチしたら買い」「前回の安値を10pips下回ったら損切り」と、確固たる基準を持ってトレードできます。

一方、ファンダメンタルズ要因を参考に売り買いしたとしたらどうでしょうか。「金利の引き上げがあったから買い」「GDPが前期比でマイナスなら売り」などという基準は非常にあいまいですし、仮にエントリーはそれでいいとしても、利益確定・損切りはどこに設定するのでしょうか。

「**ファンダメンタルズ分析に頼っているかぎり、どこで損切りすべきか、明確な根拠を持つことができない**」のです。損失が際限なく拡大するリスクを負ってしまうことになります。

3 株式市場とは規模が違う

株取引をするならファンダメンタルズ分析は重要だと思います。株価はファンダメンタルズ要因とテクニカル要因の両方で動きますし、ファンダメンタルズ要因が株価に与える影響もだいたいパターン化されています。**「業績下方修正 ⇓ 株価下落」「自社株買いの発表 ⇓ 株価上昇」**といった具合です。

ではなぜ、ＦＸではそうならないのでしょうか？　答えは市場規模の差にあります。たとえば日本の株式市場なら、東証一部の1日の取引額は3兆円ほどです。これに対して、外国為替市場の1日の取引量は500兆円ほどあります。実に約170倍の差があるのです。

このように**「為替相場はとてつもなく巨大なマーケットですから、何らかの材料が出たからといって、それがそのままわかりやすく値動きに直結するとはかぎらない」**のです。

株とＦＸのマーケットの大きさは、株のマーケットが3兆円、ＦＸのマーケットが500兆円！なんと約170倍もＦＸのマーケットのほうが大きいんです！

4 堀祐士流ファンダメンタルズ分析の取り入れ方

私は、「テクニカル分析だけすれば十分で、ファンダメンタルズ分析はまったく必要ない」といっているわけではありません。

テクニカル分析もファンダメンタルズ分析も同様に重要だと思います。私がファンダメンタルズ分析をするのは、「**トレードをしない**」ためです。

テロや災害のように突発的なニュースはいつ出るかはわかりませんが、要人発言や経済指標などは、発表されるタイミングが決まっています。そして重要な指標であればあるほど、発表された瞬間、為替相場に大きな影響をおよぼすことになります。

「**混乱することがわかっているタイミングで、あえてエントリーする必要はありません**」よね。

ファンダメンタルズ要因が起こるタイミングは避けて、何もない平常時にだけ、勝率の高いトレードをすればいい。そうすることでハラハラドキドキすることなく、安心して利益をあげられます。

相場の混乱に乗じて大きな利益をあげるという面白みはないかもしれませんが、これが堀祐士流です。具体的にどんな指標を避けるべきか、また情報をどこから得るかは後ほどお話しします。

ファンダメンタルズ分析もとても大切です。
なぜしょうか？
それは「トレードをしない」ためです！

5 ファンダメンタルズ要因で損切りになってしまった例を見てみよう

もし指標発表や要人発言があるときにエントリーしていたら、どうなるでしょうか。

下図のような相場のときに、「下降トレンドを確認したから、移動平均線にタッチするあたりで売り指値を入れてエントリーしよう」などと注文を入れたとします。その結果は、要人発言で為替が急激に動き、エントリーした次の瞬間、損切りになることになります。

このときは、FRB（米連邦準備制度理事会）の議長が「ここ数カ月で利上げの環境が整ってきた」と発言した影響で急激なドル高になりました。これがショック相場です。トレンドも何もない、無茶苦茶な値動きです。

このような「**急激な値動きが発生する可能性があるのがあらかじめわかっているのなら、避けて通るのが正解**」だと覚えておいてください。

● 要人発言でトレンドが大きく転換した例

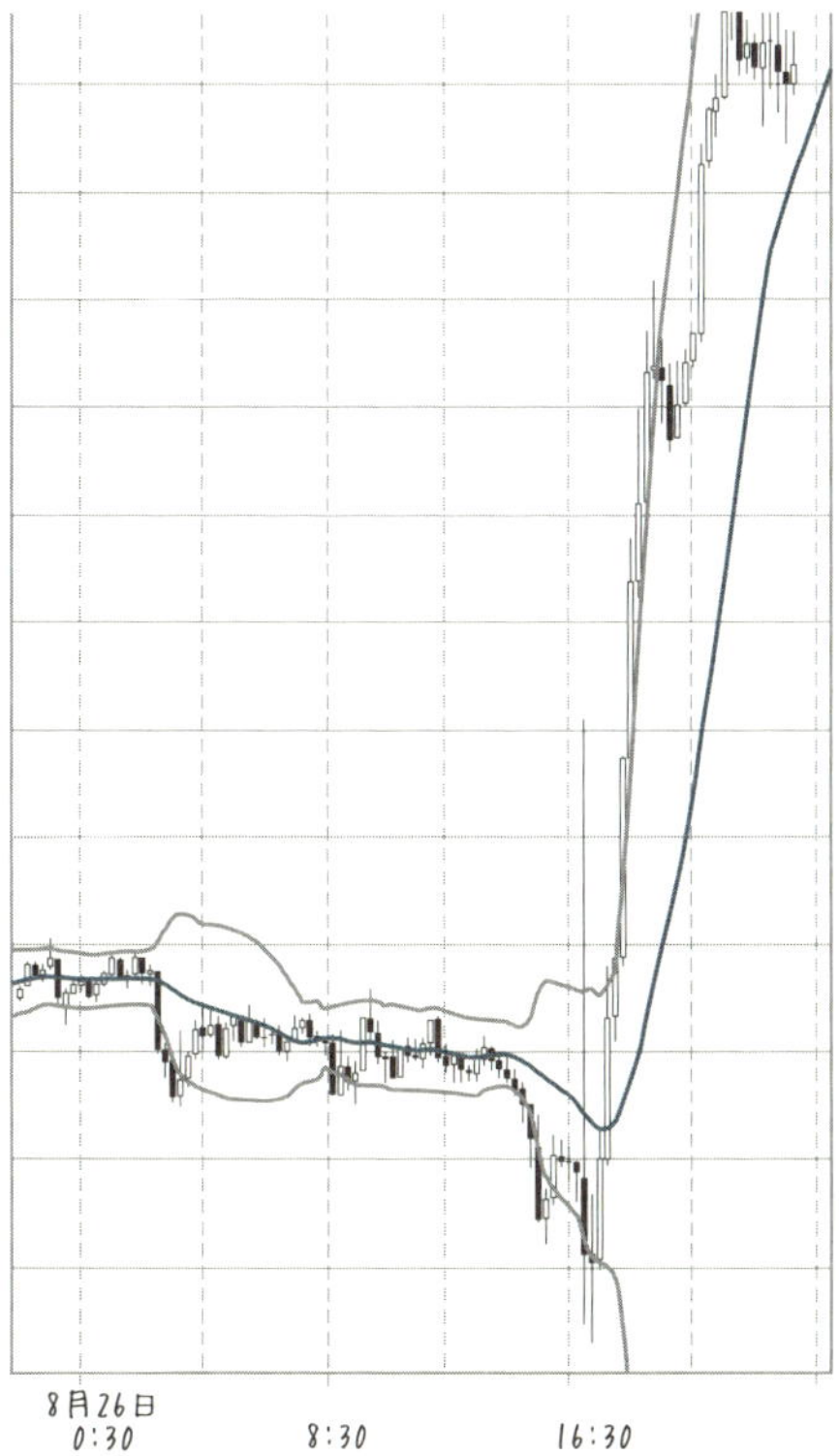

02 ニュースの仕入れ先はここだ！

1 「羊飼いのFXブログ」を毎朝チェック

急激な為替変動に巻き込まれないために、重要な指標発表や要人発言のあるタイミングではトレードを休むべきです。とはいえ、経済指標というのは世の中にたくさんありますし、発表されるタイミングもまちまちです。要人の発言も同様です。どんな指標発表や要人発言が存在して、いつ、どんなスケジュールで行われるのかわかりませんよね。

この情報を収集するのに非常に役に立つサイトがあります。FXに関するさまざまな情報が掲載されている**「羊飼いのFXブログ：http://kissfx.com/」**です。

● 羊飼いのFXブログ (http://kissfx.com/)

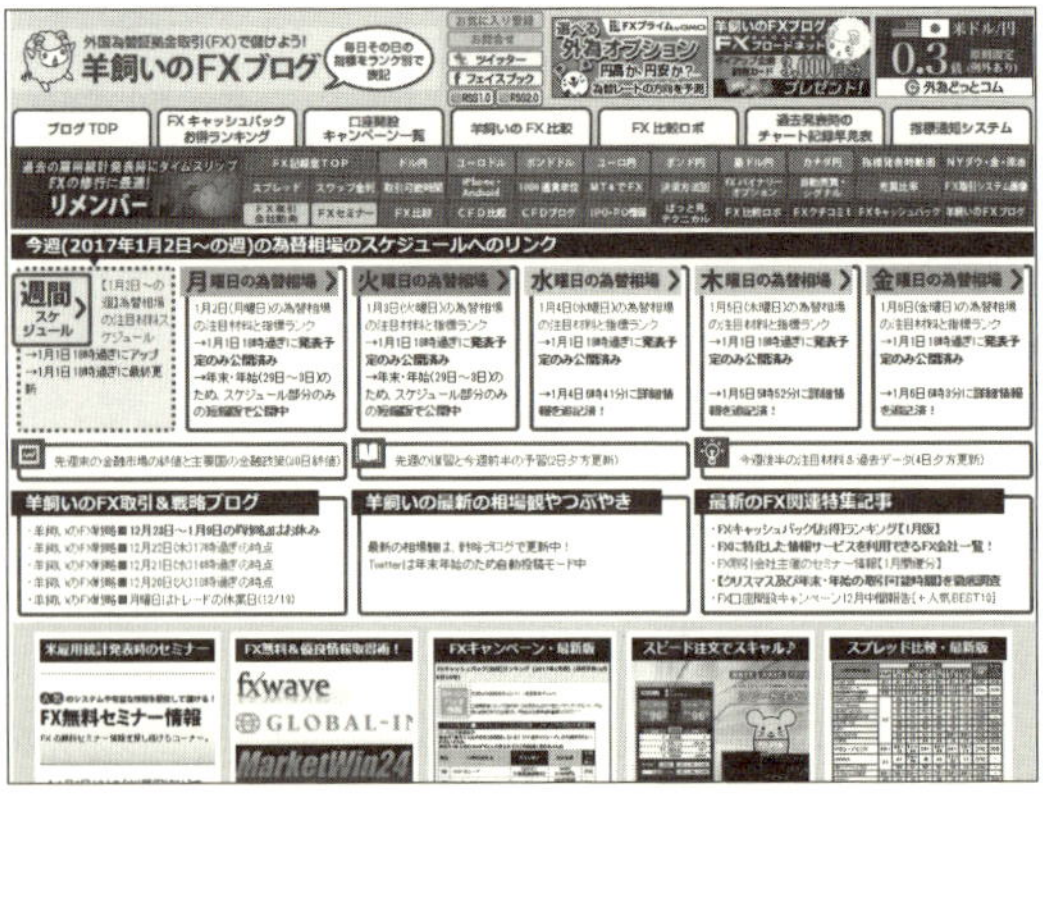

今日のスケジュールは必ずチェック！

掲載されている情報量があまりにも膨大なのでどこを見るべきか迷ってしまいますが、私が特に参考にしているのは、トップ画面を少し下にスクロールすると左側に表示される**「○月○日（○曜日）の為替相場の注目材料と指標ランク」**です。

〝その日の何時にどの国でどんな指標発表や要人発言があるのか〟〝それはどのくらい影響度があるのか〟〝市場予想値と前回の発表値〟が一覧にしてわかる記事です。

私は必ず「羊飼いのFXブログ」を見て、1日のスケジュールを確認するようにしています。

朝起きたらまずはここを見て、重要な指標があったらメモするなどして、その時間帯のトレードを避けるようにしてください。

12月18日(火曜日)の為替相場の注目材料と指標ランク

火曜日

■□■今日の為替相場の注目材料と指標ランク■□■
更新履歴:
★「スケジュール表と指標ランク」→【12月16日17時30分

12月18日(火)の為替相場の注目材料		指標ランク(注目度&影響度)	市場予想値	前回発表値
・明日(19日・水)に、FOMC金融政策発表を控える ・20日(木)に、日銀金融政策発表を控える ・20日(木)に、BOE金融政策発表を控える				
09:00	NZ)ANZ企業景況感	△	-	-37.1
09:30	豪)RBA議事録公表(12月4日開催分) →過去発表時[豪ドル円]	◎	-	-
16:00	南ア)景気先行指数	×	105.0	104.7
18:00	独)IFO景況指数 →過去発表時[ユーロドル][ユーロ円]	○	101.8	102.0
	↑・IFO現況指数		105.0	105.4
	↑・IFO景気期待指数		98.4	98.7
20:30	ト)住宅価格指数 [前月比/前年比]	△	-	+1.22%
			-	+10.48%
22:30	加)製造業売上高 →過去発表時[カナダ円]	○	+0.4%	+0.2%
	米)住宅着工件数 →過去発表時[ユーロドル][ドル円]	A	122.5万件	122.8万件
	↑・建設許可件数	A	126.0万件	126.3万件(126.5万件)
翌06:45	NZ)第3四半期経常収支	○	-59.35億	-16.19億

文字が、普通→太字→赤色太字の順番で重要なものになる。ピンク太字は金融政策関連のもの。
ピンクのバックは米国の材料でオレンジは金融政策関連、黄は要人発言、緑は企業の決算を表す。

重要ランクについて	米国の経済指標はSS→S→AA→A→BB→B→Cの7段階で表記 その他の経済指標は◎→○→△→×の4段階で表記	当コンテンツについての免罪事項・ご利用上注意点

※15時～20時に市場予想値(コンセンサス)の最新の数値をチェックし、更新した数値は赤字で表記
・羊飼いのiPhoneアプリ→羊飼いのiPhoneアプリ
・羊飼いのAndroidアプリ→羊飼いのAndroidアプリ

過去の経済指標発表時のチャートが見られる

羊飼いのＦＸブログがすごいもうひとつの点は、**「過去の経済指標発表時のチャートをさかのぼって見られる」**ところにあります。

前頁の「本日の為替相場の注目材料スケジュールと指標ランク」内にある、**「↓過去発表時」**の先にある通貨ペアのリンクをクリックしてみてください。**「羊飼いのＦＸ記録室：http://top.fxrec.com/」**という別のブログが立ちあがり、その指標が過去に発表されたときに、為替チャートがどのような動きをしたのかが時系列でわかるようになっています。これは非常に参考になるので、必ず見てみてください。

羊飼いのFX記録室（http://top.fxrec.com/）

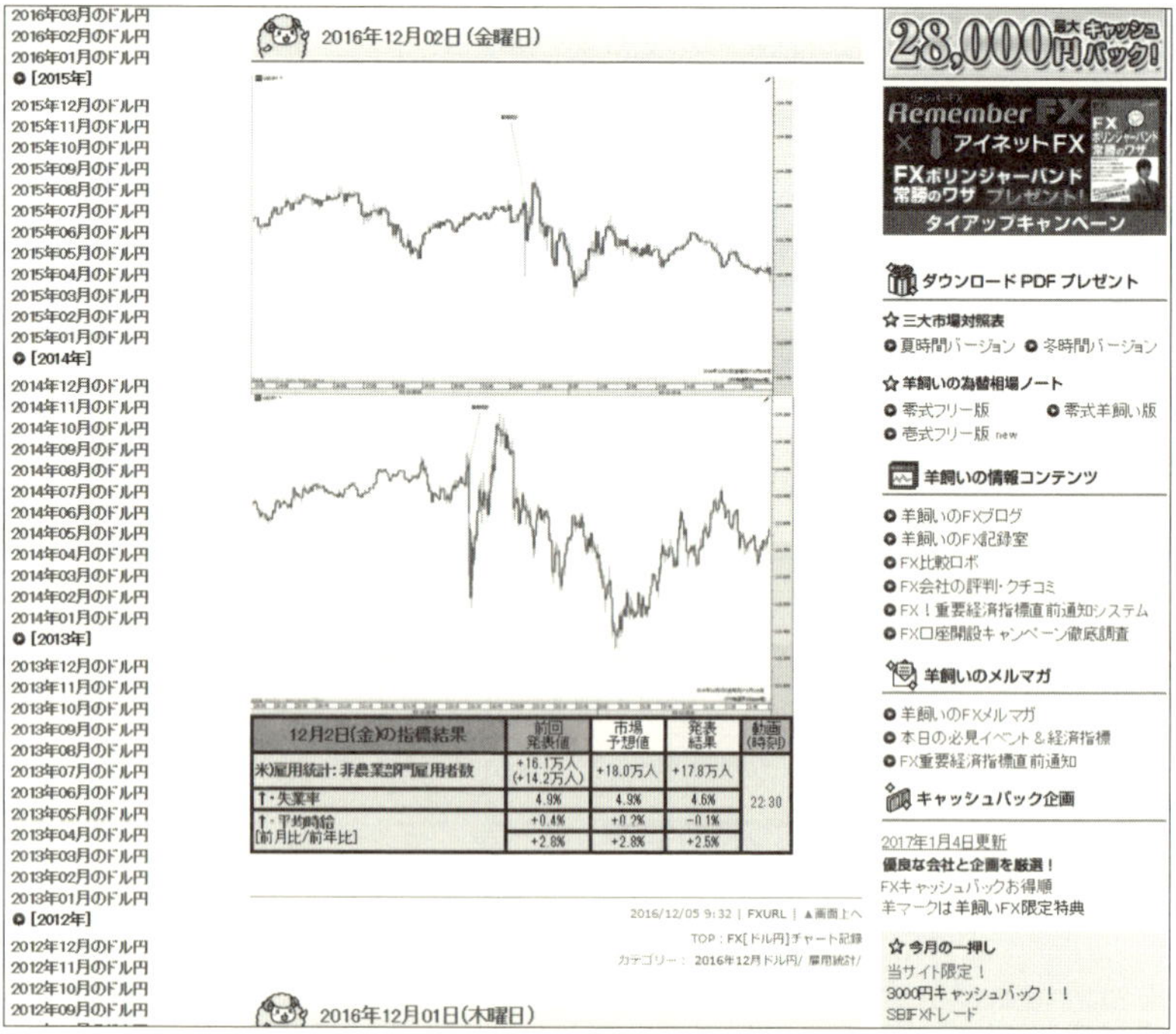

2 注意すべき指標は？

羊飼いのＦＸブログにはたくさんの指標が網羅されていて、重要度別にランク分けされています。その中でも私がいつもチェックしている「これだけは避けたい」指標を次頁の表にまとめました。

とりあえず、「**米国の指標についてはSSランク、Sランク、欧州の指標については◎ランクの発表がある時間帯には、トレードするのを避ける**」ようにしましょう。

なお、米国の指標に関しては、私独自の基準でさらに「○」「△」をつけ加えています。△よりも○のほうが、市場に与える影響が大きい指標です。「**米国のGDP発表は、速報値＞改定値＞確報値の順で大きな値動きにつながる傾向**」にあります。

表は米国と欧州の指標だけで、実際は「**日本の指標もありますがあまり動きません**」。残念ながら世界の巨大なＦＸマーケットの中では、日本の存在感は小さく、総理大臣や日銀総裁の発言でもそれほどマーケットを動かすほどではありません。

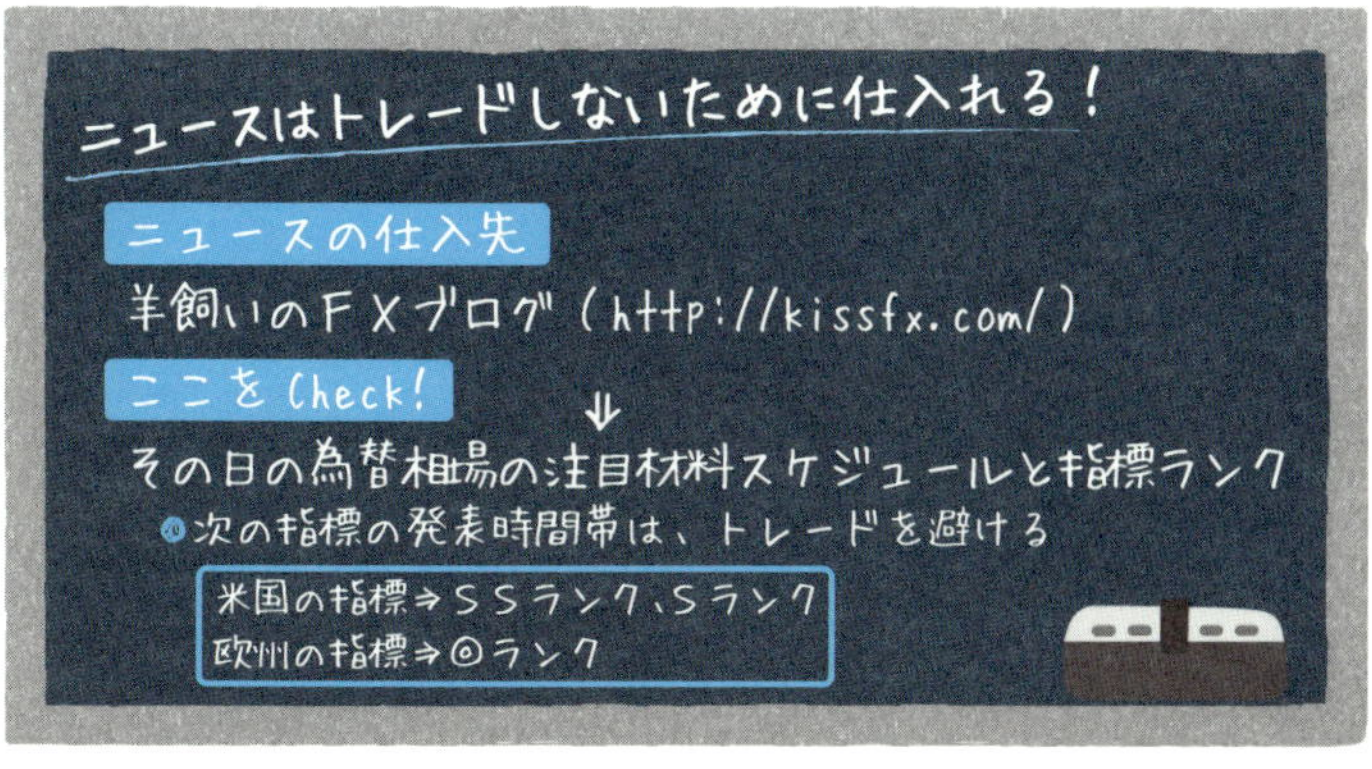

トレードを避けたい指標 アメリカ編

指標ランク	指標・要人発言	堀祐士基準指標ランク
SS	雇用統計：非農業部門雇用者数・失業率	○
SS	FOMC議事録公表	○
SS	FRB議長の発言	○
SS	FOMC政策金利&声明発表	○
S	ISM製造業景況指数	△
S	小売売上高	○
S	消費者物価指数	△
S	四半期GDP 速報値	○
S	四半期GDP 改定値	△
S	四半期GDP 確報値	△

トレードを避けたい指標 ヨーロッパ編

指標ランク	指標・要人発言
◎	独 四半期GDP 速報値
◎	独 ZEW景況感調査
◎	独 IFO景況指数
◎	欧 ECB政策金利&声明発表
◎	欧 ECB総裁の記者会見
◎	欧 ECB総裁の発言

上記の指標発表時には、
絶対にトレードしない
ようにしましょう！

あとがき

本書を読み終えて投資に対する考え方は変わりましたか？

はじめてＦＸをする人には実感が湧かないかもしれません。デモ口座で試しながら４回、５回と繰り返し読みながらやってみてください。**「もし途中でつまずいたときは、本書を何度でも読み返す癖をつけてください」**。

「**最も大切なことは相場から退場しないこと**」です。

❶ １に損切り（資金管理）、２に損切り（資金管理）、３、４がなくて５に手法（損益バランス）

頭ではわかっていても、「**メンタルが崩れると自分が決めた手法と資金管理を守れません**」。

ある意味、心技体をバランスよく整えることが必要ともいえます。それが１番難しいと思うかもしれませんが、簡単にそれを実行するなら、相場を選ぶことです。

❷ わかりやすい相場でのみ取引をすること

5秒でトレンドを判断する方法をご紹介しました。わかりやすい相場でのみトレードを行い、指値、逆指値を使って自動で取引を行うことで、すべてうまくいきます。

「投資は年3%稼げれば成功」といわれます。初心者のあなたがまず挑戦すべきなのは安定して数%の利益を継続できるようにすることです。本書のとおりに行えばそれが可能となっています。**「いきなり大金持ちになることを考えずに、一生使えるスキルを学ぶのですから、1年くらいかけて少しずつ身につけていくつもりでいましょう」**。

最後に、あなたの夢は何ですか？　私のやりたいこと、夢は今、4つあります。❶地域活性化、❷投資教育の波及、❸年金運用、❹日本版ノーベル賞の設立。すぐに達成することはできないかもしれませんが、日本のために貢献できたらうれしいなと思っています。

あなたも本業とは別に、もし毎月10万円の副収入があったら、会社員としてお給料だけに頼ることなく余剰資金を趣味に使う、家を買う、車を買う、旅行に行く、おいしい料理を食べる……何でもかまいません。**「その夢を達成するぞ！　と目標にすることで、続けられる継続力と変なトレードをしないための自制心が得られます」**。夢を叶えるためにがんばってください。

もしわからないことがあったら、ブログから気軽に質問してください。

堀　祐士

堀　祐士（rabi）のFXブログ（https://ameblo.jp/rabi3692/）

執筆協力：平 行男

世界一《せかいいち》やさしい　FXの教科書《きょうかしょ》　1年生《ねんせい》

2018年 7 月31日　初版第 1 刷発行
2023年 9 月10日　初版第 8 刷発行

著　者　堀 祐士
発行人　柳澤淳一
編集人　久保田賢二
発行所　株式会社　ソーテック社
〒102-0072 東京都千代田区飯田橋 4-9-5　スギタビル 4F
電話：注文専用 03-3262-5320
FAX：　03-3262-5326
印刷所　図書印刷株式会社

ISBN978-4-8007-2034-4